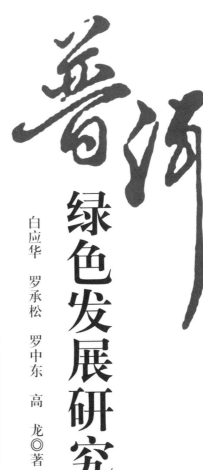

普洱

绿色发展研究

白应华　罗承松　罗中东　高　龙◎著

中国社会科学出版社

图书在版编目（CIP）数据

普洱绿色发展研究/白应华等著 . —北京：中国社会科学出版社，2016. 12
ISBN 978-7-5161-5641-4

Ⅰ.①普…　Ⅱ.①白…　Ⅲ.①绿色经济—区域经济发展—研究—普洱
Ⅳ.①F127. 743

中国版本图书馆 CIP 数据核字 (2016) 第 308818 号

出 版 人	赵剑英	
责任编辑	王 茵 马 明	
责任校对	胡新芳	
责任印制	王 超	

出　　版	中国社会科学出版社	
社　　址	北京鼓楼西大街甲 158 号	
邮　　编	100720	
网　　址	http://www.csspw.cn	
发 行 部	010-84083685	
门 市 部	010-84029450	
经　　销	新华书店及其他书店	

印　　刷	北京君升印刷有限公司	
装　　订	廊坊市广阳区广增装订厂	
版　　次	2016 年 12 月第 1 版	
印　　次	2016 年 12 月第 1 次印刷	

开　　本	710×1000　1/16	
印　　张	19. 25	
插　　页	2	
字　　数	300 千字	
定　　价	72. 00 元	

目 录

绪　论

一　研究背景

　　绿色发展是一种新的发展理念和发展模式，是建立在生态环境容量和资源承载力的约束条件下，将环境保护作为实现可持续发展重要支柱的一种新型发展模式。具体来说包括以下几个要点：一是将环境资源作为社会经济发展的内在要素；二是把实现经济、社会和环境的可持续发展作为绿色发展的目标；三是把经济活动过程和结果的"绿色化"、"生态化"作为绿色发展的主要内容和途径。[①] 诚然，绿色发展理念的提出和模式的选择，是人类反思自身自工业革命以来的生产生活方式带来的一系列资源、环境、生态问题的结果。1962 年，美国人卡逊发表了《寂静的春天》，对传统工业文明造成环境破坏进行了反思。1972 年，罗马俱乐部发表了《增长的极限》，对西方工业化国家高消耗、高污染的增长模式的可持续性提出了严重质疑。1987 年，世界环境和发展委员会发表《我们共同的未来》，强调了资源的有效利用和新资源的开发问题。1989 年，英国环境经济学家皮尔斯等人在《绿色经济蓝图》中首次提出了绿色经济的概念，强调了实现经济发展和环境保护的统一。近几年来，欧美发达国家纷纷提出的绿色发展战略，实施"绿色新

[①] 李慧明、潘洋、崔晓莹：《绿色发展模式的实质及关系辨析》，《中国环境报》2010 年 6 月 9 日第 2 版。

政"，表明绿色发展代表着国际经济发展的新趋势。在这种国际背景下，绿色发展也成为我国发展的必然性战略抉择。党的十七大提出了生态文明的建设目标，党的十八大将生态文明建设上升为中国特色社会主义五大布局之一，便是呼应这一世界发展趋势的重大战略调整。

普洱把国家战略引领与地方创新相结合，立足普洱的资源优势、生态优势，在"十一五"期间提出了"绿色普洱、生态普洱、文化普洱"的发展思路，在"十二五"期间进一步确立了"生态立市、绿色发展"的发展战略，全市形成了绿色发展的共识。同时，国家绿色经济试验示范区建设、水生态文明试点城市建设、森林城市建设以及"5+6"绿色产业体系的构建等绿色发展实践得以快速推进，成效突出。这一切，既符合普洱实际，也契合了当今世界发展和中国发展的大趋势，体现了发展向更高层次迈进的内在要求。

二 研究进展

普洱绿色发展无论从理论上还是从实践上看，都是需要不断讨论、探索、深化的问题。在普洱提出"生态立市、绿色发展"战略，特别是实施"国家绿色经济试验示范区"建设后，普洱绿色发展问题成为研究的热点。普洱市政府与普洱学院合作，在普洱学院成立了普洱绿色经济发展研究院，汇聚一批理论研究、应用研究的专家学者集中研究普洱绿色发展问题，为普洱绿色发展决策提供咨询和理论支撑。2015年5月，由普洱市政府主办，由首都经济贸易大学、普洱学院承办的以"创新产业结构升级模式·引领绿色经济科学发展"为主题的"首届普洱绿色经济发展论坛"在普洱学院成功举办。论坛邀请了一些国内高校、科研院所、行业协会、政府研究绿色经济发展专家、学者、领导，对绿色农业与区域发展、绿色生物医药与产业化、绿色服务贸易与生态旅游、绿色经济考核与评价等问题进行了深入讨论，为推动普洱建设国家绿色经济试验示范区献计献策，产生了广泛的社会影响。一些专家学者积极开展研究，在省内外刊物上发表文章，从不同的研究视角探讨了普洱绿色发展的问题，并取得了一系列积极的研究成果。

　　可以这样讲，普洱绿色发展及其实践因其典型性和代表性引起研究者的重视，已成为普洱乃至云南理论界、学术界开展绿色发展研究的一个重要的考察对象，形成一个研究领域，并取得了一系列可喜的有价值的研究成果，为总结普洱绿色发展的实践及经验，探索普洱绿色发展之路奠定了良好的基础。

　　普洱市委政策研究室课题调研组开展了《普洱生态建设规划宏观研究》，调查普洱生态环境质量现状、分析了经济结构对资源环境的压力、生态环境存在的问题，提出了生态环境保护建设的总体要求、基本原则和目标任务。① 普洱市林业局总结了普洱坚持生态立市实现绿色发展的具体做法及经验。② 白应华回顾了普洱"生态立市、绿色发展"战略目标形成过程，提出构建环境、资源、产业、人才、科技、资金、文化、体制、机制诸要素整合的绿色发展支撑体系。③ 这些研究虽然涉及普洱绿色发展问题，但还谈不上是对普洱绿色发展全面的综合研究。从研究成果看，大多数研究只是对普洱绿色发展某一方面、某一问题的研究。

　　绿色经济、低碳经济、循环经济是绿色发展的主要经济形式，受到研究者的重视。董菊芬分析了普洱发展绿色经济的优势、面临的困难，提出发展绿色经济的具体措施。④ 刘通总结了普洱发展绿色经济的实践、成效及经验，以此为依据，说明欠发达地区发展绿色经济的可能性和现实性，为其他欠发达地区发展绿色经济提供借鉴。⑤ 朱艳仙、李佳分别著文讨论了普洱低碳经济问题，提出普洱良好的生态环境和自然禀赋，为发展低碳经济提供了实现条件。为此，普洱要选择正确的路径发展低碳经济。⑥

　　张玲艳、王宏权就普洱发展林下种植进行了可行性分析，认为普洱气候条件优越，土地资源和物种资源丰富，山区人口多、劳动力富余，

　　① 普洱市委政策研究室课题调研组：《普洱生态建设规划宏观研究》，《研究与参考》2012年第1期。
　　② 普洱市林业局：《普洱坚持生态立市实现绿色发展》，《云南林业》2014年第1期。
　　③ 白应华：《构建普洱生态立市绿色发展支撑体系论》，《普洱学院学报》2014年第1期。
　　④ 董菊芬：《普洱市发展绿色经济问题探究》，《中共云南省委党校学报》2012年第5期。
　　⑤ 刘通：《欠发达地区如何发展绿色经济》，《中国经济导刊》2013年第18期。
　　⑥ 朱艳仙：《普洱低碳经济发展的现实条件及路径》，《思茅师范高等专科学校学报》2011年第5期；李佳：《普洱市低碳经济发展路径选择》，《红河学院学报》2011年第5期。

林权制度改革完成等为普洱发展林下种植提供了条件。① 张春江分析了普洱林下经济的发展现状、存在的主要问题，提出了加快林下经济发展的对策。②

普洱绿色产业及品牌是研究最多的问题。郝宗蕾等分析了普洱茶品牌构建与开发中存在的企业创新能力不足、普洱公共品牌产权缺位、普洱茶"企业品牌"多而混乱、普洱茶品牌缺乏特色等问题，提出了走产业化发展之路，确立普洱公共品牌主体，制定严格行业标准、鼓励创建自有品牌，打造个性品牌等发展建议。③ 罗婷婷的硕士学位论文《普洱茶品牌研究》，从梳理相关的品牌理论入手，在深入分析普洱茶品牌建设现状、影响品牌建设的技术落后、质量参差不齐、传播方式欠妥等问题的基础上，提出了普洱茶品牌建设发展思路。④ 朱江的硕士学位论文《普洱茶品牌构建比较研究》，选取了普洱茶代表性品牌大益、龙润、老同志、生命之叶为分析比较对象，在分析比较后提出了创新特色品牌，使品牌加入更多创新元素，拓展普洱茶属性，继续丰富普洱茶文化，提升普洱茶区域公共品牌价值的发展思路。⑤ 王博喜莉的硕士学位论文《云南普洱茶文化产业竞争优势探究——以普洱市、西双版纳州为例》，从生产要素、需求条件、相关产业与支持性产业、企业战略、结构与同业竞争、政府以及机会六个方面，对普洱市、西双版纳州普洱茶文化产业竞争进行详细的分析，得出生产要素供给、相关支持产业以及政府引导带动是构成普洱茶文化产业竞争优势的重要因素的结论，并依此提出维护我省普洱茶文化产业竞争优势的对策与建议。⑥ 曾小力总结分析了普洱市咖啡产业发展的现状、主要做法、存在的主要问题，提出了加快普洱咖啡产业发展的对策。⑦ 白海群等人总结普洱绿色生态烟叶取得的成就及主要经

① 张玲艳、王宏权：《普洱市发展林下种植的可行性分析》，《农业与技术》2014年第9期。
② 张春江：《普洱林下经济发展问题研究》，《中共云南省委党校学报》2014年第6期。
③ 郝宗蕾、周云川、夏崇博：《云南普洱茶产业品牌研究》，《中国市场》2014年第17期。
④ 罗婷婷：《普洱茶品牌研究》，硕士学位论文，中央民族大学，2013年。
⑤ 朱江：《普洱茶品牌构建比较研究》，硕士学位论文，云南大学，2013年。
⑥ 王博喜莉：《云南普洱茶文化产业竞争优势探究——以普洱市、西双版纳州为例》，硕士学位论文，云南大学，2013年。
⑦ 曾小力：《普洱市咖啡产业发展问题研究》，《中共云南省委党校学报》2015年第2期。

验，分析了普洱绿色生态烟叶未来发展趋势。[①] 曾小力总结了普洱农业产业化发展取得的成效、存在的问题，提出了对策建议。[②] 赵晓华、岩甾分析了普洱发展绿色农产品品牌的优势与劣势、取得的成效、存在的问题，提出了发展绿色农产品品牌的具体路径、对策。[③]

普洱市委政策研究室课题调研组开展了《思宁景江生态城市群空间布局研究》，对思宁景江生态城市群建设的基本范围、功能地位、空间布局等问题进行了调查研究，并提出建设的具体建议。[④] 吕涛的硕士学位论文《普洱市政府推进生态城市建设研究》，以地处西南边疆、经济基础薄弱却在生态城市建设中颇有成效的普洱市为案例，从宏观、微观两个层面分析了普洱市政府建设生态城市的经验与问题，深入讨论了地方政府在生态城市建设中的职能。[⑤]

张世清、谢永生等人对普洱生态移民做了全面调查，其调查报告全面论证了普洱实施生态移民的重要性和必要性，分析了普洱实施生态移民的有利条件和制约因素，提出了普洱实施生态移民的总体思路及对策建议。[⑥] 李江鹏、李维等分别著文总结了普洱生态移民取得的成效及经验，分析生态移民的对象、生态移民安置地选择的依据，概括总结出普洱移民安置模式。[⑦]

白韶红总结了金融支持普洱绿色经济发展的实践及成效，分析了存在的问题，提出金融支持普洱建设国家绿色经济试验示范区的对策建议。[⑧]

---

① 白海群、杨明、张兴慧、李仕山：《普洱发展绿色生态烟叶的实践与探索》，《安徽农业科学》2013 年第 24 期。

② 曾小力：《普洱市农业产业化发展研究》，《普洱学院学报》2015 年第 1 期。

③ 赵晓华、岩甾：《绿色农产品品牌建设探析》，《生态经济》2014 年第 11 期。

④ 普洱市委政策研究室课题调研组：《思宁景江生态城市群空间布局研究》，《研究与参考》2012 年第 1 期。

⑤ 吕涛：《普洱市政府推进生态城市建设研究》，硕士学位论文，云南师范大学，2014 年。

⑥ 张世清、谢永生、李相衡：《关于实施生态移民促进生态和谐曼普洱建设的调研报告》，《研究与参考》2012 年第 3 期。

⑦ 李江鹏等：《生态移民的意义及安置模式探讨——以普洱国家级绿色经济试验示范区为例》，《中国环境管理干部学院学报》2015 年第 4 期；李维等：《普洱市生态移民安置模式探讨》，《防护林科技》2015 年第 8 期。

⑧ 白韶红：《金融支持绿色经济发展存在问题及建议——以普洱建设国家绿色经济试验示范区为例》，《时代金融》2013 年第 3 期中旬刊。

吴勇、李艺琪研究了普洱地区环境习惯法的表现形式与主要内容,运行现状与问题以及当代适用与发展的问题。① 李艺琪的硕士学位论文《云南省普洱地区环境习惯法研究》,全面系统地研究了普洱地区环境习惯法的主要形式、内容、当代价值及适应性问题,促进普洱地区的环境习惯法与制定法的充分融合,为普洱地区环境习惯法的发展提供可行之路。②

此外,有的研究者还对生态家园、生态安全屏障、湿地建设等问题进行了研究,取得一些研究成果。

虽然普洱的绿色发展及其实践受到研究者的重视,并取得了积极的成果。但是我们应该看到,普洱绿色发展研究还仅仅处在起步阶段。大多数研究成果属于普洱绿色发展经验的初步总结,能够从学理上把理论、实践与政策结合起来深入系统地研究普洱绿色发展问题的成果相对较少,致使其研究与普洱快速推进的绿色发展实践还不完全适应。因此,从理论、实践和政策相结合的研究视角,对普洱绿色发展问题进行全面系统的研究,以期为不断推进普洱绿色发展实践服务,仍是理论工作者需要不断探索的重大课题。这是我们选择这一研究课题的出发点。

三 研究思路

普洱"生态立市、绿色发展"战略就是要把绿色发展的理念贯穿于普洱科学发展、和谐发展、跨越发展的全过程,融入经济社会发展的各个环节,构建经济社会与人口、资源、环境相协调的发展模式;就是要依托普洱的资源优势和生态优势,通过保护生态环境、发展生态产业、打造生态文化、建设生态走廊、构建生态家园的发展路径,促进人与自然和谐、环境与经济的高度融合、资源有效利用和经济持续发展统一,实现生产发展、生活富裕、生态文明的目标。这是一项复杂的系统

---

① 吴勇、李艺琪:《论少数民族地区环境习惯法的适用与发展——以云南省普洱地区为例》,《西南边疆民族研究》2014 年第 2 期。

② 李艺琪:《云南省普洱地区环境习惯法研究》,硕士学位论文,湘潭大学,2013 年。

工程，涉及环境、资源、产业、人才、资金、技术、文化、体制、机制诸要素的有效组合、整合问题。首先，既然涉及诸要素的有效组合问题，就必须围绕发展的总目标，把这些因素综合起来思考和谋划，而不是孤立地思考问题。也就是说，以上这些要素的发展，或者说子系统的发展要统一到服从和服务于总目标上来，要使之形成一种整合效应；其次，围绕绿色发展的总目标，严肃地评估现实环境、资源、人才、资金、技术、文化、体制、机制等方面存在的突出问题，抓住主要矛盾，寻求改革创新的突破点，制订相应的方案，逐步推进，并持续抓下去；再次，围绕绿色发展的总目标，政府有关公共政策的制定和完善要始终服从和服务于总目标，引导和整合各种要素资源，使其构成有机联系的系统，并且保持政策的连续性，追求前后递呈、累积成效的效应；最后，围绕绿色发展总目标，研究确立每一个子系统发展的阶段性目标，并构成要素的目标群，为改进管理、更加有效地整合要素资源提供评估的依据。这就要求对普洱绿色发展必须做到系统思考、通盘考虑、紧扣目标、整合资源、抓住重点、逐一实施、前后递呈、累积成效。这既是普洱推进绿色发展的现实需要，也是我们研究普洱绿色发展的基本思路。

四　研究框架与主要内容

正是基于这样一种全面系统的研究思路，本书在吸收理论界、学术界已有的研究成果的基础上，对普洱绿色发展做出比较系统的全面的研究，以期人们对普洱绿色发展有更为全面的认识。本书将普洱的绿色发展作为一个系统的分析框架，在对普洱"生态立市、绿色发展"战略确立及实践全面阐述的基础上，从理论、政策与实践结合的研究视角，重点分析讨论了主体功能区建设、绿色生产方式、绿色产业基地、绿色产业体系、绿色家园、生态安全屏障、生态移民、生态环境保护、绿色文化培育、绿色金融、基础设施建设、人才科技支撑、法制机制保障等绿色发展问题。

全书共由绪论和十六章内容组成。在全书十六章中，基本上是三个部分，形成一个完整的结构。

第一部分，即第一章和第二章，主要分析了普洱实施"生态立市、绿色发展"战略，走绿色发展之路有利条件和普洱"生态立市、绿色发展"战略提出的经过、取得的成效及经验。具体来讲，第一章对普洱"生态立市、绿色发展"战略确立的基本依据做了全面分析论述。第二章全面回顾了普洱"生态立市、绿色发展"战略的确立过程及有效实践，总结了普洱绿色发展所取得的经验。

第二部分，即第三章至第十章，具体论述了普洱绿色发展的主要内容。第三章论述了主体功能区建设与绿色发展的关系。第四章讨论了推行绿色生产方式与绿色发展的问题。第五章论述了绿色产业基地建设与绿色发展问题。第六章论述了建设生态家园与推动绿色发展的问题。第七章论述了建设生态安全屏障与绿色发展问题。第八章论述了生态移民与绿色发展的问题。第九章论述了生态环境保护与绿色发展的问题。第十章论述了培育绿色文化与绿色发展问题。

第三部分，即第十一章至第十六章，提出并论证了普洱绿色发展的支撑和机制保障问题。第十一章集中论述了金融服务与普洱绿色发展的问题。第十二章集中讨论了基础设施建设对普洱绿色发展的支撑作用。第十三章论述了人才对普洱绿色发展的支撑问题。第十四章论述了科技对普洱绿色发展的支撑问题。第十五章论述了法治建设对普洱绿色发展的保障作用。第十六章论述了体制机制建设对普洱绿色发展的保障作用。

在这样的框架结构中，本书从理论、实践和政策相结合的研究视角，采用历史性研究与共时性研究相结合、宏观研究与微观研究相结合、理论分析与经验分析相结合、定量分析与定性分析相结合的研究方法，对普洱绿色发展的条件、绿色发展的主要内容、绿色发展的支撑保障机制等问题进行了全面的分析，以期对普洱绿色发展的实践及未来发展趋向有一个系统的梳理和论述。

第一章

普洱实施"生态立市、绿色发展"战略的条件

"生态立市、绿色发展"战略是普洱市委、市政府把普洱放在云南、放在全国乃至全球的大背景下谋划定位普洱的长远发展目标，在认真研判世界发展趋势和全面把握了国内发展大局的基础上，在全面分析普洱良好的发展条件后提出来的，是有现实依据的。

一 全球绿色经济迅速发展为普洱绿色发展提供良好的机遇

发展是人类社会文明进步的永恒主题。进入 21 世纪，以保护人类生存环境、合理开发利用资源与能源、有益于人类健康为特征的绿色经济，已经成为世界经济发展的主流。绿色发展的理念是人类反思自身自工业革命以来的生产、生活方式带来的一系列环境问题的结果后提出来的。特别是金融危机出现后，欧美发达国家纷纷提出了绿色发展战略，试图通过"绿色新政"和发展绿色经济，在新一轮经济发展进程中促进经济转型以实现自身的可持续发展，并在经济增长中抢占先机。

美国总统奥巴马上任后，积极支持重要国策机构——美国进步中心提出的"绿色经济复兴计划"，并将该计划视为政府"绿色新政"以及"绿色经济一揽子计划"的一部分，提出要尽快确立美国在新能源竞赛中的领先地位，为清洁能源出口大国。美国众议院通过了美国历史上第一个限制温室气体排放的法案——《美国清洁能源安全法案》，希望能创造就业机会，减少石油依赖，并为主导低碳游戏规则作出战略部署。

英国把绿色经济确定为国家发展战略。2009 年 7 月，英国发布了

《低碳转换计划》和《可再生战略》的国家战略文件，这是继出台《气象变化法》之后，英国政府"绿色新政"的又一动作。按照英国政府的计划，到2020年可再生能源在供应中要占15%的份额，把英国建成更干净、更绿色、更繁荣的国家。

法国环境部公布的可再生能源发展计划涉及到生物能源、风能、地热能、太阳能及水能发电等多个领域，计划到2020年可再生能源在法国能源消费总量中的比重要提高到至少23%。

德国发展绿色经济的重点是发展生态工业。德国的生态工业政策主要包括六个方面的内容：严格执行环保政策；制定各行业有效战略；扩大可再生能源使用范围；可持续利用生物智能；推出汽车业改革创新措施；环保教育、资格认证等。德国政府强调生态工业政策应成为德国经济的指导方针。

2008年9月，韩国出台了《低碳绿色增长战略》，提出要提高效能和降低能源消耗量，要从能耗大的制造经济向服务经济转换。2009年1月，韩国国务会议通过了政府提出的"绿色工程"计划。该计划将在4年内投资50亿韩元开发36个生态工程，并因此创造大约96万个工作岗位，用以拉动国内经济，为韩国未来的发展提供新的经济增长动力。这一庞大计划被称为"绿色新政"。2010年韩国政府又制订了绿色增长国家战略及五年计划，提出到2020年成为世界第七大绿色强国，到2050年成为世界第五大绿色强国的远大目标。

2009年4月，日本政府公布了《绿色经济与社会变革》的政策草案，目的是通过实行削减温室气体排放等措施，强化日本的绿色经济。日本还提出建设低碳社会，把日本打造成全球第一个绿色低碳社会，引领世界低碳经济革命。

联合国等国际组织也大力倡导发展绿色经济和实施"绿色新政"。2008年10月，联合国环境规划署发起"全球绿色新政及绿色经济计划"，旨在借助各国构建"绿色化"制度，来缓解全球性系统危机，创造绿色工作机会，复苏和升级世界经济，并借此来推动世界绿色产业革命。欧盟制订了一项发展"环保型经济"的中期规划，计划在2009年至2013年的5年时间筹措1050亿欧元，全力打造具有国际水平和全球竞争力的"绿色产业"，保持欧盟在绿色技术领域的世界先进水平。

　　由此可见，绿色发展已成为当前世界经济发展的新潮流和新趋势。无论大多数发达国家还是一些国际组织都积极倡导和推行"绿色新政"和绿色发展，其目标就是逐渐将当前高能耗、高排放的"黑色"传统经济发展模式，转变为低能耗、低排放的"绿色经济"发展模式。这既是应对和化解当前全球性系统性危机的唯一出路，也是构建未来世界经济走可持续发展道路，推动各国及全球经济增长的新引擎。

二　国家及省重视绿色发展为普洱绿色发展提供政策支持

　　放眼全国，各地积极寻求绿色发展之路，加快推进发展模式的绿色转型，一场大规模的绿色革命正在拉开帷幕。在我国全面建成小康社会的关键时期，中央准确把握世界经济增长和市场需求发展新变化、科技创新和产业升级加速的世界发展大势，在认真总结我国发展实践经验的基础上，提出加快转变经济发展方式，推动经济社会科学发展的重大战略任务。

　　党的十七大报告提出了加快转变经济发展方式，推动经济社会发展的新理论、新观点："建设生态文明，基本形成节约能源资源和保护生态环境的产业结构、增长方式、消费模式"；"加快转变经济发展方式，推动产业结构优化升级"；"加强能源资源节约和生态环境保护，增强可持续发展能力"。

　　2010年10月召开的党的十七届五中全会把加快转变经济发展方式确定为"十二五"时期发展的主线，指出加快转变经济发展方式是推动科学发展的必由之路，符合我国基本国情和发展阶段性新特征，是我国经济社会流域的一场深刻变革，必须贯穿经济社会发展全过程和各领域，提高发展的全面性、协调性、可持续性，坚持在发展中促转变，在转变中谋发展，实现经济社会又好又快地发展。

　　党的十八大报告首次把生态文明建设与经济、政治、文化、社会四大建设一起，纳入中国特色社会主义总体布局；明确了理念，提出必须树立尊重自然、顺应自然、保护自然的生态文明理念；明确了奋斗目标，要努力建设美丽中国，实现中华民族永续发展；明确了工作方针，要坚持节约优先，自然恢复为主的方针；明确了工作目标，即从源头上扭转生态环境恶化趋势，为人民创造良好生产生活环境；明确了工作任务，提出要优化国土空间开发格局、全面促进资源节约、加大自然生态系统和环境保护力度、加强生态文明制度建设。

党的十八届五中全会通过的《中共中央关于制定国民经济和社会发展第十三个五年计划的建议》把绿色发展与创新发展、协调发展、开放发展、共享发展一起作为指导国家"十三五"建设与发展的理念，提出"坚持绿色富国、绿色惠民，为人民提供更多优质生态产品，推动形成绿色发展方式和生活方式，协同推进人民富裕、国家富强、中国美丽"。

习近平总书记在云南考察时提出的云南主动服务和融入国家发展战略，闯出一条跨越发展的路子，努力成为民族团结进步示范区、生态文明建设排头兵、面向南亚东南亚的辐射中心的"三个定位"，赋予了云南新的使命和责任。成为生态文明建设排头兵定位的提出，深刻揭示了生态环境对于云南发展的极端重要性，对云南省进一步找准目标定位，突出优势特色，推动跨越发展具有重要指导意义。

普洱绿色发展得到国家的支持。在国家的支持下，普洱成为全国唯一的国家绿色经济试验示范区。2011年《国务院关于支持云南省加快建设面向西南开放重要桥头堡的意见》提出要以"玉溪、普洱、景洪、磨憨、临沧等城镇为载体，重点发展以农林产品深加工、生物产业、商贸旅游服务业为主的产业集群，务实推进大湄公河次区域合作"；"支持普洱市发挥自然生态和资源环境优势，大力发展循环经济、建设重要的特色生物产业、清洁能源、林产业和休闲度假养生基地"。2013年6月，国家发展改革委员会正式批准普洱市建设国家绿色经济试验示范区。2014年3月，国家发展改革委员会正式批准《普洱市建设国家绿色经济试验示范区发展规划》，指出普洱要通过试验示范区建设，成为全国生态文明建设的排头兵、西部地区转变经济发展方式的先锋、边疆少数民族欠发达地区跨越发展的典范和面向东南亚绿色经济交流合作的平台。规划凸显了绿色低碳循环发展这一主线，突出了建设国家四大绿色产业基地、推动全社会绿色发展、加强生态建设和环境保护等重点，明确了国家在财税、投融资、产业、土地等方面宏观政策支持普洱建设国家绿色经济试验示范区。

云南省坚定不移地走绿色发展道路,建设绿色经济强省。早在1999年,省委、省政府就把建设绿色经济强省作为跨世纪发展的三大目标之一。云南面向西南开放重要桥头堡战略提出后,把建设绿色经济强省、民族文化强省和云南面向西南开放的重要桥头堡("两强一堡"战略)作为引领云南科学发展、和谐发展、跨越发展的重要战略目标。

省委、省政府高度重视普洱绿色发展,明确提出支持普洱争当绿色发展的排头兵。2012年7月,云南省政府在普洱召开了推进普洱绿色经济发展专题工作会议。会上,时任云南省省长的李纪恒在讲话中要求普洱"充分发挥优势,着力建设绿色发展为主题、绿色经济为主流、绿色产业为主体、绿色企业为主力的绿色经济试验示范区,进一步增强经济发展的内生动力,为云南建设绿色经济强省当示范、作表率"①。会议提出云南省政府将在政策、项目、资金上给予普洱强力支持。2013年,云南省《政府工作报告》明确提出推动普洱市建设国家绿色经济试验示范区工作。2015年4月25日,云南省政府出台了《云南省人民政府支持普洱建设国家绿色经济试验示范区的若干政策》,明确提出了云南省政府在生态和环境保护、产业、对外开放、财税、投资金融、土地、公共服务、机制建设和人才等方面支持普洱建设国家绿色经济试验示范区。

由此可见,国家及省对绿色发展的重视以及其对普洱绿色经济发展的支持,为普洱确立和实施"生态立市、绿色发展"战略提供了极为重要的发展机遇和强有力的政策措施保障。

三 普洱实施"生态立市、绿色发展"战略的生态资源优势

普洱最大的特色是绿色,最大的优势是生态。良好的生态、富集的

---

① 李纪恒:《坚持绿色发展 建设幸福家园——在省政府推进普洱绿色经济发展专题工作会议上的讲话》,《研究与参考》2012年第3期。

资源，是普洱实现绿色发展最大的潜力和优势，更是普洱实现生态立市、绿色发展之本。

（一）极佳的生态环境

普洱因其山川秀美，气候宜人，拥有"东方的普罗旺斯"、"绿海明珠"等美誉，被联合国环境署称为"世界的天堂，天堂的世界"。

1. 最适宜人类居住的地区之一

普洱地势北高南低，最高点为北部无量猫头山（海拔3370米），最低点在江城土卡河口（海拔317米），相对高差3053米。受地形、海拔的影响，普洱境内垂直气候特点明显。气候类型从低到高，依次可分为北热带、南亚热带、中亚热带、北亚热带、南温带5个气候带类型。其中：北热带系指海拔800米以下的河谷地带，占全区面积的6%；南亚热带系指海拔800—1400米的地带，占57%。热带、亚热带占全市面积的63%。由于处在南亚季风北缘，受季风制约，又形成干湿季分明的季风气候特点。普洱各地年平均气温为15℃—20.2℃，最冷月（1月）平均气温10.3℃—13.2℃，最热月（5、6月）平均气温17.9℃—24.6℃，气温年较差在7.9℃—12.3℃之间，季节差异小，年无霜期在315天以上。年降水量1100—2780毫米，多数地区1300—1600毫米。地处西南、东南两股暖湿气流前沿迎风坡上的西盟县、江城县是全省降水量最多的地区，年平均降水量分别为2739毫米、2766毫米，最大年降水量达3289毫米。全市降水日数在150天以上，年相对湿度76%—85%，年日照时数1873.9—2206.3小时，年日照百分率为43%—50%。

总的来看，普洱常年气候温和，雨量充沛，日照充足，夏无酷热，冬无严寒，四季如春，气候宜人，是最适宜人类居住的地区之一。从影响人体舒适程度的气象因素看，普洱各地、各月份"人体舒适度指数"① 均较为理想。按照表1—1的等级划分，普洱整体的气候温度属于"温和—暖"区间（详见表1—1拉黑部分），人体感觉最舒服；按

---

① 人体舒适度指数是指根据当日最高气温和14时相对湿度的预报值计算指数值，再利用指数值的大小划分等级并确定舒适程度。人体舒适度指数（ssd）=（1.818t+18.18）（0.88+0.002f）+（t-32）/（45-t）-3.2v+18.2。其中 t 为平均气温，f 为相对湿度，v 为风速。

照表1—2的等级划分和表1—3的统计数值，普洱全年的人体舒适度指数值在15℃—20℃之间（详见表1—2拉黑部分），这对于大多数人而言，其舒适度是最高的。

据医学研究表明，空气中负氧离子浓度达到一定含量，有利于人体血氧输送、吸收和利用，具有促进人体新陈代谢，提高人体免疫能力，增强人体肌能，调节机体功能平衡的作用，被誉为"空气维生素"。

根据2010—2011年，普洱市环保局在13个监测点，对环境空气中负氧离子含量情况进行监测的结果表明，普洱中心城区及周边环境空气中的负氧离子浓度平均每立方厘米在7000个以上，远高于世界卫生组织的关于清新空气中负氧离子的浓度每立方厘米不低于1000—1500个的规定，也远远好于北京市气象局根据负氧离子浓度与健康的关系划分出7个负氧离子浓度级别中的第7级。[1] 普洱，是名副其实的"天然氧吧"。

表1—1　　　　　　　人感的温度的等级（℃）

等级	℃	等级	℃
极寒	−40℃或低于此值	微温凉	12—13.9℃
奇寒	−35—−39.9℃	温和	14—15.9℃
酷寒	−30—−34.9℃	微温和	16—17.9℃
严寒	−20—−29.9℃	温暖	18—19.9℃
深寒	−15—−19.9℃	暖	20—21.9℃
大寒	−10—−14.9℃	热	22—24.9℃
小寒	−5—−9.9℃	炎热	25—27.9℃
轻寒	−4.9—0℃	暑热	28—29.9℃
微寒	0—4.9℃	酷热	30—34.9℃
凉	5—9.9℃	奇热	35—39℃
温凉	10—11.9℃	极热	高于40℃

资料来源：温度的概念及等级划分（http：//www.1718world.com/news/6/2/news_info_5636.html）。

———————————

[1] 资料来源于《监测表明：普洱，"天然氧吧"名副其实》（http：//yn.xinhuanet.com/puer/2011−08/30/c_131084562.htm）。

表 1—2 人体舒适度指数表

等级	指数	体感温度（℃）	人体舒适度
0 级	61—70	18—23	舒适，最可接受
1 级	71—75	23—29	温暖，较舒适
2 级	76—80	29—35	暖热，不舒适
3 级	81—85	35—41	热，很不舒适
4 级	>85	>41	很热，极不舒适
-1 级	51—60	13—18	凉爽，较舒适
-2 级	41—50	8—13	凉，不舒适
-3 级	20—40	4—8	冷，很不舒适
-4 级	<20	<4	很冷，极不舒适

资料来源：上海市气象信息传媒中心（http://www.soweather.com/html/fd1feb88-305b-4363-a7cc-67877cb1cf5d/infodetail/a8d291de-5de3-4c27-b219-3bd4fa4d4bd8.html）。

表 1—3 普洱市各县气象舒适指数（1981—2010 年）

各县	全年	1 月	2 月	3 月	4 月	5 月	6 月	7 月	8 月	9 月	10 月	11 月	12 月
思茅	17.76	12.39	14.06	17.76	18.80	20.55	21.32	20.95	21.12	20.49	18.53	15.34	12.68
江城	17.87	12.29	13.68	16.48	18.85	20.93	21.73	21.77	21.43	20.51	18.63	15.52	12.91
景东	17.89	11.43	13.65	16.38	18.91	21.33	22.37	21.60	22.11	21.06	19.34	15.42	11.76
镇沅	18.09	12.04	14.24	16.97	19.12	21.25	22.06	22.06	21.74	20.95	18.74	15.32	12.41
景谷	19.47	13.15	15.40	18.46	20.62	22.81	23.59	22.34	23.20	22.60	20.40	16.97	13.66
墨江	17.51	11.87	13.72	16.45	18.73	20.70	21.47	21.51	21.08	20.18	18.07	14.77	12.11
宁洱	17.76	12.39	14.06	17.76	18.80	20.55	21.32	20.95	21.12	20.49	18.53	15.34	12.68
澜沧	18.86	12.81	14.48	17.15	19.52	21.56	22.33	22.20	22.01	21.46	21.21	16.42	13.49
西盟	15.20	11.17	12.94	15.36	16.80	17.30	17.57	17.41	17.48	17.24	15.48	14.38	11.13
孟连	19.20	13.32	14.83	17.68	20.25	22.26	22.88	22.41	22.53	21.97	20.25	17.08	14.03

资料来源：普洱市思茅区气象局吴俊：《浅析普洱旅游业发展与气象服务》，《科技成果管理与研究》2011 年第 10 期，第 43 页。

2. 生物资源多样性最为丰富的地区之一

特殊的地理位置和气候条件，孕育了普洱独具特色的绿色资源和良好的生态环境,是地球北回归线上保存最完好、规模最大的一片绿洲,是全省生态环境最好的地区之一。全市有4.4万公顷自然生态保护完好的原始森林,是国内面积最大的亚热带湿性常绿阔叶林区。浩瀚的林海形成了动植物的多样性,普洱是云南省生物资源多样性最为丰富的地区,是云南"动物王国"、"植物王国"的核心区域。全市有高等植物352种,1688属,5600余种,占全省的32.9%,其中国家一、二、三级保护植物有51种,珍贵树种有桂花、红椿、云南石梓、八宝树、樟树等。速生树种有思茅松、西南桦、红木荷等,常见的森林植物有150多科,仅用材林的优势树种就有41科。水稻品种多达900多个,药用野生稻和疣粒野生稻为国家重点保护植物。动物有1496种,其中兽类178种,占全省兽类总数的59.3%,鸟类292种,占全省鸟类总数的36.8%,昆虫980种,爬行两栖类动物46种。其中有金丝猴、云豹、熊狸、野牛、冠斑犀鸟、双角犀鸟、相思鸟、林麝、马鹿、孟加拉虎等属珍稀野生动物。属于国家保护兽类16种、鸟类16种、两栖爬行类4种。

全市已建立2个国家级自然保护区,即无量山自然保护区、哀牢山自然保护区;4个省级自然保护区,即孟连竜山自然保护区、糯扎渡自然保护区、威远江自然保护区、莱阳河自然保护区;10个县级自然保护区,即松山自然保护区、坝卡河自然保护区、泗南江桫椤自然保护区、河湾水源保护区、牛倮河自然保护区、勐梭龙潭自然保护区、大黑山自然保护区、黑山保护区、菊河饮用水域保护区、饮用水源保护区。自然保护区面积达16.04万公顷,占全市国土面积的3.5%(见表1—4)。不同类型的保护区较好地保护了生物多样性和生态资源,为普洱发展绿色产业提供了丰富的资源。

表1—4　　　　　　　　普洱市自然保护区名录

自然保护区名称	地　　点	面积(公顷)	主要保护内容	级别	创建时间
无量山自然保护区	景东彝族自治县	30938	森林生态、野生动植物	国家级	1988.3

续表

自然保护区名称	地　　点	面积（公顷）	主要保护内容	级别	创建时间
哀牢山自然保护区	景东彝族自治县、镇沅彝族哈尼族拉祜族自治县	71007	原始森林、珍稀动植物	国家级	1981.12
莱阳河自然保护区	普洱市	15333	以野牛为主的珍稀动物群及热带生态系统	省级	1985.10
糯扎渡自然保护区	普洱市、澜沧拉祜族自治县	21679	桫椤、野牛、橼绿木	省级	1997.10
威远江自然保护区	景谷傣族彝族自治县	7653	思茅松原始林植被	省级	1981.10
孟连竜山自然保护区	孟连傣族拉祜族佤族自治县	54	小花龙血树	省级	1986.3
松山自然保护区	普洱市	2700	饮用水源	县级	1994.4
坝卡河自然保护区	墨江哈尼族自治县	3500	水源	县级	1995.8
泗南江桫椤自然保护区	墨江哈尼族自治县	5603	桫椤	县级	2001
湾河水源保护区	镇沅彝族哈尼族拉祜族自治县	5000	饮用水源	县级	1995.5
牛倮河自然保护区	江城哈尼族彝族自治县	4753	自然生态系统及珍稀动植物	县级	1983.8
勐梭龙潭自然保护区	西盟佤族自治县	4200	水源	县级	1982.5
大黑山自然保护区	孟连傣族拉祜族佤族自治县	7146	生态系统	县级	1993.3

续表

自然保护区名称	地　　点	面积 （公顷）	主要保护内容	级别	创建 时间
黑山 保护区	墨江哈尼族自治县	14667	森林生态	县级	1995.5
菊河饮用水域 保护区	景东彝族自治县	2000	饮用水源	县级	1999.1
饮用水源 保护区	普洱市	18000	饮用水源	县级	1994.8

资料来源：何宣、杨士吉、许太琴主编：《云南生态年鉴（2010）》，云南民族出版社2010年版，第134—139页。

其中，无量山国家级自然保护区地处东经100°19′—100°45′，北纬24°17′—24°55′之间，属野生动物类型自然保护区。无量山国家级保护区有各种树木45科151种。植被有云南铁杉、元江拷—刺包栎；银木刺包栎；截果林—木荷林；银木荷—刺包栎林；早冬瓜林；杜鹃灌丛，南烛灌丛，紫茎泽兰群落等九个类型。国家级保护珍稀植物有水青树、长蕊木兰、红花木莲、普洱玉兰、景东翅子树、白菊木、黑节草。此外还有珍贵树种中华桫椤、多花含笑、福贡玉兰、云南红豆杉、马蹄荷等。国家一级保护动物有黑长臂猿、蜂猴、金丝猴、灰猴、孟加拉虎、野牛、黑颈长尾雉等。二级保护动物有獐、青羊、鬣羚、白鹇、原鸡、铜鸡等。经济动物有狗熊、赤鹿、猬子、黄猺、黄鼬、西狐、果子狸、野猫、鼬獾、小鹿、松鼠、竹鼠、白腹锦鸡、竹鸡、杜鹃等数十种。无量山素有"画眉之乡"美称。共有鸟类271种，为全国鸟类总数的23.6%，全省鸟类总数的35.2%，属云南特有的有23种，属国家保护的有17种。

哀牢山国家级自然保护区位于哀牢山脉中北段上部，地处东经100°54′—101°30′，北纬23°36′—24°44′之间，云南的热带向亚热带山区发展的过渡地带，是常绿阔叶林生态系统亚热带唯一地域广大而类型多样的代表。哀牢山国家级自然保护区有银杏、篦齿苏铁、水青树、香果树、云南山茶、野茶树、红花木莲、翠柏、红椿、疏齿栲、景东石栎、绿背石栎等高等植物种类约 1500 种，其中国家重点保护植物有水青树、野荔枝等 14 种；有黑冠长臂猿、黑叶猴、灰叶猴、蜂猴、懒猴、熊猴、短尾猴、水鹿、黑麂、穿山甲、苏门羚、斑羚、绿孔雀、云豹、金钱豹、金猫、大灵猫、岩羊、林麝、斑犀鸟、红腹角雉、锦鸡、肉角鸡等动物种类 435 种，其中国家重点保护动物有黑长臂猿、短尾猴、绿孔雀等 20 多种。无量山、哀牢山两个国家级自然保护区是地球同纬度上生物资源最为丰富的自然综合休，在不到万分之一的国土面积上保留了全国三分之一的物种，被誉为"天然绿色宝库"和"天然物种基因库"。

莱阳河省级自然保护区保存着中国面积最大、最完整的南亚热带原始森林，被誉为中国唯一的"爪哇野牛栖息地"、"野牛之乡"。澜沧江两岸的糯扎渡省级自然保护区，江河风光与原始森林紧密结合，植被多样性保护良好。近年来，该保护区内发现了云南植被新记录类型——榆绿木林和云南热区河谷植被新记录类型——江边刺葵群落。威远江省级自然保护区与小黑江森林公园紧密相连，完整地保留了思茅松的原生状态。距今 3.6 亿年的"恐龙食物"——桫椤，依然还在西歧自然保护区集中成片生长。

（二）富集的绿色资源

普洱市国土总面积 6626.24 万亩，占全省的 11.4%，在云南 16 个市（州）中居首位。全市地貌按外表形态可分为山地、丘陵、盆地（坝子）三大类型。全市以山地丘陵为主，占总面积的 98.29%，河床与盆地仅占 1.71%。根据海拔高度、相对高度及切割程度不同，可划分为亚高山、中山、低山等山地类型。海拔 1000 米以下的低山 693 万亩，占全市总面积的 10.46%；海拔 1000—1500 米的低中山 3450 万亩，占 52.07%；海拔 1500—2000 米的中中山 2043 万亩，占 30.83%；海拔 2000—2500 米的高中山 393 万亩，占 5.93%；海拔 2500 米以上的亚高山 47 万亩，占 0.71%。全市 82.90% 的面积是海拔 1000—2000 米的山地。全市无集中连片的丘陵地区，但山地中仍有丘陵存在，分布在山岭顶部、盆地周围、各大小河谷两侧。盆地面积很小，耕地万亩以上的坝子有川河、永平、钟山、上下允、振太、勐大、思茅、民乐、凤阳、勐班、孟连、恩乐、者干、勐先、勐马、勐朗共 16 个，绝大多数坝子分布在海拔 900—1400 米之间，较大的坝子又集中分布在 900—1200 米之间。普洱得天独厚的地形地貌，气候条件，丰富多样的生物资源，为普洱集聚了丰富的绿色资源。

1. 森林资源

普洱市森林资源丰富、林业用地广阔。全市有林业用地面积 4693 万亩，占国土面积的 70.82%，居全省之首，人均有林业用地面积 18.2 亩，是全国的 8.1 倍，全省的 3.4 倍；全市商品林面积 3554 万亩，占全省商品林面积的 19.5%，是云南省第二大林区，是重要的商品用材林基地和林产工业基地。2015 年，全市森林覆盖率高达 68.7%。比全省 55.7% 森林覆盖率高出 13 个百分点，是全国森林覆盖率 21.66% 的 3.17 倍，全球森林覆盖率的 2.3 倍。森林活立木蓄积量 2.69 亿立方米，人均占有森林蓄积量 81.8 立方米，是全国平均的 9.2 倍，全省平均的 2.6 倍。

2. 热区资源

全市海拔低于 1400 米的热区面积 2.32 万平方公里，占云南省的 28.6%，占全市面积的 52%，位居全省第一位。普洱广袤的热区土地，适宜茶叶、咖啡、甘蔗、橡胶、水果、南药、香料、冬早瓜菜及其他热带、亚热带植物生长，具有开发热带、亚热带经济作物得天独厚的条件。普洱有丰富的经济作物和果树品种，从热带果树到温带果树都有分布，而且种类繁多，优质品种不少。据不完全统计，全市果树种类达 30 多个科、60 多个属、100 多个种，其中科属数占全省总数的 80%—90%，是我国宝贵的果树资源库之一。

普洱是世界茶源、普洱茶都、中国茶城，是世界茶树原生地中心地带和普洱茶的故乡，是举世闻名的"古茶树博览园"，是我国乃至世界茶树资源最重要的宝库，是"世界茶源"。境内有距今 3540 万年前的茶树始祖——在景谷发现的宽叶木兰化石，有树龄 2700 余年的镇沅千家寨野生古茶树王，有 1700 多年的澜沧邦崴过渡型古茶树，有千年万亩澜沧景迈山人工栽培型古茶园。普洱茶以独特的品味、特殊的保健功能和收藏价值，被人们称为可以喝的"古董"。

普洱咖啡在全国种植面积最大、产量最高、品质最优。普洱是全国咖啡主产区和咖啡贸易的主要集散地，被授予"中国咖啡之都"的称号。

普洱是云南省乃至中国范围内适合巴西橡胶树生长的少数地区之一，已成为云南省第二大天然橡胶生产基地。

3. 药材资源

普洱市药材资源非常丰富，分布较广。从低海拔到高海拔，从内地到边疆均有分布。普洱市是名副其实的南药天然宝库。据中药材资源普查结果，全市动植物、矿物药材有 181 科，486 属，758 种。按国家规定普查的 359 种药材资源，普洱市就有 244 种，占国家规定普查种类的 68%。其中，野生植物药材 165 种，蕴藏量 7.4 万吨；种植药材 59 种，蕴藏量 0.3 万吨；动物药材 18 种，蕴藏量 0.1 万吨；矿物药材 2 种，蕴藏量 21.41 万吨。全市目前已收购的植物药材有 130 种，其中，全国稀有的龙血树，价值很高的毕拔、砂仁、神衰果、蔓荆子、金银花、白豆蔻都有较高的产量。另有名贵、紧俏药材如三七、千张纸、苏木、黄草、千年健、桃仁、黑故子、防风等。儿茶、肉桂、槟榔等都适于思茅地区种植。

普洱被国内中药专家称为"国内龙血树、石斛、豆腐果、灯台叶等药用植物生长条件最好的地方"。普洱境内生长的石斛品种有 41 种，占全国的 55.4%、全省的 89.1%，是全省乃至全国石斛种类较多、最适宜石斛生长和人工种植的地区之一。在孟连境内有龙血树群落 800 亩，是全国最大的龙血树群落之一，在景谷境内发现 5 万株成林的龙血树，为全国首见。孟连被国家中医药管理局列为"千张纸"基地县，景谷为"蔓荆子"基地县。这些药物资源为天然药物、保健品、食品、日化用品、生物农药、饲料添加剂等开发提供了丰富的资源。

4. 水能资源

普洱大地江河纵横，溪流众多，水利资源十分丰富，年平均降水量为 1600 毫米。境内共有大小河流 600 余条，径流面积在 5000 平方公里以上的河流有 5 条、1000—5000 平方公里的有 17 条、100—1000 平方公里的有 41 条。全市总径流面积 45385 平方公里，与全市的总面积相等，分属红河（李仙江）、澜沧江、怒江（南卡江）三大流域，年径流量 326.12 亿立方米，占全省的 14.68%。其中红河流域 15341.7 平方公里，占 33.8%，产水量为 122.6 亿立方米；澜沧江流域 27768.5 平方公里，占 61.2%，产水量为 174.6 亿立方米；怒江流域 2274.8 平方公里，占 5%，产水量为 23.94 亿立方米。三大水系具有的地表水资源，年均径流总量 326 亿立方米，地表水总量 829 亿立方米，人均占有 33427 立方米；地下水资源 103 亿立方米，人均占有 4153 立方米。普洱地势山高坡陡，北南最大落差 2989 米，是全国水电富能区之一。水能资源理论蕴藏量丰富，总量达 1500 万千瓦，位居云南省首位。澜沧江上已建成的装机 150 万千瓦的漫湾电站、装机 135 万千瓦的大朝山电站和装机 585 万千瓦的糯扎渡电站，总装机容量达 875 万千瓦。此外，还有李仙江、泗南江、威远江、阿墨江等流域 12 个中型电站。2014 年年底，全市电力装机规模达 984.2 万千瓦，发电量达 335.2 亿千瓦时，普洱成了国家"西电东送"、"云电外送"的重要基地。

5. 旅游资源

旅游资源是指能够激发旅游者旅游动机、承载旅游活动，有效满足旅游者的需求，可产生经济、社会价值和生态效益的各种客观存在。

普洱丰富的自然资源和特殊的历史文化、民族风情，形成了丰富多样的旅游资源。据调查，全区共有旅游资源 9 类 63 个基本类，这些旅游资源基本上包括除了干旱地貌风光、冰雪风光和海洋风光之外的各个种类。在自然旅游资源方面，有名山风光、洞穴风光、丛峰风光、奇石风光、土林风光、生物化石点地文景观；有风景河段、漂流河段、瀑布景观、名泉风光和湖泊风光等水文景观；有云海风光、夕照风光、天象胜景、避暑胜地、避寒胜地等气象气候景观；有植被景观、古树名木、草场风光、观赏性经济林、观赏性动物等生物景观。在人文旅游资源方面，有古人类遗址、各类活动及设施遗址、历史纪念地、各类雕刻及造像、古墓葬等历史文物古迹；有现代城市风貌、标志性建筑、纪念陵园、水利水电工程、人工湖泊、田园风光、疗养休养胜地、口岸景观等现代建设景观的旅游资源；有公园、博物馆、体育馆、娱乐设施等文化体育娱乐资源；有民族民居、民族服饰、民族习俗、民族文化、民族节日、民族美食、民族体育、民族医药等少数民族风情的旅游资源。

（三）丰富的生态文化资源

普洱各民族在探索自然的漫长岁月中，普遍形成了人与自然和谐共存的传统生态智慧。在各民族的生产活动、宗教信仰、民间习俗、神话传说、日常禁忌、祭祀仪式等活动和民俗事象中，都或多或少地体现出传统生态智慧。这是一种以自然崇拜为核心，以人与自然和谐共生共存为基本价值取向，以人与动植物的亲缘亲情意识、万物有灵的敬畏意识、对自然的感恩意识、保护生态的责任意识为主要内容的传统生态智慧，是普洱民族文化的重要组成部分。

1. 同源同根的亲缘和亲情意识

普洱各民族普遍具有人与动植物的同源同根的亲缘和亲情意识。拉祜族认为，人与天地万物同源，人类只是自然的产物。按"拉祜人的古理，拉祜人的古规，男人是葫芦的儿子，女人是葫芦的女儿"①，他们从葫芦中出来，在葫芦里长大。在拉祜族神话史诗《牡帕密帕》中指出，天神厄莎不仅造天造地，还造物造人。天地万物只是天神厄莎的创造物。在镇沅县苦聪人的《传人种》神话说：洪水时期，世人皆被淹死，只有钻进葫芦里的两兄妹生存了下来。天神出主意让他们合磨成婚繁衍后代。妹妹怀孕3年后生下了个怪胎。兄妹俩听天神的吩咐将怪胎捏碎后撒到山上，不久，荒山野岭到处挤满了人，长满了鲜花、树木、青草，森林里挤满了野兽、禽鸟。拉祜族谚语说："土地是命根，森林是朋友。"② 这些古歌、神话传说、谚语，反映了拉祜族人与动植物是同源同根的亲缘意识和亲情意识。

这种人与动植物同源同根的亲缘意识和亲情意识，同样反映在佤族的神话传说中。佤族创世神话《司岗里》说：利吉神和路安神创造了天地，创造了太阳和月亮；创造了动物和植物，创造了人。把人放在石洞里，是动物"帮助人打开石洞，让人出来"。人出来后，经历了与各种动物为伍、与动物共生的时代，是动物为人取来了谷种，教会人学会说话、摩擦取火、酿酒等生活技能，甚至木鼓的发明、农时节令的确定

---

① 娜朵：《拉祜族民间文学集》，云南人民出版社1996年版，第411页。
② 《拉祜族谚语俗语语集》，云南民族出版社1993年版，第170页。

也是受到动物的启示。因此佤族把动物视为自己的亲密伙伴，唱到"人类钻出葫芦，白鸟是人类的朋友；人类踏上大地，百兽是人类的伙伴"。更有意思的是，佤族《司岗里》神话传说把民族的区分与分布同植物联系起来，说人从司岗里出来时，面貌模糊不清的，因老大跑去抱住了一棵大椿树，因而"佤族像大椿树一样黑红黑红的"；老二跑去抱住了一棵竹子，因而"拉祜族像竹子一样青黄青黄的"；老三跑去抱住一棵芭蕉树，因而"傣族像芭蕉一样白嫩白嫩的"；老四跑去抱住一棵大车树，因而"汉族像大车树一样又白又高大"。后来，佤族的祖先就居住在"有大椿树"的"离石洞不远"的山上，拉祜族的祖先就居住在"竹子多的半山腰上"，傣族的祖先居住在"芭蕉树多"的"热带平坝地方"，汉族的祖先"就像大车树一样分布很广，热地方冷地方都能在"。

这种人与动植物同源同根的亲缘和亲情意识，在哈尼族、彝族等其他民族的神话传说中也不同程度地存在，它反映了普洱各民族人与动植物平等共存的观念。

2. **万物有灵的敬畏意识**

普洱各民族的自然崇拜，就是万物有灵的敬畏意识的最充分体现。普洱各民族原始崇拜中的"万物有灵"的观念，使他们将自然界的一切，大到天、地、水、火、风，小到动植物，都看作同人自身一样，是有灵魂的。这些"灵魂"主宰世界的一切，会给人们带来安危祸福，人的生、老、病、死都与"灵魂"有关，由此便产生了对自然的尊重、敬畏和崇拜。

天地崇拜。佤族把天看作主宰人间的一切，世间的罪恶，天会惩罚；世间的不平等，天也会公正处理。傣族认为天上有个最大的神，名叫叭音（天神），他主宰着世间万事万物，关心人们的生老病死，他的地位仅次于佛祖。这种认识在彝族、拉祜族、哈尼族中也普遍存在。

土地崇拜。哈尼族爱尼人在自己耕种的土地上祭地神，播种早稻和包谷时，要用布包背一些籽种、一对蜡、一团热饭，用一个小葫芦背些水到要播种的地里献祭。六月谷子出穗时，还要到地里杀一只鸡献祭，要请寨里年老的亲戚来吃。地神的数量较多，每撒播一样品种就要请一个地神保护，请一个地神要杀一只鸡。彝族阿列人六月二十四日要杀鸡献地母，杀鸡时要用三支松毛，三炷香插在地中间进行祈祷，边献边说些吉利的话，最后还要拔三根鸡毛插在地上。澜沧县糯福乡南段村革新寨拉祜族称土地神为"么神"。神舍设在寨子后面靠右方的山林里，神舍附近划定一片树林，被视为神圣，任何人不得砍伐，认为砍伐神林寨子会遭灾难。"么神"的神位是盖一间小茅屋，里面放一个卧床式的小楼台作为祭坛，上面摆着香腊。祭坛前的小块平地供人们烧香点蜡用。茅草房正中竖有三米多高的木桩，称为圣树，即"神柱"。"么神"由"教巴"（即神职人员）主管，每当寨子里发生某种灾难时，"大教巴"要到"么神"那里烧香点蜡膜拜。

树木崇拜。树木崇拜是普洱各民族中最普遍最有特色的一种崇拜。普洱各民族不仅常常把村寨中的参天大树认为是护佑村寨的神树，而且最突出的是普洱大多数民族村寨都有"竜林"即寨神林，形成了独特的竜林文化。哈尼族认为，有山就有水，有水就聚人；水来自山，山靠林养育。因此，哈尼人村寨多数建在半山腰，寨边有清泉，寨后有密林。如哈尼族碧约人建寨子先要确定竜神的位置，培植竜林的树木，蓄有茂林修竹护在竜神树周围，把竜神树点缀得更加神圣；每个卡多人寨子建立起来后，必须在寨子后面选择一片树木幽深的地方作为竜林，并在竜林选择一棵黄栗树作为寨神的神址；爱尼人寨子旁都有清泉，周围茂林修竹，环境清幽，空气新鲜，每个寨子都有一片供竜神的竜林。彝族阿列人每寨都要在寨边培植一片竜林，在竜林内选一棵大树作为竜神树；竜神在彝族蒙化人心目中是个大神，它主宰全寨人的安康和兴旺，每个村都有一片竜林，在竜林里指定一棵大树为竜神树。傣族居住在河谷平坝地区，寨子周围修竹成林，古木参天，幽静迷人，并保留竜林。拉祜族有着强烈的树神意识，认为树神是山神的最大管家，是水神的保护神。因此，对树神极为敬重。在拉祜族地区，每一个村寨周围都有一片茂密的森林，并在其中确定一棵至两棵高大笔直的树为"树神"。景颇族村寨多建在山顶，村寨周围有茂密的森林，并选一片森林为竜林。

普洱许多民族认为竜神（寨神）主宰着全寨人的凶吉福祸，主管着禽畜的兴旺发达，因而，对祭竜活动极为重视，是一年中最大的宗教祭祀活动，也是每年全寨性的娱乐活动。

墨江哈尼族村寨一般祭竜活动在农历二月第一个属虎日开始到属龙

日结束。祭龙前，龙头召集各户掌家人商议当年祭什么龙和粮食、猪、牛、鸡的费用分摊事宜等。祭龙前一天，要新设龙巴门，一般在距离寨子几百米外的主要路口上，架设一道形似牌坊的木架，横档上挂满了木制火枪、长短刀、镰刀、野姜、盐酸木果树枝、木刻人、兽和动物飞禽的羽毛等，意为将各种鬼神、猛兽隔在门外，以及禁止外人闯龙的警告标志。祭龙的第一天，各户出一人，带一碗饭，一个红皮鸡蛋，在头缠白布、束白腰带的龙头率领下，到龙神树下围跪一圈，献上饭、酒、菜、茶，静听龙头念咒语。念完咒语后，龙头率领众人到龙门杀鸡，在水槽边杀猪、牛，集体共同进餐，并均分祭品，直到黄昏时祭祀才结束。第二天，全寨忌生产，有的支系则组织渔猎活动。第三天，众人再聚龙树下，杀小鸡祭"沙龙"。祭龙期间，龙头除了指挥祭祀活动、念咒语外，还要安排农事活动事宜。祭过龙神，人们便进入春耕农忙季节。

景东彝族每次祭龙神照规矩要选出两位办事老练而又公道，懂得一定的念咒祈祷知识，夫妻双全而又受人尊重的人担任"龙头"。节日前，"龙头"出面召集寨人商议，择定日子之后，由寨人共同出钱买一头活猪，以作祭龙的牺牲品。届时，全寨男女老少穿着干净漂亮的节日盛装，携带祭品，聚集在龙神树下。祭龙活动开始，人们把自己所带来的香、米、丝线、食盐等祭品，供奉到神树根前，并叩头膜拜。众人在"毕摩"带领下，举行各种祭祀仪式。祭龙的当日下午，众人在龙神树旁吃一餐饭，剩余的肉食按户平均分配。傍晚，男女青年结对在野外跳舞，对唱调子，通宵达旦。此后，要在第十三天的属虎日再祭第二龙，在下一轮的属鼠日接着祭三龙。除头龙集体祭祀外，二、三龙只是各户独自祭祀。祭龙期间，寨人要严格遵守规矩，除看牛人外，妇女停止做针线活，忌讳下地生产，更不得修理家具、农具、房舍，不能外出砍柴，不得舂米，但祭龙期间可以进山打猎、下河捞鱼。

江城傣族祭龙仪式包括选"龙头"、祭"龙树"、搭"亲棚"、吃"百家饭"、跳"龙舞"、架秋千、丢包、打陀螺、接"七仙女"等环节，是一次盛大的祭祀活动。

水崇拜。对水的崇拜也是一种各个民族中普遍存在的自然崇拜。普洱各民族视水为生命，是养育万物的乳汁，在传统文化中表现出对水的热爱和崇拜，普遍存在接"新水"或"仙水"的习俗。

傣族被称为一个"水的民族"，傣族"爱水"、"敬水"，他们对水始终都怀有一份极为真挚、深刻及特殊的感情。每年的傣历新年（公历四月中旬）最为隆重的泼水节，更体现了傣族对水的热爱和崇拜。在新年这一天，人们彼此都会用橄榄枝蘸水洒向对方，借以表达相互间的祝福。在洒水祝福的仪式结束后，人们在一天中都将沉醉于互相泼水嬉戏的欢乐中。

哈尼族切弟支系认为水神"儿黑说"主宰全寨人的饮水和调节雨水，使庄稼获得好收成。每年祭竜过后，选择属猪日到山箐里挖螃蟹和石蚌来祭献。祭献的方法是在水井旁边搭起小祭台，摆上甘蔗、芭蕉、纱线和烤黄的螃蟹等。哈尼族的阿木人有献祭水神即"厄黑索"的活动，地点在水井或日常背水吃的地方，祭词说道："今日属龙，我们全村人来献祭你，一年一次，我们从不怠慢，你要把全寨人的安康管好，畜禽管好，庄稼管好，要让我们有水吃，有水喂牲口，有水灌溉庄稼。吃水、田水、雨水都要调匀，不大也不小。"献祭完后，大家在献祭场上吃一顿饭。

彝族阿列人认为正月初一男子能在凌晨接到龙翻身时的水来献家神，家就会富，吃过这种水煮的饭和喝过这种水都会走运，因此，有"接仙水"的习俗。彝族蒙化人相信水神，每年正月初一，人们一大早就拿着香火到井边接仙水。认为把接回来的仙水供奉在神桌上，终年都会吉利，会有财源。妇女们不得在河里洗衣服和洗娃娃尿布之类的脏物，洗衣水也不得倒在河里。人们平时洗脸洗脚用的水也尽量节省，认为人老死后，先要把自己终生所用的洗脸洗脚水喝完后，才得重新超生为人。为了死后早超生，所以，人们就不愿多用水。

拉祜族信仰水神，祈求水神给他们送来清澈甘甜的水。每年大年初一清晨，鸡叫头一遍，各家各户都背着盛水的葫芦、竹筒到平时取水的地方去接新水。在接新水的头一天晚上，各家各户都要把盛水的工具腾空，叫作"辞旧迎新"。谁家在鸡叫头一遍的时间接了新水，他家在这一年的生活就会幸福安康。

佤族寨子多建在高山，周围没有长流泉水，饮用的水用竹槽从数里外的山中引来，竹子在露天经风吹日晒水泡，容易损坏，每年都需要更换，做水鬼活动。做水鬼在佤历的端月（公历 12 月）举行，共需要 6 天时间。各村寨通过修水沟、架竹槽、引新水，做鬼及拉木鼓等仪式祭祀水鬼。

布朗族的祭竜是祭竜水神。每年正月十六日的上午，各户的男子要带些大米、黄豆和现钞到竜头家汇集后，由竜头率领到寨人常年饮水的井边献祭。献祭祝词说道：全寨人不忘水竜神给大家带来的好处，今天全体男子又来杀牲祭献，祈求水竜神与过去一样保佑全寨人健康平安；保佑全寨人所饲养的牲畜不遭瘟疫；水源要与往常一样丰富，长流不息，水质不变化，人畜吃了不生病；水沟牢固不坍塌、不陷落；泥沙不填满沟，洪水不冲毁堤坝，滑坡不毁着沟渠。献祭后共同在祭坛上会餐。

傈僳族每年正月初一鸡叫头遍，头人先到水井里接回"新水"，然后鸣枪放炮告示寨人。接着每家都要由男子备上香火、盐、米和钱币到水井接"新水"回家煮汤圆献祭神灵。接"新水"时要念吉祥如意、祈求龙王管好雨水、保护庄稼和牲畜之类的祈词，祈词说完后，投几枚钱币在井里，点上三炷香，把水舀回家，就算接得"新水"了。

拉祜族老缅人每年的冬月十五日，全寨人出钱买猪祭水神，祈词大意是："水是养育全寨人的奶汁，大家不忘水神的恩德，才买猪献祭，祈水神保佑全寨人子子孙孙有水吃。"祭水神后，猪肉由全寨人共同分享。

石崇拜。哈尼族碧约人传说，寨子的庄稼常被牛践踏，但总找不到牛的主人，也抓不着践踏庄稼的牛，后来人们循牛脚印找到白石旁边，脚印就没有了，人们认定白石变牛所致，于是每年四月祭白石一次，庄稼就好了。以后祭白石竜就成了一些碧约村寨的一项祭祀活动。哈尼族切弟人有献祭石崖神的宗教信仰，认为石崖神是主宰人、畜在野外安全的神，触犯了它人会得病，牛会滚崖，遇到不吉利的事就要去献祭。

火崇拜。哈尼族切弟支人遇到庄稼枯黄时，以为是火神作怪，要择日杀一只公鸡到受灾的庄稼地献祭。哈尼族卡多人在祭竜的第三天，全寨要"迷着迷土"（送火神），认为送了"迷着迷土"，寨人不会遭火灾，鹰不会来叼鸡，野猫、狐狸不进寨，豹、狼不猎食家畜。爱尼人每个家庭都有火竜神，他们盖起新房的当天，就要确定火塘的地点，并在火塘旁设个地点供火竜神。供火竜神的地方，不能用脚去碰触，不能堆放污秽的东西。每逢吃新米、过春节都要献祭。

雷神崇拜。哈尼族切弟人认为凡是雷电触过的物体，都有雷神"迷"附在旁边，人们触犯它会得风湿瘫痪病，要献祭"触笛"后才会好。雷神在哈尼人心目中是个恶神，多数人把患病归咎于雷神作怪，要到雷击过的树根献祭。如果雷击着自己家附近的树或其他物体，更是惊恐异常，要杀猪、杀鸡献祭，反复祈祷，请雷神不要降灾。彝族阿列人认为雷神是天神惩治邪恶的大神，人有忘恩负义行为和其他不仁不义行为的就要遭雷击，有些石头、树木也会因为某种过错被雷神惩罚。凡是雷击过的物体，人们忌讳尤深，不能触碰。当年发春雷日为忌日，不能撒种。

祭猎神。哈尼族碧约人的狩猎者一般要在卧房的墙角落供奉猎神"索捏"，供得认真就能获猎，供得不认真，不但狩不到猎，还会误伤人。猎神是彝族阿列人祭祀最频繁的神，每次出猎都要献祭。猎神供在山林里，方法是用一个鸡蛋画上神形，用株栗叶包扎起来藏在山林里某个地方，旁边搭一个台供人献祭时放祭物，进行献祭。彝族香堂人的猎神有全寨性的，也有各户的，多数供在山林中的每棵树脚或每块石头上，每次出猎都要偷一只鸡献祭猎神。猎神是拉祜族中献祭最多的一个神，除集体供有猎神和祭献猎神外，有些好狩猎的人还另外供奉和祭献一个小猎神。澜沧县糯福乡南段村龙竹鹏的拉祜族称猎神为"撒内龙革"，意为"管肉食的神在处"。在每月的"信日"（即属龙日）这天，男人们外出狩猎，女人们在家做针线，人们都不下地干活，表示对猎神的尊敬。出猎前要由狩猎头人率众猎手进行庄严的祭猎神活动。在个人狩猎前也要进行祭猎神活动。

祭山神。哈尼族爱尼人每寨都有一个山神供在寨子后面一棵较古老的树上，由寨里的竜巴头负责烧香、点蜡，别人不得去动。每年正月初五，由竜巴头杀两只小鸡献祭。山神的职能是"保护粮食作物不遭灾，全寨人不生病，牲畜不得瘟疫，山不坍塌，寨不失火"。彝族阿列人认为山神是管一山境内各种动物的神。家里丢了家禽家畜，认为是山神老爷作梗，要拿鸡蛋或杀鸡献祭，祈求山神开恩息怒，把家畜放回来，切不要让豹子老虎吃掉。彝族香堂人每个姓氏都自立有山神，地点多在山上。凡外地有大的疾病流行，或是牲畜瘟疫蔓延，各姓氏要献祭山神，祈求本山境内人畜安宁。

动物崇拜。佤族动物崇拜中，除对牛、狗崇拜外，对燕子、豹子等飞禽凶兽也很崇拜。每家房屋，特别是盖大房子的大窝朗家都用木刻飞燕装饰墙壁。装木燕子板壁时还要举行剽牛、杀猪占卦等活动。如猎到豹子，猎获者要亲自到猎获地点杀猪献猎神，寨子也要剽牛祭祀。豹头、豹皮要供奉在猎神位上。

拉祜族禁杀狗、禁吃狗肉。拉祜族有这样一种神话传说：天神厄莎叫扎迪、娜迪兄妹结婚后，娜迪生下九双子女，并将他们扔在野外，厄莎叫各种动物来给孩子哺乳，并告诉孩子们长大后不能吃哺乳过自己的动物。而拉祜族的祖先是吃狗奶长大的，所以不吃狗肉，认为吃了狗肉眼睛会瞎。另一种说法是：扎迪、娜迪繁衍了人类，但人们没有籽种，常年挨饿，狗很同情人类，在天神处偷了谷种，从此人类才有了谷种。因此，人们总是忘不了狗的功劳，每当吃新米饭或大年初一要先喂狗。

3. 对自然的感恩意识

普洱各民族的许多神话、传说告诉人们，人类繁衍生息与动物、植物有密切关系。动物、植物不仅给拉祜族先民提供了主要的生活资料和部分的生产资料，而且还是人类生存下来的庇护者。

在拉祜族人看来，是小米雀和老鼠啄、啃穿了孕育人类的葫芦；是蜂促成了人类的始祖扎笛、娜笛兄妹的婚配；是猪、狗、牛、羊、鸡、马、豹子、猴子、蛇等动物抚育了第一代人类；是蜂群指引人们找到铁矿；是松鼠抢来火种交给人类；是鸟为人类分配住所；是老鼠启发了人类建盖新房；是狗为人类带来了谷种；是鹌鹑教会了人们跳舞。可以说，在拉祜人的传统思维意识中，人类每前进一步都得到了动物的帮助和启迪。许多动物，甚至是像老虎、老鹰这样凶猛的动物，都曾帮助过人类，都是人类的朋友。这在"龙生虎养鹰遮荫"的传说中已经充分体现出来。拉祜族这种与动、植物的亲密感以及由此产生的感恩意识，认为"住房时莫忘森林，吃饭时莫忘土地"①并形成了一系列特殊的动、植物图腾及禁忌。如忌食狗肉、牛肉，在新米节等节日中，在祭献

_____

① 《拉祜族谚语俗语语集》，云南民族出版社 1993 年版，第 331 页。

厄莎、佛祖和祖先神灵后，需给牛、狗吃节日食品，表示对牛、狗的感谢。

佤族的动植物感恩意识也相当突出。佤族在庆祝新房落成时唱道："喝吧！我们喝了不要忘记牛和狗，我们吃了不要忘记火与刀，我们饱了不要忘记竹和树，我们好了不要忘记山和水。"① 佤族的"叫谷魂"的祝词唱到："稻谷魂，小米魂，银链魂，银杯魂，玉米、荞籽、黍米、红米，各种庄稼，各种作物，是你们把我喂饱，是你们把我养大。我们要牢牢握住你们，我们要紧紧捏着你们。"② 佤族在每年一度的新米节上要敬谷魂、敬牛、敬狗。

祭祀谷神、耕牛、农具是哈尼族"吃新米节"活动的一项重要内容。祭祀时念到："新谷新米先献给你们，你们要把庄稼看护好，不让冰雹打，不被老鼠咬，不遭土压，不被水淹，不遭风灾火灾，收进家后不能发霉。新米糠喂猪，新碎米喂鸡，祈求老谷老米还没有吃完，新谷新米堆满粮仓，永远吃不完。"③ 彝族也有祭献家犬的习俗，每年的正月初一和六月二十四"火把节"吃饭时，人们要先盛一碗饭敬献给狗，饭碗上还要加上一些肉以示对狗的慰藉。

上述祭祀敬献活动，体现了普洱各民族对动植物的感恩意识。

4. 保护生态环境的责任意识

普洱各民族保护生态环境的责任意识首先体现在民族禁忌中。禁忌在普洱各个民族中普遍存在，有很大一部分涉及生态环境方面的禁忌。拉祜族禁止砍伐神树、寨神树、"卡腊树"，也禁止在神树林中大小便，更不能把不洁之物带入神树林，否则会破坏全寨的安宁和幸福，带来灾祸，违者受寨规惩罚。他们认为神树是村寨的保护神，触犯神树就要受到神的处罚。④ 佤族把茂盛葱茏的大青树称为"风水树"，禁止任何人砍伐，认为砍了神树就会生病，因此，保护"风水树"成为佤族人民世代相传的民族禁忌。哈尼族村寨的竜林内不得随意进去，不然会给寨

① 赵富荣：《中国佤族文化》，民族出版社 2005 年版，第 216 页。
② 同上书，第 244 页。
③ 云南省普洱市民族宗教事务局：《普洱民族志》，云南民族出版社 2009 年版，第 63 页。
④ 政协澜沧拉祜族自治县委员会：《拉祜族史》，云南民族出版社 2003 年版，第 254 页。

人带来灾难，禁忌在竜林内砍树，拾柴和大小便。① 彝族同样将竜林的一草一木都视为神灵，人们不得轻易毁坏和砍伐，认为毁坏和砍伐就会给寨人带来灾难。

这些禁忌，虽然带有原始宗教的神秘色彩，但它以禁止和约束人们行为的方式让人们承担起维护本寨安宁、人畜兴旺、五谷丰登的责任。而这一责任又是以维护人与自然和谐、保护生态环境的责任为前提的，因而，这些禁忌已体现了人们保护自然生态环境、与自然和谐共处的责任意识。

普洱各民族自然生态环境的保护责任意识还突出地体现在村规民约中。从历史上看，普洱保护树木，保护水源，禁止树木乱砍滥伐的村规民约的制定始于清代。乾隆六十年（1794）二月初一日，宁洱县勐先东洒村农户为"箐养树木以厚水源、雍荫田亩事"立"为公禁"护林碑，禁止砍伐村后山箐树木，规定违者罚银事宜。道光二十二年（1842）六月十八日，景东直隶厅者后石岩村众姓为"蓄树滋水，禁火封山"而立"封山碑"。"封山碑"规定："禁纵火焚山，犯者罚银三十三两"；"禁砍伐树木。伐枝者罚银三钱三分；伐木身者罚银三两；砍榨把一个，罚银三钱三分"；"禁毁树种地，违者罚银三十三两。有在公山砍榨把者，每把罚银三两三钱"。咸丰六年（1856）五月十三日，镇沅直隶厅合村四名村民为"遵设种树，以全民生事"同立"种树碑"，议定"加播子种，蓄养成林"，并规定"山内放火焚树木者，查获照山价赔补"；"开地种，罚银四两存积"；"盗伐木者，罚银五两"。②

普洱各个民族的许多村寨制定了保护树林、保护水源的村规民约。澜沧糯福乡南段地区习惯法规定："不准砍伐水源林、神山林，砍伐者要给予罚款处理。"南段村公所南段老寨寨规规定："不准砍伐水源林、神山林的树，不准割水源林、神山林的草。"③ 南段村公所公民条例也规定："集体林、风景林、防护林、路旁林、水源林，禁止任何人乱砍

---

① 云南省普洱市民族宗教事务局：《普洱市民族志》，云南民族出版社 2009 年版，第 59 页。
② 思茅地区行政公署林业局：《思茅地区林业志》，云南科技出版社 1996 年版，第 295—296 页。
③ 高发元：《拉祜族——澜沧糯福乡南段老寨》，云南大学出版社 2001 年版，第 128 页。

滥伐。如发现乱砍滥伐者，不论树林大小，每棵罚款 5 元，树同样栽培，砍伐一棵栽三棵，并保证成活。"① 糯福乡阿里村的村规民约规定：严禁毁林开荒和乱砍滥伐，村民应依法保护森林资源，保护生态环境，严禁砍活树明子和破坏采松脂，违者除强令退耕还林和造林复林外，并赔偿每棵树 10 元至 20 元，大树每棵 30 元至 50 元的损失费。对毁林开荒和乱砍滥伐情节严重者，除赔偿损失外，送司法机关予以追究刑事责任。宁洱县德安乡恩永村规定：禁止砍伐神树、滥伐柴薪，轻者对其进行教育、警告、没收刀具等处罚，重者处以罚款，罚款金额是所砍伐树木的几倍甚至几十倍。江城县康平乡瑶家山村新村规定：村民不得乱倒杂物污染河水，不得乱放药毒河里的鱼；保护森林，禁止乱砍滥伐。思茅区思茅港镇茨竹林村忙坝布朗族村寨制定保护鹦鹉的村规民约，提高人们保护鹦鹉的意识，规范人们的行为。②

这些村规民约体现了普洱各个民族保护森林资源、保护水资源、保护野生动物的自律意识和自觉行动，在更高层次上突出地体现了保护生态环境的责任意识。

---

① 高发元：《拉祜族——澜沧糯福乡南段老寨》，云南大学出版社 2001 年版，第 147 页。
② 李艺琪：《云南省普洱地区环境习惯法研究》，硕士学位论文，湘潭大学，2013 年第 18 页。

第二章

普洱"生态立市、绿色发展"战略的
确立与实施

普洱"生态立市、绿色发展"战略是普洱（思茅）①历届党委、政府从普洱（思茅）实际出发，积极探索有自己特色的经济社会发展之路的结果。改革开放以前，我们国家长期实行高度集中的计划经济体制，各地经济社会发展纳入了国家的统一规划和建设。因此，普洱与全国一样更多的是按照国家的规划和部署建设。改革开放后，普洱把党的路线、方针、政策同本地区的实际结合起来，积极探索有自己特色的经济社会发展之路，逐步形成了"生态立市、绿色发展"的发展思路，有力地推动了普洱经济社会的发展。

一 普洱"生态立市、绿色发展"战略的
形成与深化

普洱最大的特色是绿色，最大的优势是生态。普洱市的经济社会发展思路经历了一个从绿色生态开发到绿色生态建设的过程，即从把"绿色生态资源"作为经济发展的重要因素到"经济、社会、科技、生态协调发展"，再到"生态立市、绿色发展"的演变过程。

（一）生态绿色资源成为经济发展的重要因素
改革开放初期，受制于当时客观条件的制约，思茅经济社会发展思

---

① 普洱市原为思茅地区，2004年4月思茅撤地设市，为思茅市。2007年4月思茅市正式更名为普洱市。为了尊重历史，本章在论述中根据不同时期称为思茅地区、思茅市、普洱市或思茅、普洱。

路的重心着力于国民经济的快速恢复与发展，尚不具备考虑经济社会发展整体质量的认识基础。生态、绿色发展理念还不具备进入经济社会发展视域的基本条件，但其对区情的基本判断已考虑到生态资源优势，认为"我区土地面积宽广，森林、亚热带作物、矿藏、水力资源丰富，气候条件好，宜于种植多种作物，发展林牧业和矿业，这是我区的自然优势"①。

在这种基本判断的基础上，1981 年 12 月《关于思茅地区"六五"经济和社会发展规划（草案）的报告》指出，思茅地区"六五"时期的指导思想是"继续贯彻执行以调整为中心的'八字'方针，在逐步做到粮食自给的同时，积极开展多种经营；大力发展消费品生产，努力提高经济效益；积极扩大流通渠道，发展商品经济；重视智力开发，加强科技推广；增产增收，增收节支；使我区国民经济走上有速度、按比例持续增长的轨道，不断改善人民的物质文化生活水平"。要重点抓好"粮食生产，紫胶生产，茶叶生产，蔗糖生产，林业生产，牧业生产，服装生产，食品生产，公路建设，有色冶金，教育、卫生"等十一项工作。② 1984 年思茅地委、行署根据中央"绝不放松粮食生产，积极发展多种经营"的方针，提出了"以林为主，粮食自给，多种经营，全面发展"的发展思路。

这种对区情的判断及发展思路，已充分体现了对普洱生态资源优势的重视和开发利用，对后来经济、社会、科技、生态四位一体总体发展战略的提出具有基础性的作用。

（二）经济、社会、科技、生态总体发展战略的提出

1988 年 4 月，思茅地委、行署着手制定思茅地区经济、社会、科技、生态总体发展战略。由思茅行署和云南大学软件科学与系统工程研究中心共同开展的省重点软科学研究课题《思茅地区经济、社会、科技、生态总体发展战略规划系统研究》于 1989 年秋季完成。此项研究全面分析了思茅地区经济、社会、科技、生态的历史与现状，提出了经

---

① 资料来源：普洱市档案馆，档案号 2-2-94-031-044。

② 同上。

济、社会、科技、生态"总体发展战略",制订了"总体发展规划",明确了全区具有森林、水能、矿藏、热区四大资源优势,提出思茅的发展战略是走以国家计划和市场为导向的资源开发加工型的发展路子,实行"开放开发——择优倾斜——协调发展"的战略模式,争取在20世纪末全面脱贫,21世纪20年代达到小康,21世纪中叶建成云南省比较富庶的地区。确定重点打牢农业、能源、交通、教育科技四项基础建设,依托优势资源开发建设林产业、矿产业、食品工业三大支柱产业,建立十一类农产品商品生产基地。

思茅"总体发展战略"注重经济、社会、科技、生态协调发展,提出了符合思茅实际的经济社会发展思路、发展目标、发展重点和发展举措,成为制订思茅国民经济和社会发展"八五"规划的基本依据。

1991年10月,思茅《关于制定我区国民经济和社会发展十年规划和"八五"计划纲要的说明》明确提出思茅地区今后十年的主要奋斗目标和基本指导思想。其基本内容包括:思茅国民经济和社会发展总目标是"经济结构有明显改善,经济效益有明显提高,生产技术有较大进步,生态环境有明显好转,全区经济的整体素质提高到一个新水平。到本世纪末,国民生产总值在一九九零年的基础上再翻一番,人民生活在实现全面脱贫的基础上向小康迈进";指导思想是"依靠科技,开放开发,择优倾斜,协调发展";基本路子是"以农业为基础,确保粮食生产稳定增长;加强能源、交通、通信等基础设施建设;充分发挥森林、水能、矿藏、热区四大资源优势和区位优势,重点建设以纸、板、化、纤为主的林产工业,以金、盐、钾、锡为主的矿产工业,以糖、茶、咖啡、水果为主的食品工业,建设十一类农业商品基地,进一步对外开放,扩大与周边国家以至东南亚国家的经济贸易关系,以略高于全省的平均速度持续、稳定、协调地发展。为实现上述要求,必须坚持以教育为本,科技兴思,控制人口,保护生态;自力更生、艰苦奋斗,解放思想,开拓进取,深化改革,扩大开放,真正把经济建设转移到以提高效益为中心的轨道上来,转移到依靠科技和提高劳动者素质的轨道上来";建设重点是"打好农业基础;继续抓好能源、交通、通信等基础产业和基础设施;加强优势产业的发展;走内涵扩大再生产和外延扩大再生产相结合,以内涵为主的路子,加速企业技术改造和技术进步;高度重视发展教育科技事业；促进贫困地区的经济开发，做好扶贫工作，稳定解决贫困地区农民的温饱问题"①。在这些发展思路的指导下，思茅地区走出了一条"三结合一体化"②的发展经济路子，有力地推动了全区经济社会的发展。

这一时期思茅经济社会发展思路发生了较为明显的变化，在对经济发展的考量中加入了一些生态、绿色发展的理念。主要表现在：一是在战略指导原则中加入"总体协调发展"原则，提出经济、社会、科技、生态协调发展的战略思想；二是在十年主要目标确定中把"生态环境有明显好转"作为一个主要目标，明确了"生态环境"建设的目标任务；三是在经济发展的要求中明确提出"保护生态"的要求；四是在经济发展的基本路子中进一步明确了全区具有森林、水能、矿藏、热区四大资源优势，确定了重点打牢农业、能源、交通、教育科技四项基础建设，依托优势资源开发建设林产业、矿产业、食品工业三大支柱产业，建立11类农产品商品生产基地等发展举措。

（三）"三个三"经济社会发展思路的提出

1996年1月1日，《中共思茅地委关于制定思茅地区国民经济和社会发展"九五"计划的意见》提出，思茅在"九五"期间的指导思想是"解放思想，改革开放，加强基础，科教兴区，开发资源，建立支柱，促进经济社会协调发展"。1998年，思茅地委、行署根据所面临的新形势、新任务，在认真研究思茅区情和总结前一个阶段全区经济社会发展思路的基础上，提出"九五"后期思茅经济社会发展的基本思路是：解放思想，实事求是，切实推进两个根本性转变，以市场为导向，以资源为依托，以效益为中心，打好农业、交通、教育科技三个基础，调整所有制、产业、产品三个结构，突出林产业、热区开发、畜牧业三个特色，坚持开放与开发、城市与乡村、科技与经济三个结合，打好扶贫攻坚战，增强地县经济实力，促进经济发展、社会进步、民族团结、边疆稳定。这一基本发展思路被概括为"打牢三

---

① 资料来源于普洱市档案馆，档案号1-4-394-167-291。

② 三结合一体化，即城乡结合、科技与经济结合、开放与开发结合、农工商技贸一体化综合经营。

个基础、调整三个结构、突出三个特色",简称"三个三"经济社会
发展思路。

思茅"三个三"经济社会发展思路,基本继承了"八五"时期
"协调发展"战略的思想,并进一步把"加快优势产业发展"思路强化
提升为"突出三个特色"。

(四)"两大一枢纽"发展目标的提出

2000 年,思茅地委、行署抓住党中央、国务院实施西部大开发战
略的历史机遇,根据云南建设"绿色经济强省"、"民族文化大省"和
"连接东南亚、南亚国际大通道"的目标要求,依托思茅具有的森林资
源、热区生物资源、水能资源等绿色资源优势和丰富多彩的民族文化资
源优势,以及"一区连三国、一江通五邻"的特殊区位优势,提出 21
世纪初的 5—10 年思茅经济社会发展的基本思路是:坚持以发展为主
题,结构调整为主线,改革开放和科技进步为动力,提高人民生活水平
为根本出发点;继续贯彻落实地委、行署确定的"三个三"的经济社
会发展思路,抓住西部大开发的历史机遇,实施基础设施优先、科教兴
思、特色经济、城镇化和可持续发展五大战略,围绕建设绿色生态经济
大区、民族文化特色大区、连接东南亚国际大通道重要枢纽(两大一枢
纽)的战略目标,推动经济发展、社会进步、民族团结、边疆稳定,两
个文明协调发展,人民生活水平上新台阶。

在"两大一枢纽"战略目标中,把绿色生态经济大区建设确定为经
济社会发展的三大目标之一,提出要通过产业结构的调整,"发挥资源
优势,突出特色经济,以科技为支持,大力发展绿色生态经济,加快工
业化进程,建立起以绿色产业为主体的产业结构,使绿色生态经济成为
推动我区经济发展的主要增长点";要通过"云南思茅国家级现代林业
开发区建设项目、生物资源开发创新建设项目、糯扎渡电站建设项目等
重大建设项目的实施,努力把我区建成绿色生态经济大区"。其具体目
标是:(1)建成云南和全国生态环境比较优美的地区;(2)建成一批
强大的绿色支柱产业群体;(3)绿色生态经济成为全区经济的支柱和
各族群众达到小康收入的主要来源;(4)绿色生态经济在云南绿色经

济强省中占有重要地位。①

"两大一枢纽"战略目标确定把绿色生态经济作为普洱（思茅）"推动经济发展的主要增长点"，把绿色生态产业作为重点培育"特色支柱产业"的目标要求，已把发展绿色生态经济上升到了全局发展的战略高度，成为实现普洱（思茅）科学发展、和谐发展的重要目标和途径。

（五）"绿色思茅、生态思茅"建设目标的提出

思茅"十一五"规划体现生态绿色发展的理念，提出了"绿色思茅、生态思茅"的发展思路和发展目标。其指导思想是：以邓小平理论和"三个代表"重要思想为指导，坚持以科学发展观统领经济社会发展全局，着力调整优化经济结构，切实转变经济增长方式，科技兴农稳基础，项目推动促工业，发挥优势建支柱，突出生态创特色，解放思想优环境，自主创新谋发展，统筹兼顾建和谐。打牢农业、交通、科教三个基础，调整产业、城乡、所有制三个结构，培植壮大林产、水电、矿产、茶叶四个支柱，加快建设"绿色思茅、生态思茅、文化思茅"，着力打造"世界茶源、中国茶城、普洱茶都"，促进经济又快又好发展。②

"绿色思茅、生态思茅"建设的理念是树立可持续发展观，构建经济社会发展、资源集约利用、环境协调统一的可持续发展。其出发点是以协调经济社会和环境保护为主要对象，进行整体规划、建设和管理，构筑经济—社会—自然协调发展的系统工程，形成自然环境优美的生态新市。其建设的目标是建设高产、优质、高效、低耗的经济系统和协调、优化、稳定、持续的生态系统。其建设内容是保护绿色资源、发展绿色产业、兴建绿色家园。按照全国生态建设示范市和中国茶城建设的要求，搞好环境保护，建设秀美山川，保持良好的自然生态环境，实现永续开发利用；发展绿色产业包括大力发展生态工业、生态农业、生态

---

① 思茅市人民政府办公室、思茅市地方志编纂委员会：《思茅年鉴》（2001），云南科技出版社 2001 年版，第 6—8 页。

② 《中共思茅市委关于制定思茅市国民经济和社会发展第十一个五年规划的建议》（思发〔2006〕1 号）。

旅游业等；兴建绿色家园包括发展生态城市、生态新村，提倡绿色消费等。①

（六）"生态立市、绿色发展"战略的确立

普洱的"十二五"规划体现了"生态立市、绿色发展"的发展理念，提出普洱要"始终把优良的生态环境和独特的地理气候条件作为普洱区域竞争的战略制高点，努力探索生态文明建设的新途径、新方法、新机制"，"围绕全面建设小康社会的总体目标，着力建设国家'桥头堡'绿色经济试验示范区和特色生物产业、国际性旅游度假休闲养生、清洁能源、现代林产业四大基地，做强茶、林、电、矿、文化旅游养生五大支柱产业，做大咖啡、烟草、蚕桑、橡胶、生物药、鱼牧六大骨干特色产业，全力推进生态普洱、和谐普洱"建设。②"十二五"规划对培植壮大优势产业、建设绿色经济试验示范区、培养生态文明理念、建设森林普洱做出了具体的规划。

2011年8月召开的中国共产党普洱市第三次代表大会的报告体现了"生态立市、绿色发展，加速崛起"的发展思路，提出要"坚持以科学发展为主题，以加快转变经济发展方式为主线，以建设绿色经济试验示范区为平台，牢固树立生态立市、绿色发展理念"，"严格保护生物多样性，加快生态建设，大力发展绿色经济、循环经济、低碳经济"，"着力建设特色生物产业、国际性旅游度假休闲养生、清洁能源和现代林产业四大基地"，全力推进生态普洱建设。报告还提出要建设支撑普洱"生态立市、绿色发展"的生态体系、特色产业体系、城镇体系、基础设施体系、开放体系、社会保障体系、人文体系七大体系。③

"生态立市"是普洱科学发展的理念，"绿色发展"是普洱科学发

---

① 思茅市人民政府办公室、思茅市地方志编纂委员会：《思茅年鉴》（2004年），云南科技出版社2004年版，第4页。

② 《中共普洱市委关于制定国民经济和社会发展第十二个五年规划的建议》，《普洱日报》2011年1月27日。

③ 普洱市人民政府办公室、普洱市地方志编纂委员会：《普洱年鉴》（2011年），云南人民出版社2011年版，第5—7页。

展的路径。普洱实施"生态立市、绿色发展"就是要把绿色发展的理念贯穿于普洱科学发展、和谐发展、跨越发展的全过程，融入经济社会发展的各个环节，构建经济社会与人口、资源、环境相协调的发展模式；就是要依托普洱的资源优势和生态优势，通过保护生态环境、发展生态产业、打造生态文化、建设生态走廊、构建生态家园的发展路径，促进人与自然和谐、环境与经济的高度融合、资源有效利用和经济持续发展统一，实现生产发展、生活富裕、生态文明的目标，体现了发展向更高层次迈进的内在要求，标志着"生态立市、绿色发展"战略的确立。

（七）"生态立市、绿色发展"战略的深化

2014 年 1 月，中共普洱市委三届七次全会（扩大）会议报告指出："必须牢固树立保护生态环境就是保护生产力，改善生态环境就是发展生产力的理念，既要金山银山，更要绿水青山，绿水青山也就是金山银山，绝不一味追求发展速度和发展规模，决不以牺牲环境为代价去换取一时的经济增长，不断提升可持续发展的能力。"报告强调了绿色"GDP"，指出"要绿色、生态、惠民的 GDP，不要带血、污染、低效益的 GDP，大力发展绿色工业、生态工业、环保工业，尽快缩小与省内发达州市的差距，奋力跟上全省发展步伐，确保同步小康不掉队"①。这些论述，进一步理清了发展思路、明确了发展方向、找准了定位，在普洱要什么样的发展、怎样发展等重大问题上深化了"生态立市、绿色发展"战略的认识，丰富和提升了"生态立市、绿色发展"战略的内涵，为普洱各族人民统一思想、形成共识、凝聚力量、开拓创新、锐意奋起，建设美丽普洱提供了思想理论基础。

普洱"十三五"规划是一个全新的绿色发展规划。规划在全市形成了不要带血、污染、低效益的 GDP，要绿色、生态、惠民的 GDP 的发展共识的基础上，坚持中央、省委精神与普洱实际相结合，全面规划了普洱绿色发展。规划全面贯彻落实"绿色发展"理念，提出"必须坚

---

① 普洱市人民政府办公室、普洱市地方志编纂委员会：《普洱年鉴》（2014 年），云南人民出版社 2014 年版，第 4 页。

持保护是第一政绩，设定并严守资源消耗上限、环境质量底线、生态保护红线，坚持走生产发展、生活富裕、生态良好的文明发展道路，筑牢西南生态屏障，加快推进美丽普洱建设，把资源优势转化为经济优势，把生态优势转变为发展优势，努力走出一条跨越发展的新路子"①。规划提出了"坚持绿色发展，争当生态文明建设排头兵"建设目标，对"四大"绿色基地建设、绿色产业体系建设、促进人与自然和谐、加快建设主体功能区、推动低碳循环发展、全面节约和高效利用资源、加大环境治理力度、筑牢生态安全屏障、争创中国人居环境奖和联合国人居环境奖等事关普洱绿色发展的重大建设做出了全面的规划部署。普洱"十三五"规划成为普洱绿色发展的行动方案规划，将有力地推动普洱的绿色发展、和谐发展、跨越发展。

二　普洱"生态立市、绿色发展"战略的实施

长期以来，普洱市一直致力于发挥自身自然生态和资源优势的探索，开创了一条既符合国家和云南省发展战略要求，又切合普洱实际的具有普洱特色的绿色发展之路。

（一）"森林普洱"建设

2011年3月14日，普洱市委、市政府发出《关于加快森林普洱建设的决定》，提出要牢牢抓住国家实施新一轮西部大开发和云南省实施"两强一堡"战略机遇，以科学发展为主题，坚定不移实施生态立市战略，始终把生态建设和环境保护摆在更加突出的位置，将打造生态的普洱国际品牌作为主攻方向，以建设生态文明和"兴林富民"为目标，以建设完备的森林生态体系、发达的森林产业体系、繁荣的森林文化体系、合理的森林城镇体系为重点，突出边界一线、城镇周边、江河沿岸、道路沿线的兴林护林和生物多样性保护，建设桥头堡绿色生态屏

---

① 《中共普洱市委关于制定国民经济和社会发展第十二个五年规划的建议》，《普洱日报》2016年1月6日。

障，着力培养公民的生态文明理念，使生态文明深入人心，成为公民的自觉行动。坚持"生态建设产业化，产业发展生态化"的可持续发展道路，突出抓好资源节约型、环境友好型、清洁生产型、循环经济型林业产业，充分发挥森林资源优势，全面提升森林生态、经济、社会、文化等多种效益，向国内外展现具有普洱民族特色和区域特点的优秀森林文化，打造国际知名的生态品牌。[①]

（二）创建国家园林城市

普洱市委、市政府在启动"森林普洱"建设的同时开展了创建国家园林城市的活动，并于 2012 年正式向国家住房城乡建设部进行申报。国家园林城市建设以完善市政设施、绿化美化城市、保护生态环境、加强城市交通和市容环境综合整治、治理和改善城市环境为重点，采取规划布绿、拆房建绿、建路增绿、治脏补绿、见缝插绿的工作措施，科学有序地推进国家园林城市创建工作。通过突出生态生命景观系统，打造城市与周边山水相融的绿色景观；通过城市生态环境保护，打造城乡一体化绿色格局；通过开展"园林单位、园林小区、绿色庭院"等创建活动，改善城市人居环境；通过城市风貌改造，提升城市品质。经过几年的建设，主城区市政设施不断完善，绿地建设逐年增加，生态环境得到保护，人居环境质量明显提升，主城区建成区绿化覆盖率达 36.38%，建成区绿化地率达 34%，城市人均公共绿地面积达 10.66 平方米。2014 年 1 月 14 日，正式被国家住房城乡建设部命名为国家园林城市。[②]

（三）退耕还林工程

退耕还林工程是 1999 年党中央、国务院作出的投资大、政策性强、群众参与度高的一项重大生态工程，是世界生态建设史上的创举。普洱市自 2002 年启动退耕还林工程，至 2012 年的 10 年间，累计完成退耕

---

① 普洱市人民政府办公室、普洱市地方志编纂委员会：《普洱年鉴》（2012），云南人民出版社 2012 年版，第 42 页。

② 普洱市人民政府办公室、普洱市地方志编纂委员会：《普洱年鉴》（2014），云南人民出版社 2014 年版，第 69 页。

还林工程 173.2 万亩，其中退耕还林 41.8 万亩，荒山造林 107.9 万亩，封山育林 23.5 万亩。全市 10 县区中退耕还林工程量最大的县是澜沧县，累计完成退耕还林工程 37.1 万亩，其中退耕还林 9.4 万亩，荒山造林 24.2 万亩，封山育林 3.5 万亩。工程范围涉及全市 10 县（区），101 个乡镇，712 个村民委员会，78226 户退耕农户。累计兑现政策补助资金 108062.55 万元，平均每个退耕户 13814 元。

经过几年实施，退耕还林建设成效明显，生态环境得到进一步改善，社会效益、生态效益逐渐显现，农村面貌发生深刻变化。

1. 生态效益

普洱市境内江河纵横，溪流众多，有红河、澜沧江、怒江三大水系的 100 多条支流，三大水系经普洱流出西双版纳或出境至缅甸、越南等国，生态环境保护至关重要。退耕还林工程实施以来，生态环境得到进一步改善，江河湖库周围、公路沿线郁郁葱葱，全市退耕还林工程新增森林面积 143.7 万亩（不含封山），提高森林覆盖率 2 个百分点，明显地增加了林草植被，减少了水土流失，改善了生态环境。随着森林植被的恢复好转，从根本上改变了生态和生活环境。森林的蓄水、保土、保肥等功能逐渐增强，一方面遏制水土流失，有效地减少和控制滑坡、泥石流等自然灾害的发生；另一方面通过蓄水、保土、保肥等作用，保障农田稳产高产，为农民脱贫致富创造条件。近年来随着生态环境好转，野猪、野鸡、鸟类等野生动物数量增加，生物多样性增强。

2. 经济效益

按照"生态建设产业化，产业发展生态化"的发展思路，普洱市紧紧抓住国家实施退耕还林的机遇，结合林产业发展，发挥林业优势，打好林产业基础。结合林产业发展的用材林，经济价值较高，潜力巨大，不仅增加了林地面积，改善了生态环境，还为林业产业发展储备了后备资源，经济价值十分可观。

退耕还林工程区大多处于位置偏远、基础设施落后、生产生活条件较差的少数民族贫困地区。全市累计兑现政策补助资金 108062.55 万元，参与实施农户户均获得 13814 元，退耕还林的补贴资金已成为他们重要的经济来源，成为当前退耕农户收入的重要组成部分。政策的兑现极大地调动了农民植树造林、爱林护林的积极性。

3. 社会效益

随着退耕还林工程的推进，政策的落实，生态效益显现，经济效益明显，社会效益也显著增强。全市干部农户深刻认识到退耕还林对减少水土流失，发展特色经济，调整经济结构，促进经济社会和谐发展的好处，为加快社会主义新农村建设等各方面都有重要意义和推动作用，触动了人们思想观念的转变和生产方式的调整，广大农户实施退耕还林积极性空前高涨，要求进一步加大退耕还林工程实施力度，加强生态建设和环境保护已成为全社会的共识。[①]

（四）天然林保护工程

普洱市天然林资源保护工程从 1998 年试点，2000 年正式实施至 2010 年止，全面完成了停止商品性木材采伐、实施森林资源管护、分流安置职工的任务。2011 年起开始实施二期天然林资源保护工程。

在天然林保护工程建设中，严格按照国家管护要求，层层签订责任书，使天保区管护率达 100%，完成森林管护面积 1273 万亩，完成公益林建设任务 169 万亩，累计投入森林管护经费 3.5 亿元。经 10 年天保工程的实施，森林资源得以恢复，再现了青山绿水，林海茫茫的景象。现在林区内随处可见，过去已干涸的小河水流潺潺，山上勃勃生机，动植物增多，小鸟欢唱，生物多样性得到有效保护，水土流失明显减少，受到社会各界的关注和赞誉。同时，积极探索和研究天保工程区林下资源开发模式，不断延长产业链，确保林区稳定和农业增收。此外，通过大力宣传天保工程的重要意义，加大爱护森林，保护野生动、植物资源等宣传活动，提高了爱林护林的意识，工程区内野生动、植物的种类和数量不断增加，生物多样性得到有效保护。[②]

（五）造林绿化工作

近年来，普洱市牢固树立"生态立市、绿色发展"理念，把深入推进造林绿化工作作为实现普洱绿色发展的重要举措来抓，围绕做好规

---

① 普洱市天保工程及退耕还林领导小组办公室：《普洱市退耕还林工程实施情况及存在的困难和要求》。

② 普洱市天保工程及退耕还林领导小组办公室：《普洱市天然林保护工程实施情况汇报》。

划、打牢基础的总体要求，制定措施、落实资金，建立了政府主要领导负总责，分管领导具体负责，林业部门为责任主体，各部门协调配合，各级上下联动的工作机制，进一步明确了工作职责和任务，形成全盘统筹、上下联动、一级抓一级、层层抓落实的工作推进格局，深入推进造林绿化工作。

1. 重点生态林业工程建设有序推进

仅 2014 年完成人工造林 31.875 万亩、封山育林 3.5 万亩、低效林改造 2.5 万亩、正在组织实施国家森林抚育 28.5 万亩。

2. 城镇园林绿化成效显著

积极开展国家森林城市、国家园林城市创建工作，组织了"共建生态文明、共享绿色未来"等行动；以城市生态生命景观系统概念指导城镇园林绿化工作，形成了总量适宜、分布合理、植物多样、景观优美的城市绿地系统。

3. 乡村造林绿化有所突破

仅 2014 年我市安排乡村建设绿化资金 600 多万元，建设庭院绿化、"四旁"绿化示范样板 100 余处，乡村绿化种植绿化苗木 1100 万株，种植花草 64 万平方米，田间林网种植树木 53 万株，折合面积 10.5 万亩；公路绿化 1609 公里，植树 30 多万株，绿化率 71%。

4. 全民义务植树深入开展

仅 2014 年机关企事业单位 16 万职工参加并完成义务植树 60 万株，农村参加人口 120 万人，完成义务植树 1300 多万株，折合面积 3 万亩；以部门为依托，积极组织"三八林"、"共青林"、"爱心林"、"电信林"及特色纪念林，共计营造 1500 余亩、15 万株。义务植树造林成活率达 95%，尽责率、建卡率、完成率皆达 100%。

5. 特色产业发展成绩显著

以核桃为主的木本油料林建设积极推进，全市目前已种植木本油料林面积 175 多万亩，每年综合产值近 10 亿元；加快竹产业科学发展，加大竹资源培育力度，仅 2014 年种植勃氏甜龙竹 7.6 万亩；大力发展珍贵用材林基地建设，仅 2014 年完成种植 7.8 万亩；着力推进普洱速丰林培育，实现了生态改善、原料保障、林业增效、农民增收的目标。

"十二五"以来累计完成营造林 400 多万亩，包括新发展木本油料

林 75 万亩（含澳洲坚果 17 万亩）、种植珍贵树种 15 万亩、种植勃氏甜
龙竹 13 万亩、以森林抚育为主的低效林改造 165 万亩、速丰林建设 80
万亩、种植辣木 1.3 万亩、完成封山育林 50 万亩、全民义务植树 4500
多万株。[①]

（六）林权制度改革

普洱市把 2005 年作为集体林林权制度改革试点启动年，把景谷县
民乐镇翁孔村作为改革试点村；把 2006 年作为林权制度改革全面试点
年，在全市 10 个县（区）的 21 个乡（镇）全面启动了改革试点工作。
两年后，普洱的集体林林权制度改革取得了很大的成效，并受到上级部
门的关注。2007 年 4 月，全省深化林权制度改革工作现场会在普洱召
开，9 月国家林业局也在普洱召开了集体林林权制度改革座谈会，总结
和推广了普洱集体林林权制度改革的做法和经验。经过 4 年多的努力，
普洱集体林林权制度主体改革全面完成，全市 1.4 万个村民小组、46.4
万农户参与林权制度改革，群众对林权制度改革的满意率在 99% 以上，
普洱集体林林权制度改革获得了成功。

（七）低效林改造工作

普洱是全省国土面积和林业用地面积最大的州市。全市有林业用地
面积 4990 多万亩，占全市国土面积的 70.5%，人均有林业用地面积
18.2 亩，是全国的 8.1 倍、全省的 3.4 倍。但是，由于人为、自然、
历史等因素影响，造成林分、树种结构不合理、质量差、林地产出不
高、经济效益低下，导致林地生产力得不到充分发挥。普洱市自 2009
年率先在云南省开展低效林改造试点工作到 2014 年的五年间，全市投
入低效林改造经费达 6.8 亿元，累计完成以森林抚育、树种更新和树种
更替为主要改造方式的低效林改造任务 163.5 万亩。通过改造，提高了
林地质量，改善了生态环境，生态效益显现，经济效益明显，为林业产
业发展储备了后备资源，有助于加快"森林普洱"的建设。

---

① 普洱市林业局：《普洱市林业局造林绿化工作总结》。

(八) 生态环境保护工程

普洱市立足本地实际，积极探索创新环境保护模式，确保污染减排、生态创建、生物多样性保护等环保重点工作得到全面加强，着力保持良好的生态环境质量。累计建成国家、省、县级自然保护区 16 个，省级风景名胜区 6 个，国家森林公园 1 个；大力实施减排重点工程，加大污染防治力度，关停了一大批高耗能、高污染小企业、小作坊，拒绝了一大批高能耗、高污染企业进入。7 年来，全市单位生产总值能耗累计下降 19.8%，中心城区环境空气优良率保持在 100%，全年环境空气优级天数达到 311 天，优级天数在全年所占比率 85.2%，市域内地表水及主要饮用水水源地水质继续保持稳定，水质综合达标率 100%。①

(九) 构建绿色产业体系

普洱始终突出"生态立市、绿色发展"这一主题，立足普洱的资源禀赋，大力发展生态产业，已构建起茶产业、林产业、水电产业、矿产业、文化旅游养生产业五大支柱产业和咖啡产业、烟草产业、蚕桑产业、橡胶产业、生物药业、渔牧业六大特色产业，形成了"5+6"的绿色产业体系。

(十) 国家绿色经济试验示范区建设进入全面实施阶段

国家绿色经济试验示范区建设是普洱绿色发展的最重要的实践载体。2013 年 6 月，国家发展改革委员会正式批复同意普洱市建设国家绿色经济试验示范区；2014 年 3 月，国家发展改革委员会正式批准实施《普洱市建设国家绿色经济试验示范区发展规划》，标志着普洱建设国家绿色经济试验示范区进入了全面实施阶段。整个规划以推行绿色生产、建设四大绿色产业基地、全社会绿色发展、生态建设和环境保护、绿色发展基础设施支撑等为重点，凸显了绿色低碳循环发展一条主线，并有财税、投融资、产业、土地等 17 条政策做保障。在国家绿色经济试验示范区建设启动后，加快推进特色生物产业、清洁能源、现代林产

---

① 马洁：《普洱市生态建设工作见成效》，《普洱日报》2013 年 3 月 26 日。

业、休闲度假养生四大基地建设，重点在优化国土空间开发格局、实施存量经济绿色化改造、强化增量经济的绿色化构建、加强环保和生态建设、创新绿色经济发展的体制机制等方面进行试验示范。

（十一）国家水生态文明试点城市建设

普洱按照"生态立市、绿色发展"的战略目标要求，积极申报全国水生态文明城市建设试点项目。2013年7月，普洱全国水生态文明建设试点城市的申报获得通过，成为全国水生态文明城市建设首批试点之一，是云南首个全国水生态文明城市建设试点城市。2014年1月，《普洱市水生态文明城市建设试点实施方案》顺利通过水利部的审查。在此基础上，编制了《普洱市水生态文明建设规划》（2014—2020），明确提出了普洱水生态文明建设思路、战略目标、建设布局及发展举措。普洱市水生态文明城市建设是普洱绿色发展的重要内容，进一步推动普洱绿色发展。

三　普洱绿色发展的主要经验

普洱市多年绿色发展的探索和实践，不仅取得了显著的成绩，也积累了成功的经验，为今后进一步加快绿色发展奠定了更加坚实的基础。

（一）以绿色发展理念为统领是普洱绿色发展的思想基础

发展理念是发展行动的先导，是发展思路、发展方向、发展着力点的集中体现。普洱始终坚持绿色发展理念，以绿色发展理念为统领确立了"生态立市、绿色发展"战略；以绿色发展为统领，建设国家绿色经济试验示范区和四大绿色基地；以绿色发展理念为统领，走"生态建设产业化，产业建设生态化"的生态产业发展之路，大力发展绿色经济、循环经济、低碳经济，构建了"5+6"绿色产业体系；以绿色发展理念为统领，加快生态城市建设，着力打造"天赐普洱、世界茶源"城市品牌；以绿色发展理念为统领，严格保护生物多样性，全面实施生态保护和修复工程,全面提升森林、河湖、湿地等自然生态系统稳定性和生态服务功能,筑牢无量山、哀牢山和边境一线生态屏障。

(二) 准确定位是普洱绿色发展的前提

把普洱的发展定位放置于全球、全国、全省的坐标中来认识、来定位,明确提出普洱最大的特色是绿色,最大的优势是生态。在国际国内大力倡导绿色发展的背景下,普洱只有坚持绿色发展,才能抢占普洱参与区域竞争的战略制高点。为此,普洱确立了"生态立市、绿色发展的"战略,走绿色发展之路。这一战略定位,既符合普洱实际,也契合了当今世界和中国发展的大趋势,有力地推动了普洱绿色发展。

(三) 国家战略引领和地方创新相结合是普洱绿色发展的关键

绿色发展是国家加快转变经济发展方式的战略举措,是中国实现绿色现代化的必由之路。普洱以国家战略为引领,从普洱具有丰富的资源优势、生态优势的实际出发,确立了"生态立市、绿色发展"的战略,创造性地提出了建设国家绿色经济试验示范区的设想并得到国家批准和支持,加快建设国家四大绿色产业基地、构建绿色产业体系、打造"天赐普洱、世界茶源"城市品牌,构筑生态安全屏障。普洱已成为欠发达地区在绿色发展中快速崛起的一个州市。这充分说明普洱的绿色发展既符合国家加快转变经济发展方式,推动国家绿色发展的战略要求,又符合普洱具有的资源优势、生态优势、文化优势和区位优势的实际,体现了国家战略引领和地方创新相结合的发展路径,是普洱绿色发展取得成功的关键。

(四) 统筹推进是普洱绿色发展的重要保障

普洱牢固树立"生态立市、绿色发展"的理念,以国家绿色经济试验示范区建设为统领,统筹城乡发展,全力推进国家园林城市建设和美丽乡村建设。坚持"生态建设产业化、产业发展生态化"的可持续发展道路,在着力实施退耕还林工程、天然林保护工程、造林绿化工程、低效林改造工程、生物多样性保护工程、生态保护建设工程、污染治理工程、原始生态和湿地恢复工程等生态资源和环境保护体系建设的同时，大力发展绿色经济、循环经济、低碳经济，着力构建支持普洱跨越发展的茶、林、电、矿、文化旅游养生五大支柱产业和咖啡、烟草、蚕食、橡胶、生物药、渔牧业六大骨干特色产业，加快推进特色生物产业、清洁能源、现代林产业、旅游休闲养生四大基地建设，充分体现了云南省委提出的"经济建设与生态建设同步进行、经济效益与生态效益同步提高、产业竞争力与生态竞争力同步提升、物质文明与生态文明同步前进"的新要求，是普洱绿色发展的重要保障。

第三章

主体功能区建设与绿色发展

加快建设主体功能区，优化国土空间开发格局，是普洱实施"生态立市、绿色发展"战略的首要问题，是促进生产空间集约高效、生活空间宜居适度、生态空间山清水秀的根本要求，是人口、经济、资源环境相协调，经济效益、社会效益、生态效益相统一的内在需要，在推进普洱绿色发展中占有重要的地位。

一　主体功能区规划概念及内涵

主体功能区是根据区域发展基础、资源环境承载能力以及在不同层次区域中的战略地位等，对区域发展理念、方向和模式加以确定的类型区，突出区域发展的总体要求。① 主体功能区规划是指根据不同区域的资源环境承载能力、现有开发密度和发展潜力，统筹规划未来人口分布、经济布局、国土利用和城镇化格局，确定不同区域的主体功能，明确开发方向，控制开发强度，规范开发秩序，完善开发政策，逐步形成人口、经济、资源环境相协调的空间开发格局。主体功能区规划的主要任务就是要确定哪些区域适宜优化开发和重点开发，哪些区域应当限制开发和禁止开发，确定各自的主体功能定位，并按照功能定位调整和完善区域政策和绩效评价，规范空间开发秩序，形成合理的区域发展

---

① 高国力：《我国主体功能规划的特征、原则和基本思路》，《中国农业资源与区划》2007年第6期。

格局。

在全国主体功能区规划中，将国家主体功能区分为四类：优化开发区、重点开发区、限制开发区和禁止开发区。优化开发区是指国土开发密度较高、资源环境承载能力开始减弱的区域。重点开发区是指资源环境承载能力较强、经济和人口集聚条件较好的区域。限制开发区是指资源环境承载能力较弱、大规模集聚经济和人口条件不够好并关系到全国或较大区域范围生态安全的区域。禁止开发区是指依法设立的各类自然保护区域，包括国家自然保护区、世界文化自然遗产、国家级风景名胜区、国家森林公园、国家地质公园。

主体功能区规划中的优化开发、重点开发、限制开发和禁止开发的"开发"主要是指大规模的工业化和城镇化的人类活动。优化开发区在加快经济社会发展的同时，更加注重经济发展方式、质量和效益，实现又好又快发展。重点开发区并不是指所有方面都要重点开发，而是指重点开发那些维护区域主体功能的开发活动。限制开发区是为了维护区域生态功能而进行的保护性开发，对开发的内容、方式和强度进行约束。禁止开发区也不是禁止所用的开发活动，而是指禁止那些与区域主体功能定位不符合的开发活动。[①] 优化开发区、重点开发区是城市群，其主体功能是支撑经济增长，提供经济产品；限制开发区、禁止开发区是生态重要性突出的乡村地区，主体功能是保障生态安全，提供生态产品。[②]

二 普洱加快主体功能区建设的重要性和紧迫性

主体功能区是普洱绿色发展的空间基础。加快建设主体功能区既是普洱贯彻落实中央精神、全国和云南主体功能区规划的需要，也是普洱优化区域经济布局、统筹绿色城乡发展、构建生态安全格局，推动普洱绿色发展的需要。

---

① 高国力：《我国主体功能区规划的特征、原则和基本思路》，《中国农业资源与区划》2007 年第 6 期。

② 胡鞍钢：《中国创新绿色发展》，中国人民大学出版社 2012 年版，第 146 页。

（一）建设主体功能区是贯彻落实中央精神、全国和云南主体功能区规划的需要

主体功能区规划是 2005 年 10 月党的十六届五中全会通过的《中共中央关于制定国民经济和社会发展第十一个五年规划的建议》和 2006 年 3 月十届全国人大第四次会议通过的《中华人民共和国国民经济和社会发展第十一个五年规划纲要》部署的一项重要工作。规划纲要提出"根据资源环境承载能力、现有开发密度和发展潜力，统筹考虑未来我国人口分布、经济布局、国土利用和城镇化格局，将国土空间划分为优化开发、重点开发、限制开发和禁止开发四类主体功能区，按照主体功能定位调整完善区域政策和绩效评价，规范空间开发秩序，形成合理的空间开发结构"①。2007 年 10 月，党的十七大报告指出："推动区域协调发展，优化国土开发格局"，"加强国土规划，按照形成主体功能区的要求，完善区域政策，调整经济布局"②。2010 年 10 月，党的十七届五中全会通过的《中共中央关于制定国民经济和社会发展第十二个五年规划的建议》强调指出实施主体功能区战略，"按照全国经济合理布局的要求，规范开发秩序，控制开发强度，形成高效、协调、可持续的国土空间开发格局"③。

党的十八大报告指出："国土是生态文明建设的空间载体，必须珍惜每一寸国土。要按照人口资源环境相均衡、经济社会生态效益相统一的原则，控制开发强度，调整空间结构，促进生产空间集约高效、生活空间宜居适度、生态空间山清水秀，给自然留下更多修复空间，给农业留下更多良田，给子孙后代留下天蓝、地绿、水净的美好家园。加快实施主体功能区战略，推动各地区严格按照主体功能定位发展，构建科学合理的城市化格局、农业发展格局、生态安全格局。"④ 党的十八届三中全会通过的《中共中央关于全面深化改革若干重大问题的决定》强调指出："坚定不移实施主体功能区制度，建立国土空间开发保护制

① 《中华人民共和国国民经济和社会发展第十一个五年规划纲要》，2005 年 10 月。
② 胡锦涛：《高举中国特色社会主义伟大旗帜　为夺取全面建设小康社会新胜利而奋斗》。
③ 《中共中央关于制定国民经济和社会发展第十三个五年规划的建议》，2010 年 10 月。
④ 胡锦涛：《坚定不移沿着中国特色社会主义道路前进　为全面建成小康社会而奋斗》。

度，严格按照主体功能区定位推动发展，建立国家公园体制。建立资源环境承载能力监测预警机制，对水土资源、环境容量和海洋资源超载区域实行限制性措施。"① 党的十八届五中全会通过的《中共中央关于制定国民经济和社会发展第十三个五年规划的建议》强调加快建设主体功能区，"发挥主体功能区作为国土空间开发保护基础制度的作用，落实主体功能区规划，完善政策，发布全国主体功能区规划图和农产品主产区、重点生态功能区目录，推动各地区依据主体功能定位发展"②。

2014 年 4 月《中共中央国务院关于加快推进生态文明建设的意见》对积极实施主体功能区战略提出了明确的要求：一是"全面落实主体功能区规划，健全财政、投资、产业、土地、人口、环境等配套政策和各有侧重的绩效考核评价体系"；二是"推进市县落实主体功能定位，推动经济社会发展、城乡、土地利用、生态环境保护等规划'多规合一'，形成一个县市一本规划、一张蓝图"；三是"区域规划编制、重大项目布局必须符合主体功能定位"；四是"对不同主体功能区的产业项目实行差别化市场准入政策，明确禁止开发区域、限制开发区域准入事项，明确优化开发区域、重点开发区域禁止和限制发展的产业"；五是"构建平衡适宜的城乡建设空间体系，适当增加生活空间、生态用地，保护和扩大绿地、水域、湿地等生态空间"③。

为贯彻落实十七大精神，按照《中华人民共和国国民经济和社会发展第十一个五年规划纲要》要求，2007 年 7 月，国务院印发了《关于编制全国主体功能区规划的意见》（国发〔2007〕21 号）对编制全国主体功能区规划的意义、指导思想和原则、主要任务、工作要求等提出了具体明确的规定和要求。2010 年 12 月《全国主体功能区规划》出台，2011 年 6 月 8 日，《全国主体功能区规划》正式发布。《全国主体功能区规划》明确提出了到 2020 年主体功能区布局基本形成的目标任务，并对全国主体功能区做出了科学的规划，成为各省、市、自治区规

---

① 本书编写组：《党的十八届三中全会〈决定〉学习辅导百问》，党建读物出版社、学习出版社 2013 年版，第 34 页。

② 《中共中央关于制定国民经济和社会发展第十三个五年规划的建议》，《求是》2015 年第 22 期。

③ 《中共中央国务院关于加快推进生态文明建设的意见》，2014 年 4 月。

划主体功能区的基本依据。

根据中央的精神和国务院《关于编制全国主体功能区规划的意见》的要求，并以《全国主体功能区规划》为依据，云南省于2014年1月出台了《云南省主体功能区规划》，科学合理地规划了云南主体功能区定位，对各州、市的主体功能定位做出了明确的规定，为推动各市、州加快建设主体功能区发挥了重要作用。

普洱加快建设主体功能区就是深入贯彻落实中央精神、落实全国和云南省主体功能区对普洱市的主体功能定位的需要。

（二）建设主体功能区是普洱构建科学合理发展格局的必然要求

普洱市有着丰富的自然资源和生态资源。普洱市是云南省第二大林区，是重要的商品用材林基地和林产工业基地，2014年普洱市的森林覆盖率达到68.7%，森林生态服务功能价值居全省第一，划定的自然保护区、国家公园、饮用水源地保护、风景名胜区等受保护地区占国土面积比例居云南省首位，生物多样性丰富，是云南省植物种类最多的州市。

普洱市地处祖国西南边陲，云南省的西南端，东临红河、玉溪，南连西双版纳，北接大理，西北沿澜沧江与临沧分界，东北靠楚雄，东南与越南、老挝两国接壤，西南与缅甸毗邻，是唯一与越南、老挝、缅甸三国接壤的地方，国境线长达486.29千米，沿国境线有江城、澜沧、孟连、西盟4个边境民族自治县，有边境通道18条，是我国通往东盟各国最为便捷的陆路通道。

澜沧江、红河、南亢河三条水道直通境外，特别是被誉为"东方多瑙河"之称的澜沧江—湄公河纵贯全境后流经越南、缅甸、老挝、泰国、柬埔寨等东南亚五国，注入南海。

作为中国陆路连接东南亚国际的重要交通大动脉昆曼公路的建成，不仅打通了一条连接东南亚、南亚国家方便快捷的交通通道，更是打通了一条促进中国与东南亚、南亚国家共同繁荣发展的经济通道、文化交流通道和友谊合作通道。昆曼大通道的建成，把普洱推向了云南面向东南亚、南亚开放的前沿，更加凸显了普洱作为云南省乃至全国与东南亚、南亚连接的重要枢纽的区位优势和通道优势。

这种"一市连三国,一江通五邻"的区位优势,使普洱成为云南省通往东南亚各国的交通要道,为普洱利用国内国外两个市场和两种资源提供了广阔前景。

但从全市土地资源、水资源、环境容量、生态脆弱性、自然灾害、人口聚集度、经济发展水平等综合评价看,普洱在绿色发展中还是存在一些不利因素:

1. 土地资源总体丰富,但可利用土地较少

普洱市国土面积 4.5 万平方公里,占全省国土面积的 11.4%,在云南省 16 个州市中居首位。但全市土地以山地为主,山高坡陡。山地面积占总土地面积的 98.29%,其中,小于 8° 连片在 15 亩以上的平坦地面占 7.65%,大于 8° 的山地占 92.35%。面积较大连片集中的堆积盆地只占总面积的 0.78%,河床占 0.93%。这种以山地为主,山高坡陡的土地资源特征,耕地分散、质量较差,开发难度较大,开发成本较高,利用难度较大,最适宜工业化、城镇化开发的坝子(盆地、河谷)土地所占比例较小。

2. 水资源总量丰富,但时空分布不均

根据《云南省水资源综合规划现状开发利用评价》成果,普洱市年平均水资源量为 311.08 亿立方米;(包括地下水资源总量 122.5 亿立方米),其中红河水系 112.7 亿立方米,澜沧江水系 175.6 亿立方米,怒江水系 22.8 亿立方米。按 2010 年全市人口与耕地统计指标,人均水资源量 1.2 万立方米,亩均耕地水资源量 1.01 万立方米,均高于全国平均水平。但存在着时空分布不均,水资源年内、年际之间变化较大,区域分布不均衡;水资源分配上,雨季水量有余,旱季水量不足;水量南多北少,山区水多,坝区水少;坝区地多水少,水资源开发利用程度较高,基础设施较好;山区地少水多,水资源开发利用程度较低,水利基础设施较差;干流水资源丰富,但河谷深切,耕地少,开发利用困难;支流水资源贫乏,但耕地集中,需水量大。全市资源性缺水、工程性缺水、季节性缺水和水质性缺水共存。如普洱主城区多年平均自产水资源总量为 12321 万立方米,人均水资源量仅为 881 立方米,远低于全市人均 12221 立方米的水平,低于全省 3450 立方米、全国 2300 立方米的水平,也远低于国际公认的 1750 立方米/人·年的国际缺水警戒线,

是一个资源性、水质性缺水较为严重的城市。[①]

3. 环境质量总体较好，但局部地区存在污染

普洱重视环境治理和环境保护，加强农业、工业面源污染治理，大力开展农村综合整治，取得了良好成效。纳入国家和省级地表水功能控制的 11 个断面水质达标率和主城区空气质量状况优良率均保持在 100%。但局部地区的污染依然存在。如思茅河思茅城区至莲花段、普洱大河宁洱县城至箐门口电站水质劣于 V 类水质标准，河流水质极差，河流生态功能丧失。又如澜沧江流域符合地表水 II—Ⅲ类水质标准的河长占评价河长的 86.7%，劣于 V 类水质标准的河长占评价河长的 13.3%。有的城市附近的水体受工业污染、生活污水污染的问题日益突出。

4. 资源多样丰富，但局部地区生态脆弱

普洱的生态资源丰富，这是普洱最大的优势和发展潜力。但也存在着生态资源发展不平衡的问题，部分区域生态脆弱。普洱局部地区土壤侵蚀，水土流失。据云南省第三次遥感土壤侵蚀调查，普洱市共有土壤侵蚀面积 9585.78 平方公里，占普洱市总面积的 21.62%，占云南省土壤侵蚀面积（131171.78 平方公里）的 7.31%。在各种强度的土壤侵蚀面积中，轻度侵蚀面积占总侵蚀面积的 60.14%，中度侵蚀面积占总侵蚀面积的 35.80%，强度侵蚀面积占总面积的 4.06%。[②] 这些区域生态较为脆弱，一旦现有植被遭到进一步的干扰和破坏，存在水土流失加剧的潜在危险。而且随着普洱土地资源、森林资源、水能资源、旅游资源的开发，各种用材林、经济林、种植园的大规模扩张，林地面积则呈快速下降趋势，森林林分质量下降，生物多样性减少，生态系统连续性、完整性遭到持续破坏，生态功能不断退化。虽然人工林、退耕还林、公益林建设取得了很大成效，但人工林、退耕还林、公益林的生态系统自我恢复形成的过程比较漫长。加以人工林结构单一，林分类型简单，抵御病虫害强袭的能力不强。这样造成生态功能退化，生态系统支持能力存在由强

---

① 普洱市委政策研究室课题调研组：《普洱生态建设规划宏观研究》，《研究与参考》2012年第1期。

② 普洱市人民政府：《普洱市水生态文明建设规划（2014—2020）》，第38页。

减弱的趋势。①

5. 自然灾害频发，灾害威胁较大

普洱是地震、滑坡、泥石流、干旱、洪涝、雷电等自然灾害易发生的地区。据统计，2013 年普洱市境内发生 1.0 级以上地震 461 次，其中，2.0 级以下地震 340 次，2.0—2.9 级地震 97 次，3.0—3.9 级地震 15 次，4.0—4.9 级地震 9 次，地震造成各项经济损失 8584 万元。② 2013 年，普洱市 10 县（区）均发生不同程度的旱情，因旱造成农作物受灾 71.19 万亩。全市 10 县（区）共 75 个乡镇不同程度受灾，受灾人共 13.3 万人，受灾农作物面积 10.19 万亩，全年因灾造成直接经济损失 12166.92 万元。③

6. 城镇建设加快，但城镇化率低，城市规模小

普洱加快城镇化建设的步伐，从 2004 年到 2014 年 10 年间，普洱的城镇化率从 20.30%提升到 37.18%，增加了 16.88 个百分点，但与全省、全国的城镇化率相比，普洱还有很大的差距，城镇化水平比较低。2014 年普洱的城镇化率 37.18%，与全省城镇化率 41.73%相差 4.55 个百分点，与全国城镇化率 54.77%相差 17.59 个百分点。大多数人口分散居住在广大的山区、半山区，形成 3 户 1 村、5 户 1 寨的景观，人口的过度分散导致粗放耕作的现象普遍，对生态保护产生影响。城镇化率低，城市规模小，对农村的助推力和辐射力不强。

7. 交通建设加快，但瓶颈制约仍然突出

近几年，普洱市重视交通基础设施建设，交通建设加快，初步形成了水陆空立体交通网络。2014 年年末，公路通车里程为 20267 公里。但公路等级低，在 10 个县区中，仅墨江、宁洱、思茅 3 个县区有昆曼高速公路通过，其他 7 个县均无高速公路。在 2014 年 20267 公里通车里程中，高速公路通车里程为 200 公里，一级公路 4.5 公里，二级公路

① 普洱市委政策研究室课题调研组：《普洱生态建设规划宏观研究》，《研究与参考》2012 年第 1 期。

② 普洱市人民政府办公室、普洱市地方志编纂委员会：《普洱年鉴》（2014），云南人民出版社 2014 年版，第 370 页。

③ 普洱市水文水资源局：《普洱市水资源公报》（2013 年），第 29 页。

903.1 公里。① 高速公路、一级公路和二级公路在公路通车里程中所占比例都比较小。农村公路等级更低，晴通雨阻严重，通达能力差。

上述情况说明，普洱虽然有着丰富的自然资源和生态资源，有着良好的区位优势，对普洱绿色发展提供了良好的基础，但同样存在一些问题，即局部区域生态功能退化、环境问题突出，人口、经济与资源环境的空间分布不够合理，空间利用效率有待提高等问题。因此，加快建设主体功能区，优化国土空间开发格局，构建科学合理的区域发展格局，实现经济效益、社会效益、生态效益统一，依然是普洱绿色发展中应处理好的首要问题。

三 普洱主体功能区规划的总体布局

普洱市委、市政府高度重视主体功能区建设与规划，并对主体功能区规划不断进行调整完善，形成了符合普洱实际和国家、省主体功能区规划精神的总体布局。

普洱"十一五"规划在区域经济发展布局上提出了"三大经济区"布局，即北部的"景（谷县）景（东县）镇（沅县）"经济区、东部的"思（茅区）宁（洱县）江（城向）墨（江县）"经济区和西部的"孟（连县）澜（沧县）西（盟向）"经济区。北部经济区以景谷为中心，重点发展林产业、烟草产业、畜牧业、蚕桑产业和生态旅游业；东中部经济区以翠云（现思茅区）、普洱（现宁洱县）为中心，重点发展林产业、水电业、矿业、茶产业、畜牧水产业、流通服务业和旅游文化产业，辐射带动全市的经济发展；西部经济区以澜沧为中心，重点发展林浆纸项目、蔗糖、橡胶等热区开发产业、畜牧业、边贸业、矿产业和旅游文化产业，打好扶贫攻坚战，发展移民经济和口岸经济。普洱"十一五"规划在城镇化建设上提出构建"一个区域性中心城市、两个次中心、若干县城和特色城镇"的框架体系。这一体系就是把思茅区和宁洱县作为区域性中心建成滇南的中心城市，抓好澜沧、景谷区域性次

---

① 《普洱市 2014 年国民经济和社会发展统计公报》。

中心城市建设，加快其他县城小城镇建设步伐，提高城镇化水平。①

在普洱"十二五"规划中，继续沿用了"十一五"规划中确定的区域经济发展布局，把"三大经济区"改成"三级经济带"，突出了资源优势互补、良性互动，协调发展。"三级经济带"布局就是统筹各县（区）资源禀赋、经济结构、发展基础、发展水平等各类要素，突出区域发展特色，优化区域经济布局，构建思（茅区）宁（洱县）江（城县）墨（江县）、景（谷县）景（东县）镇（沅县）、澜（沧县）孟（连县）西（盟县）三级经济带，加快形成优势互补、定位清晰、分工合理、布局得当的区域发展格局。以昆曼大通道为纽带，以发展加工贸易为重点，构建思（茅区）宁（洱县）江（城县）墨（江县）为主的普洱中部通道经济带；以哀牢山、无量山森林资源为平台，构建景（谷县）景（东县）镇（沅县）为主的普洱北部两山经济带；以发展边境口岸贸易和民族文化旅游为重点，构建澜（沧县）孟（连县）西（盟县）为主的普洱绿三角经济带。在城镇化建设中，提出围绕构建区域性中心城市的战略目标，全力构建思（茅区）宁（洱县）景（谷县）江（城县）城市群，统筹推进中心城区、县城和重点乡镇协调发展。②

普洱"十三五"规划，在"十一五"、"十二五"确定的区域协调发展规划的基础上，依据国家新的发展战略，更加突出了对外开放和外向型发展的特性，确定了"一核两翼三带"主体功能区规划的总体布局。"一核"就是以思（茅区）宁（洱县）一体化区域性中心城市为核心的龙头带动区，推动宁洱撤县设区，加快推进思茅、宁洱城市一体化发展，打造滇西南区域性中心城市，形成全市最具活力的增长核心。"两翼"就是以景谷、澜沧两个区域性次级中心城市为支撑的辐射发展区，统筹推进基础设施建设和产业发展，实现景谷、景东、镇沅和澜沧、孟连、西盟6个城镇联动发展。"三带"，就是以沿边开放经济带、澜沧江开发开放经济带、无量山—哀牢山两山经济带为纽带的协同发展区。沿边开放经济带以主动服务和融入国家"一带一路"、孟中印缅经

济走廊、中国—中南半岛经济走廊、大湄公河次区域等战略为导向，在澜沧、孟连、西盟、江城四个县重点布局边境贸易加工园区、边境口岸商贸物流园区、旅游休闲度假康体养生区，打造外向型的产业基地。澜沧江开发开放经济带，以澜沧江沿岸县（区）为主，以突破制约发展瓶颈、发挥特色优势为重点，着力抓好基础设施互联互通、特色生物产业培育、城乡统筹建设、开放平台建设、旅游产业发展、社会建设与精准扶贫开发、生态文明建设等主要任务，推动区域优势互补、良性互动发展。两山经济带，以无量山、哀牢山丰富的森林生态资源和生物多样性优势为依托，在景谷、景东、镇沅、墨江四个县重点布局发展现代林产业、高原特色生态有机农业、旅游休闲度假养生产业、区域商贸物流业、绿色矿业，发展特色优势产业，培育带动区域协调发展。①

四　普洱"一核两翼三带"总体布局的特点和意义

（一）普洱"一核两翼三带"总体布局的特点

普洱"一核两翼三带"主体功能区总体布局，既坚持中央、省委精神，又符合普洱实际，有着自己的特点。

1. "一核两翼三带"总体布局突出了外向型发展的特点

普洱"一核两翼三带"总体布局中提出沿边开放经济带、澜沧江开发开放经济带建设，突出普洱独特的区位优势，以主动服务和融入国家"一带一路"、孟中印缅经济走廊、中国—中南半岛经济走廊、大湄公河次区域等战略为导向，重点布局边境贸易加工园区、边境口岸商贸物流园区、旅游休闲度假康体养生区，打造外向型的产业基地，加快形成全方位、宽领域、多层次的对外开放新格局。

2. "一核两翼三带"总体布局体现了区域协调发展特点

普洱"一核两翼三带"总体战略布局，打破县级行政区划界限，突破县域经济发展格局，以资源为单位，以区域为整体来规划建设，做到

---

① 《中共普洱市委关于制定国民经济和社会发展第十三个五年规划的建议》，《普洱日报》2016年1月6日。

统筹资源、统筹城乡、统筹经济社会发展。

一是优化区域经济布局。普洱"一核两翼三带"区域发展新空间，有利于发挥不同县区的资源优势、生态优势和区位优势，形成优势互补、定位清晰、分工合理、布局得当的区域经济发展格局。

二是优化城镇空间布局。主体功能区划分一定程度上改变城镇化发展的空间格局。在重点开发区相对密集的地区，城镇化发展的步伐将进一步加快；而限制开发区与禁止开发区城镇化将会得到适当控制。在主体功能区规划中，普洱按照主城区、次区域中心城市、县城、重点镇、乡镇和村庄六个层次，加快推进新型城镇化建设，全力打造"天赐普洱·世界茶源"城市品牌的城乡发展思路。推动思（茅区）宁（洱县）一体化区域性中心城市建设，加快景谷、澜沧区域性次级中心城市发展，加快推进各县城建设，加快中心集镇、边境口岸发展，推进特色小镇建设，促进产业与城镇融合发展，形成布局合理、功能互补、山坝结合、特色鲜明的高原生态宜居城市群，使中心城区成为吸纳农业转移人口的主要区域的城镇空间布局。

三是突出构建生态安全格局。这种区域发展新空间的确定有利于按照重点开发区、限制开发区、禁止开发区的功能区划分，抓好生物多样性重点保护区、水源涵养重点区、水土流失修复重点区建设，使生态系统更加稳定，生态能效大大提升。

（二）普洱"一核两翼三带"总体布局的意义

1. "一核两翼三带"总体布局是云南省对滇西南功能定位的具体化

《云南省主体功能区规划》对滇西南的功能区做出了明确定位。总体定位是：滇西南是昆明至磨憨辐射泰国曼谷经济走廊的重要组成部分，中国与东南亚经济文化联系的纽带；重要的热带特色生物产业、可再生能源、出口商品加工基地；面向老挝、泰国的重要商贸集散地，澜沧江—湄公河国际旅游区。《云南省主体功能区规划》所确定的滇西南功能区的发展方向是：一是构建以景洪、思茅、临翔为中心，以昆（明）曼（谷）公路、泛亚铁路中线为轴线，以临沧—思茅、景洪—打洛等高速公路为支撑，辐射周边县城和城镇的3小时经济区。二是加快发展热区农业、旅游文化、生物、能源、轻工、出口商品加工、商贸物流等产业，促进形成以绿色经济为主的特色经济和外向型经济。三是开发澜沧江干流水电，建成重要水电基地。四是加快昆曼经济走廊建设和口岸建设，推进形成中老磨憨—磨丁跨境经济合作区，建设孟定清水河、勐阿等边境经济合作区。五是打造物流产业，形成澜沧江—湄公河次区域合作物流中心、贸易中心。

《云南省主体功能区规划》提出的全省城市化战略格局中，滇西南是以景洪、思茅、临翔3个中心城市为核心，宁洱、云县、澜沧、景谷等县城为节点，磨憨、孟定、南伞、打洛等口岸为支撑的组团式城镇发展区，是云南省六大城市群建设之一。

《云南省主体功能区规划》提出的"三屏两带"为主体的生态安全战略格局中，哀牢—无量山生态屏障是其中一个重要屏障，在生态安全建设中有着重要作用。[①]

《云南省主体功能区规划》对滇西南地区的功能定位，体现重点开发、限制开发和禁止开发的功能类型，确定了区域协调发展、产业协调发展、对外开放和沿边经济合作区建设、城镇化新格局和生态保护等发展方向。"一核两翼三带"总体布局完全符合云南省对滇西南地区的功能定位及发展方向，是对《云南省主体功能区规划》对滇西南地区的功能定位的具体化和有效落实。

2. "一核两翼三带"总体布局有利于形成区域发展新格局

普洱10个县（区）有相似丰富的资源优势，有林业、水电、矿产、产业等优势产业，这是"一核两翼三带"总体布局的资源基础和产业基础。但是，由于历史和现实的原因，普洱市的不同区域存在着一定的历史文化，经济发展的差异性，发展程度不一，发展不平衡。思茅区是普洱市政治、经济和文化中心，在整个普洱战略发展中具有其他九县所不具有的优势和地位。北部的景东、镇沅和景谷受南诏、大理文化影响，东部宁洱、墨江、江城等呈现更多的是普洱文化，而西部的澜沧、孟连、西盟更多表现为边地文化的特征。就经济发展来讲，北部和中部发展较快，西部发展相对滞后。就区位来讲，墨江、宁洱、思茅处在昆

---

① 《云南省主体功能区规划》对滇西南地区的功能地位，详见《云南省主体功能区规划》第37—38页。

曼公路交通要道，交通便捷，便于发展通道经济。澜沧、孟连、西盟、江城分别与越南、老挝、缅甸接壤，更便于利用国内国外"两种资源、两个市场"，参与边境经济合作，培育新的经济增长点。"一核两翼三带"总体布局的提出，有利于整合资源，形成优势互补、定位清晰、分工合理、特色突出、协调发展的区域发展新格局，促进普洱科学发展、绿色发展、和谐发展。

3. "一核两翼三带"总体布局有利于普洱主动服务和融入国家发展战略

"一核两翼三带"总体布局的外向型发展的特点与发展趋向，有利于发挥普洱"一市连三国，一江通五邻"的独特区位优势，加强通道和平台建设，提升连接相邻州市县、周边国家的互联互通能力；有利于普洱用好"两种资源、两个市场"，加快沿边开放和口岸、城镇建设，促进开放型经济新格局的基本形成，增强主动服务和融入国家、省战略的能力水平，建成面向南亚、东南亚辐射中心的前沿窗口。

五　加快主体功能区建设应处理好的关系

加快建设主体功能区，就是要严格按照主体功能定位发展，构建科学合理的区域经济发展格局、城市化格局、生态安全格局，构建天蓝、地绿、水净、富民、开放、和谐的美好家园。实现这一美好目标应处理好以下三个关系。

（一）正确处理主体功能区规划与其他规划的关系

主体功能不等于唯一的功能，明确一定区域的主体功能及其开发的主体内容和发展的主要任务，并不排斥该区域发挥其他功能。因此，主体功能区规划并不是功能区的唯一规划，但主体功能区规划是战略性、基础性、约束性的规划，对其他规划具有较强的指导性和约束性。因此，要正确处理主体功能区规划与其他规划的关系，以主体功能区规划为基础统筹各类空间性规划，推进产业布局规划、城镇总体规划、土地利用规划、林地利用规划、交通建设规划、生态环境保护规划等"多规合一"。

(二) 正确处理开发与保护的关系

主体功能区规划是以"开发"为趋向的。实施主体功能区战略，编制主体功能区规划，就是要在明确哪些区域适宜优化开发和重点开发，哪些区域应当限制开发和禁止开发的基础上，做到科学合理的、有序适度的开发，避免盲目、无序、过度开发，实现人口、经济、资源环境的协调发展。普洱是一个欠发达地区，开发程度比较低，因此，加快开发，推动工业化、城镇化发展依然是普洱发展的必然选择。但是，开发是以保护为前提的，坚持"开发中保护，保护中开发"的理念，实现有限开发、集约开发、协调开发。

在思（茅区）宁（洱县）一体化区域性核心中心城市以及景谷、澜沧两个区域性次级中心等重点开发区，将建设成发展经济、创造就业，提供居住的城市空间，带动和辐射区域发展。要推进工业化进程，增强产业聚集能力，形成分工协作的产业体系；要加快城镇化进程，改善人居环境，提高人口的聚集度。同时，也要保护好基本农田、森林、水域，提供一定数量的农产品和生态产品。在沿边开放经济带，要发挥区位优势，加强国际通道、口岸和城镇建设，加快边境贸易加工园区、边境口岸商贸物流区、旅游休闲度假养生康体养生区建设步伐，打造外向型的产业基地，形成支撑沿边对外开放的经济增长点。在澜沧江开发开放经济带，要推动水电产业、航运、特色优势生物产业发展，保护好生态资源。无量山—哀牢山两山经济带，在发展现代林业、高原特色生态有机农业的同时，切实做好生态资源的保护，发挥哀牢山、无量山生态安全屏障的作用。

(三) 正确处理保持稳定与动态调整的关系

主体功能区一经确定，不能随意更改，禁止开发区域要严格依法保护；限制开发区要坚持保护优先，逐步扩大保护范围；重点开发区可根据经济社会发展和资源环境承载能力的变化，适时调整为优化开发区。

第四章

推行绿色生产方式与绿色发展

推行绿色生产方式是绿色发展的本质要求和必然选择。只有改变那种高投入、高消耗、高污染的发展方式，发展绿色经济、低碳经济、循环经济，构建绿色农业、工业、服务业产业体系，才能真正实现绿色发展。

一 绿色生产方式的内涵

一般而言，经济发展可以概括为两种类型，一是侧重于实现更多经济产出的单纯的经济增长；二是侧重于追求经济发展质量全面提高的经济发展。与之相适应，经济发展亦有不同的实现方式，一种是主要依靠增加生产要素投入实现的，外延扩张式的粗放型增长；另一种是主要依靠提高生产的技术水平实现的，内涵提高式的集约型增长。其核心在于前者单纯地追求和实现国民经济更快的增长速度和总量的扩张；后者则不仅包括经济增长，而且包括产业结构的优化和升级、经济运行质量和效益的提高，以及经济社会发展的协调与和谐等各方面。

长期以来，基于经济发展所处的历史阶段及整体技术水平的限制，我国经济增长主要通过增加生产要素的投入和物质消耗的粗放型增长的方式来实现。为提高经济增长的质量和效益，早在1987年党中央就提出要将粗放经营逐步转变为集约经营。1995年中央在提出实现经济体制从传统的计划经济体制向社会主义市场经济体制转变的同时，明确提出要实现国民经济增长方式从粗放型到集约型的转变，力求从根本上改变我国国民经济发展高投入、低产出，高增长、低效益的状况。由此，我国国民经济的增长方式逐步开始了从粗放到集约的第一个历史性转变。十六大以后，基于改革的伟大实践，党对我国经济发展规律的认识取得了新的重大进展，最终形成了用于指导我国社会主义建设的科学发展观。与此相适应，十七大明确提出了以从转变经济增长方式到转变经济发展方式为内容的我国国民经济发展方式的重要方针。这是我国经济发展方式的第二次历史性转变，其实质在于提高经济发展的质量：主要通过科技进步和创新，在优化结构、提高效益和降低能耗、保护环境的基础上，实现包括速度质量效益相协调、投资消费出口相协调、人口资源环境相协调、经济发展和社会发展相协调在内的全面协调，真正做到又好又快发展。党的十八大将科学发展观和生态文明写入党章，提出："建设生态文明，是关系人民福祉、关乎民族未来的长远大计"，"全面落实经济建设、政治建设、文化建设、社会建设、生态文明建设五位一体总体布局"，既显示出对生态文明内涵的深刻把握，也表明党中央对生态文明的重视。生态文明建设对于中国经济可持续发展至关重要，既有利于解决环境问题，又有利于中国的永续发展。

推行绿色生产方式和优化调整结构，应着重把握三个层面：一是从产业结构层面推行绿色生产方式。目前中国经济增长主要是依赖第二产业，第三产业的比重较低，与国际平均水平相比，低了近20个百分点。发展第三产业，特别是现代服务业，是结构调整的突破口。发展方式要从生产供给的角度加快发展第三产业，特别是现代服务业。二是从需求结构层面推行绿色生产方式。当前中国经济仍过多地依赖投资和出口来拉动。靠投资拉动经济，容易造成经济的大起大落，而且投资的边际效益在递减。靠出口拉动经济，易受国际市场的影响。国际金融危机发生前国际市场空间扩张很快，出口成为拉动我国经济快速发展的重要动能。现在，全球总需求不振，外部需求短期难有根本好转。2014年以来，全球贸易增长率仅为3.1%，大大低于1993—2013年的平均增长水平5.3%。[①] 从需求的角度，最重要的就是要让消费在整个经济增长中发挥更重要的作用，即扩大消费。三是从要素投入层面推行绿色生产

———————————

① 世界贸易组织：《2014年世界贸易报告》。

方式。当前经济增长更多地依赖大量的物质资源投入，高能耗、高物耗、高污染，没有可持续性。应当让技术进步，应当提高创新能力，提高劳动者的素质，让这些能够更多地替代主要依赖大量的物质投入来支撑经济发展的模式。[①]

二　推行绿色生产方式是绿色发展的必然选择

近几年来，联合国环境署组织的绿色经济研究团队集合了世界上本领域的主要研究者，开展了有关经济增长与资源环境关系的创新性研究。研究结果表明：从经济增长的资源环境需求看，无论是从地球整体的经济增长，还是从国家、城市、地方等区域性的发展来看，经济增长总量伴随着资源环境的消耗增大。因此事实并不支持新古典经济学强调的所谓环境库茨尼次曲线，而是支持可持续发展经济学强调的 J 曲线存在。具体地说，在资源输入侧，水、地、能、材等的物质资源消耗均是在随经济增长而增长。其中，发展中国家的资源消耗与重型化、粗放型、低效率的生产方式有关，发达国家的资源消耗与物质主义的消费方式有关。在污染输出侧，虽然产业结构调整与末端环境治理表面上使得环境质量得到改善，但是许多环境治理措施与产业结构调整实际上是以污染转移为特征的。大多数情况下，发达地区、城市、国家的污染转移到了相对不发达的地区、城市、国家。因此地球总的污染排放量是增加的，特别表现在固体垃圾、二氧化碳排放物等方面。

从地球的资源环境供给能力看，经济规模的无限扩张是不可能的。研究发现，20 世纪 80 年代以来，地球人口增长和消费扩张导致的生态足迹已经超过了地球承载能力，到 2010 年的超出量已经达到 30% 左右。按照到 2050 年地球人口增长到 90 亿、世界经济平均年增长 3% 的规模扩展情景，届时的地球生态足迹将超过地球承载能力的 1 倍，即需要两个地球的资源环境能力支撑地球的人口与经济。因此，经济增长需

---

① 转引自孔德兰《基于发展方式转变的中小企业金融支持体系研究》，中国金融出版社 2012 年版，第 22—23 页；汪同三《从宏观视角认识经济发展方式转变》，《人民日报》2010 年 10 月 19 日。

要考虑地球资源环境的生态门槛，超过生态限制的经济增长被认为是非经济的，也是不可能的。正是这样的思想，为当前有关地球气候变化问题的行动提供了理论基础。由于工业化以来石化能源消耗排放的二氧化碳已经超过了地球的容纳能力，因此联合国和世界各国正在倡导低碳经济，目标是使二氧化碳排放到 2050 年相对于 1990 年减少 50%。[①]

对于经济增长与资源环境关系的不同理解，会导致不同的政策措施。对于强调经济增长的新古典经济学，由于认为经济增长及其效率改进是资源环境转好的原因，因此主要的政策措施是通过技术进步提高资源生产率和实现资源能源替代，不认为需要控制经济增长的规模包括人口增长与消费增长的规模。但是对于强调可持续发展的新经济学来说，由于经济增长总是导致资源环境消耗的增大，因此在经济增长的物理规模达到生态门槛的时候，就需要控制物质规模的数量型扩展转向质量型的提高。相应的政策措施是，在强调技术上的效率改进和物质替代的同时，加强人口控制、适度消费等控制经济规模扩张的措施，目标是在资源环境消耗规模为一定的情况下提高经济社会发展的质量。

过去 30 多年来的中国经济增长，虽然在微观技术进步与产业结构调整方面，一定程度上减少了中国经济增长的资源环境消耗强度，但是总的资源环境消耗是与经济增长相同步的。我国 2010 年的人均 GDP 是 4000 多美元，但是人均生态足迹和二氧化碳排放已经接近甚至超过世界人均水平。因此，中国未来转型发展的目标需要让经济增长在资源环境可以承受的范围内进行，要研究如何在不超过发达国家人均生态足迹水平的范围内实现满足中国人民福利提高的经济增长。例如，在人均 GDP 达到 1—2 万美元、人类发展指数达到 0.8 以上的时候，二氧化碳排放不超过发达国家的人均 10 吨水平。这意味着，在生态足迹或环境影响的增加不超过 1 倍的情况下实现 3—4 倍的经济增长和相应的社会发展。

控制经济增长的资源环境消耗规模，从过去那种满足供给的政策转向未来管理需求的政策。如果说，以前是让资源环境供给被动地满足经

---

① 诸大建：《可持续发展研究的 3 个关键课题与中国转型发展》，《中国人口·资源与环境》2011 年第 10 期。

济增长的需要，那么现在就需要采用资源环境总量控制的方式控制经济增长的规模和速度，倒逼经济进行转型。例如，设定中国经济增长的土地消耗、能源消耗、水资源消耗以及二氧化碳排放等的天花板。从生产侧效率导向的技术改进走向消费侧组构导向的技术创新，强调具有行为模式改变的系统优化，而不是沿袭消费主义的技术改进。例如，在交通出行问题上，强调公共交通、紧凑城市的方式，要优于燃油汽车的效率改进和新能源汽车的替代方式；在其他日常生活上，强调不是吃得越多生活质量越好，而是合适的饮食才好；不是住房越大生活质量越好，而是合适的居住才是最好；不是拥有越多生活质量越好，而是得到服务越多生活质量越好。要通过生态基础设施建设，稳定和扩大自然资本的存量，税收等惩罚性的政策要从针对劳动使用转变为针对自然资本消耗，在老百姓税收负担不增加的情况下转变税收的结构，使得税收等政策有利于经济增长与资源环境的协调发展。①

我国地域辽阔，资源总量大、种类全，但人均占有量少，禀赋总体不高。人均耕地、林地、草地面积和淡水资源分别仅相当于世界平均水平的43%、14%、33%和25%，主要矿产资源人均占有量占世界平均水平的比例分别是煤67%、石油6%、铁矿石50%、铜25%。矿产资源品位低、贫矿多，难选冶矿多；土地资源中难利用地多、宜农地少，宜居面积仅占国土面积20%；水土资源空间匹配性差，资源富集区多与生态脆弱区重叠。加之，我国正处在加快推进工业化、城镇化和农业现代化的进程中，有其他国家无法比拟的巨大资源需求，同时资源供给的刚性制约也在不断加剧。特殊的国情，对我国珍惜地球资源、转变经济发展方式提出了更为迫切的要求。

2014年5月，习近平总书记在河南考察时富有创见地提出，"要从当前我国经济发展的阶段性特征出发，适应新常态，保持战略上的平常心态"。11月9日，亚太经合组织工商领导人峰会开幕式主旨演讲中，习近平总书记首次系统科学地分析了新常态的特征和机遇。在中央经济工作会议上，习近平总书记深刻阐述了经济发展新常态的鲜明特征、内

---

① 诸大建：《可持续发展研究的3个关键课题与中国转型发展》，《中国人口·资源与环境》2011年第10期。

在要求和应对举措，指出认识新常态、适应新常态、引领新常态，是当前和今后一个时期我国经济发展的大逻辑。经济发展新常态的提出，进一步丰富发展了中国特色社会主义理论体系，对于推动经济平稳持续健康发展，实现"两个一百年"奋斗目标和中华民族伟大复兴的中国梦，具有重大指导意义。转型发展必须深刻把握经济发展新常态的内涵和规律，主动适应和科学引领经济发展新常态，坚持以提高经济发展质量和效益为中心，打好转型发展"组合拳"，以结构优化升级推动经济发展。

习近平总书记指出，进入新常态后，我国经济正在向形态更高级、分工更复杂、结构更合理的阶段演化，经济增速正从高速增长转向中高速增长，经济发展方式正从规模速度型粗放增长转向质量效率型集约增长，经济结构正从增量扩能为主转向调整存量、做优增量并存的深度调整，经济发展动力正从传统增长点转向新的增长点。对于这些变化，可以从三个方面来理解。

第一，增速换挡是经济发展新常态的重要标志。从高速增长转为中高速增长，不是单纯受经济周期波动的影响，而是经济增长阶段的根本性转换。一是边际性减速。现在我国经济总量已接近60万亿元，2013年一年的增量相当于1994年的全年总量，也相当于排名世界17位的土耳其经济总量。在技术条件和经济结构未发生重大变化的前提下，要素边际收益递减是必然规律，增速的回落实际上是一种"理性的回归"。二是结构性减速。从人口结构看，近年来我国劳动力开始出现绝对的减少，供养人口增加。人口抚养比的上升和储蓄率的下降，导致了人口红利减弱和投资率降低。从产业结构看，在工业化中后期，要素投入从工业部门向服务业部门转换的过程中，劳动生产率通常会出现一定程度的下降，由此带来增速回落。三是主动性调速。习近平总书记指出，"速度再快一点，非不能也，而不为也"。主动调速，可以为转调留出余地，为改革腾出空间，以速度的调整换取技术进步、体制优化和结构升级，确保实现"实实在在和没有水分的增长"。

第二，结构优化是新常态的本质要求。增速的再调整、阶段的再转换，所追求的就是经济结构不断优化升级，推动发展向中高端水平迈进，主要体现在四个方面。一是经济发展的牵引力由第二产业向第三产业转变。按照国际经验，在向高收入国家迈进的过程中，服务业比重呈现加速上升态势。目前我国也正在经历由工业型经济向服务型经济转变的重要时期。2013 年，我国第三产业占比已达 46.1%，首次超过第二产业。二是经济发展由投资拉动向消费拉动转变。从中长期看，美英日韩等国家在向高收入迈进过程中，消费对经济增长的贡献率呈不断上升趋势。随着发展型消费、服务型消费和新型消费热点的不断涌现，我国的消费需求将进一步扩大，成为经济中高速增长的重要支撑。三是城乡区域发展向一体化转变。自 2003 年开始，我国东部地区人均 GDP 增速开始低于全国平均水平。2007 年以后西部发展速度快于东部，2008 年以后，西部、中部、东北全面超过东部。随着国家新型城镇化战略和区域发展战略的深入实施，城乡产业梯度转移趋势更加明显，发展将更加均衡，城乡区域一体化进程也将不断加快。四是收入结构向居民收入占比提高转变。改革开放 35 年，我国 GDP 年均增长 9.8%，国家财政收入年均增长 14.6%，而城镇居民人均可支配收入和农村居民人均纯收入年均增长分别仅为 7.4% 和 7.5%。近几年，这一趋势发生了积极变化，2012 年以来城乡居民收入增速超过了 GDP 增速，人民群众正在更多地分享改革发展成果。

第三，动力转换是新常态的关键所在。从要素驱动、投资驱动转向创新驱动，是保持经济有质量、有效益、可持续发展的必由之路。新常态下，实现发展向中高端迈进，必须紧紧依靠改革、创新和人力资本。创新是根本动力。2013 年我国研发经费投入占国内生产总值比重首次突破 2%，正式进入创新驱动阶段。在这一阶段，创新不再是经济发展的要素之一，而是决定未来成败的唯一要素，不论是技术的创新、机制的创新，还是模式的创新、流程的创新，未来都呈现出开放化、链条化、集成化、平台化趋势。人才是根本保障。人力素质的提升是解决好新常态下"人口红利"向"人才红利"转变的关键，是新常态动力来源之根本。必须不断转变人才观念，创新人才培养、引进和使用模式。改革开放以来，我国各领域改革持续推进并取得了明显成效，成为"中国奇迹"的重要驱动力量。全面深化改革的重要目的，就是要为创新拓宽道路，最大限度地激发市场蕴藏的活力，把创新引擎全速发动起来，为稳增长、调结构、惠民生提供强劲动力。①

"加快推进经济结构战略性调整是大势所趋，刻不容缓。国际竞争历来就是时间和速度的竞争，谁动作快，谁就能抢占先机，掌控制高点和主动权；谁动作慢，谁就会丢失机会，被别人甩在后边。"习近平总书记的重要讲话深刻揭示了当前我国加快转变经济发展方式的重要意义。

三　普洱推行绿色生产方式面临的问题和困难

作为边疆民族地区，普洱长期坚持的是传统的发展方式。在这种情况下，要加快推行绿色生产方式，推动绿色发展，不可避免地存在着一些问题和困难。

（一）产业结构不合理

从三次产业结构看，一产不优、二产不强、三产不快的问题还比较突出。一是第一产业占比高，高居全省各州市第二位，高于全省平均水平 12.8 个百分点，高于全国平均水平 18.8 个百分点，就业人口比例较大，2013 年年末全社会劳动者就业 173.01 万人，其中，第一、二、三产业劳动者就业分别为 111.55 万人、15.88 万人、45.58 万人，普洱在发展现代农业的同时，农业人口向第二、三产业转移的任务迫切；二是2010—2013 年三次产业结构比例呈现逆向调整现象，第一产业比重提高 1 个百分点，第二产业比重提高 4.4 个百分点，第三产业比重下降 5.4 个百分点。三是第三产业比重较低，居于全省第 13 位，低于全国平均水平 13.2 个百分点；就业人口比例较少，仅占就业劳动者的 26.35%。

（二）普洱工业化进程缓慢，工业发展依然停留在以"散、小、乱、低"为主要特征的工业化初期阶段

一是层次低、规模小。传统优势产业竞争力不强，集中程度不高，

---

① 山东省习近平总书记系列重要讲话精神学习研究课题组：《新常态下的经济转型发展》，《山东社会科学》2015 年第 4 期。

主导产业不突出，企业规模小，实力弱、布局散，大多以加工初级产品为主，新增规模以上工业企业增长缓慢。二是机制不适应、发展后劲不足。传统优势企业是立足于优势资源探索发展起来的，始终没有走出计划经济时期简单的公司+基地+农户，农、工、商一体，产、加、销一条龙的经营管理机制，缺乏适应市场经济所要求的现代企业制度与生产管理模式。技术含量低，缺乏核心技术、自主知识产权和自主品牌，增长方式粗放，发展后劲不足。三是缺乏龙头企业，支撑力弱。能在产、供、销卜起主导作用，能站在促进产业可持续发展的高度，对企业本身和行业未来的发展做出预测，牵头组织关键技术研发、延伸产业链和品牌培育的龙头企业较少。四是企业发展瓶颈凸显，资金、人才、技术短缺。五是信息产业滞后，信息化没有产业支撑，主要体现在应用上，且应用的积极性、主动性不强。

普洱经济落后根本是产业落后，产业落后核心是工业落后。没有工业发展，就无法推动农业现代化和第三产业快速发展。

(三) 高层次人才缺乏，创新能力不足

普洱地处边疆少数民族地区，人均受教育年限较短，人口文化素质较低，不能满足普洱社会经济发展的需要，特别是在普洱推行绿色生产方式，建设国家绿色经济试验示范区过程中，人才瓶颈更加凸显，高层次拔尖创新人才及科研创新研发团队缺乏。2010 年第六次人口普查数据显示，普洱全市总人口 2542898 人。其中，具有大专以上文化程度的 102570 人；具有高中（含中专）文化程度的 172750 人；具有初中文化程度的 613236 人；具有小学文化程度的 1248700 人；文盲（15 岁及以上不识字的人）186612 人。每 10 万人中，具有大学文化程度的 4034 人；具有高中文化程度的 6793 人；具有初中文化程度的 24116 人；具有小学文化程度的为 49105 人；文盲率为 7.34%。[①]

---

① 数据来源于《2010 年普洱市第六次全国人口普查主要数据公报》。

四　发展绿色经济、低碳经济、循环经济

绿色经济、低碳经济、循环经济是实现资源节约、生态保护与经济发展的主要途径，是推动传统生产方式向绿色生产方式转变的必然选择。

自古以来，人们追求的目标是"发展"，而经济发展，尤其是工、农业发展更是"发展"的主题。可持续发展观强调经济增长的必要性，认为只有通过经济增长才能提高当代人的福利水平，增强国家实力，增加社会财富。但是，可持续发展不仅是重视经济数量上的增长，更是追求质量的改善和效益的提高。要求改变"高投入、高消耗、高污染"的传统生产方式，积极倡导清洁生产和适度消费，以减少对环境的压力。为解决可持续发展问题相继出现绿色经济、低碳经济、循环经济、生态经济等经济发展理论，这些经济发展理论都有相同的理论基础即绿色发展，但又各有侧重。

发展绿色经济，就是要从社会及其生态条件出发，建立一种"可承受的经济"。也就是说，经济发展必须是自然环境和人类自身能够承受的，不会因盲目追求生产增长而造成社会分裂。[①]

中国对绿色经济的研究始于 20 世纪 80 年代，学界对绿色经济的内涵有不同的表述，陈银娥、高红贵等学者将其代表性的观点归为以下八个方面。

（1）绿色经济是指以环境保护为基础的经济。主要表现在：以治理污染和改善生态为特征的环保产业的兴起；是因环境保护而引发的工业和农业生产方式的变革，从而带动了绿色产业的勃发。绿色经济是围绕人的全面发展，以生态环境容量、资源承载能力为前提，以实现自然资源持续利用、生态环境持续改善和生活质量持续提高、经济持续发展

---

① 转引自陈银娥、高红贵等《绿色经济的制度创新》，中国财政经济出版社 2011 年版，第 12 页；大卫·皮尔斯、阿尼尔·马肯亚《绿色经济的蓝图——绿色世界经济》，北京师范大学出版社 1996 年版，第 10 页。

的一种经济发展形态。①

（2）绿色经济是那些有利于资源节约和环境保护的经济，它是和绿色技术和绿色管理相联系的经济。绿色经济或以不污染人们的生存环境为目标，或以节约资源的消耗为内容，以此来改善人与自然、环境的关系，也为后代留下更多的资源和更好的环境。因此，绿色经济是符合可持续发展要求的经济，它把资源的节约和环境改善的要求实现在生产过程和社会过程中，而不是置于生产过程之外，它是力求以一种新的发展模式来协调资源、环境的保护与经济增长的关系，因此成为可持续发展的实现形式。②

（3）绿色经济是一种使知识经济与生态经济相结合的经济。绿色经济就是充分运用现代科学技术，以实施生物资源开发重点，大力开发具有比较优势的资源，巩固提高有利于维护良好生态的少污染、无污染产业，在所有行业中加强环境保护，人口、资源和环境相互协调、相互促进，实现经济社会的可持续的经济模式。③绿色经济是以生态资本为前提和基础、知识资本为主导和关键、物质资本为支撑和杠杆、社会资本为保障和助力，在良性互动和相互协调的过程中转变人类生产生活方式，并以整体提高人类生活质量为目的的可持续经济形态。④

（4）绿色经济是一个崭新的概念，可以从发展绿色经济是为了经济社会可持续发展这一目的出发，将其解释为生产、流通、分配、消费过程中不损害环境和人的健康并且是能赢利的经济活动。⑤绿色经济不是局部的经济现象，也不是狭义的环保产业或生态，而是一种环境合理性和经济效率性在本质上相统一的市场经济形态。⑥绿色经济是在现代市场经济条件下，以绿色产业为基础，以实施清洁和绿色消费为途径，以经济与环境和谐为目的而发展起来的新的经济模式，是产业经济为适应人类环保与健康需要而产生的一种发展状态。⑦

① 曲格平：《中国的环境与发展》，中国环境科学出版社 1992 年版，第 93 页。
② 廖福林：《生态文明建设的理论与实践》，中国林业出版社 2001 年版，第 25 页。
③ 李向前、曾莺：《绿色经济》，西南财经大学出版社 2001 年版，第 35 页。
④ 张兵生：《绿色经济学探索》，中国环境科学出版社 2005 年版，第 180 页。
⑤ 张叶：《绿色经济问题初探》，《经济研究参考》2002 年第 39 期。
⑥ 崔如波：《绿色经济：21 世纪持续经济的主导形态》，《社会科学研究》2002 年第 4 期。
⑦ 何玉长：《节约型社会的经济学研究》，人民出版社 2009 年版，第 10 页。

（5）绿色经济是一种经济发展模式。所谓绿色经济是一种以节约自然资源和改善生态环境为必要内容的经济发展模式。它是以经济的可持续发展为出发点，以资源、环境、经济、社会的协调发展为目标，力求兼得经济效益、生态效益和社会效益，实现三个效益统一的经济发展模式。①

（6）绿色经济具有明显的产业特色。绿色经济是一个国家或地区在市场竞争和生态竞争中形成了能够发挥比较优势、占有较大国内外市场份额，并成为国民经济主导或支柱的绿色产业、绿色产品和绿色企业。②

（7）绿色经济的本质是以生态经济协调发展为核心的可持续性经济。绿色经济是指以生态经济为基础，知识经济为主导的可持续发展的实现形态和形象体现，是环境保护和社会全面进步的物质基础，是可持续发展的代名词。③绿色经济是指人们在社会经济活动中，通过正确处理人与自然及人与人之间的关系，高效、文明地实现对自然资源的永续利用，使生态环境持续改善和生活质量持续提高的一种生产方式或经济发展形态。④

（8）绿色经济是一个行政的表述。它包含了环境友好型经济、资源节约经济、循环经济的取向和特征。"绿色"的概念在社会上广为运用，很多与环境保护、资源、循环有关的概念、行为、活动都把绿色作为一个想象的说法。绿色经济是以市场为导向、以传统产业经济为基础、以经济环境的和谐为目的而发展起来的一种新的经济形式，是产业经济为适应人类环保与健康需要而产生并表现出来的一种发展状态。⑤

陈银娥、高红贵等通过比较分析，认为绿色经济是以持续发展为原则，以稀缺性生态资源为基本要素，以知识经济为主导，以循环经济为主要发展方式，以低碳经济为主要内容，能够实现经济效益、生态和谐与社会公平的全新的经济形态与人类生存发展模式。⑥

---

① 张春霞：《绿色经济发展研究》，中国林业出版社2002年版，第3页。
② 邹进春、熊维明：《绿色经济》，山西经济出版社2003年版，第9页。
③ 刘思华：《绿色经济导论》，同心出版社2004年版，第3页。
④ 黄海燕：《循环经济理论的起源及其概念的内涵和外延》，《经济要参》2010年第19期。
⑤ 王旭波：《浅论绿色经济》，《科技情报开发与经济》2008年第16期。
⑥ 陈银娥、高红贵等：《绿色经济的制度创新》，中国财政经济出版社2011年版，第18页。

我们认为绿色经济是以经济与环境和谐为目标，将环保技术、清洁生产工艺等众多有益于环境的技术转化为生产力，并通过有益于环境或与环境无对抗的经济行为，实现经济可持续增长的发展模式。以绿色经济为主要实践内容的发展模式就是绿色发展。

绿色经济作为一种新的经济形态和人类生存发展模式，呈现出新的特征：一是以人为本，追求福利最大化。绿色经济以人为本，围绕人的全面发展，强调人的经济活动要遵循自然环境生态规律，通过人与自然的和谐相处来更好地实现人类自身的全面健康发展。二是强调可持续性，充分考虑生态环境容量和自然资源的承载能力。绿色经济强调可持续性，将经济规模控制在资源再生和环境可承受的界限之内，既要考虑当代的可开发利用，又要考虑后代的可持续利用，全面提高人的生活质量；同时，经济要具有可持续的发展，以原生资源投入为主的工业发展模式最终是不可持续的，必须形成以绿色产业为支柱的经济发展模式。三是促进经济活动的全面"绿色化"和生态化。新时期所倡导的绿色经济，不仅要大力发展节能环保等绿色产业，而且还要求加大对传统产业的绿色化、生态化、循环化、低碳化改造。四是以绿色投资为核心，以绿色产业为新的增长点。根据联合国环境规划署的倡导，每个国家必须加大绿色投资的力度。既包括传统的环境保护、节能减排方面的投资，也包括一切有利于环境保护、可持续发展的投资行为。要着力扶持和培育新的经济增长点，实现经济的绿色复苏和振兴，最终促进人类社会迈向绿色繁荣。[①]

绿色经济、低碳经济和循环经济都从自然—经济—社会的大系统出发，追求人类可持续发展的实现。

随着全球人口和经济规模的不断增长，能源使用带来的环境问题及其诱因不断地为人们所认识，烟雾、光化学烟雾、酸雨等的危害，大气中二氧化碳浓度升高带来的全球气候变化等。在此背景下，"碳足迹"、"低碳经济"、"低碳技术"、"低碳发展"、"低碳生活方式"、"低碳社会"、"低碳城市"、"低碳世界"等一系列新概念、新政策应运而生。

[①] 陈银娥、高红贵等：《绿色经济的制度创新》，中国财政经济出版社 2011 年版，第 19—20 页。

"低碳"概念的提出，最早见于2003年英国能源白皮书《我们能源的未来：创建低碳经济》。书中以"低碳经济"的新理念阐述了面对全球气候变暖对人类的生存挑战，如何推广"绿色经济"已成当务之急。2009年12月19日，哥本哈根气候大会尽管最终没有达成有具体指标的约束性协议，但"低碳经济"这个词汇震撼着世界各国的经济和政治思维，低碳经济成为继信息技术革命后的又一场新的工业革命。低碳经济是以低能耗、低污染、低排放和高效能、高效率、高效益（三高三低）为基础，以低碳发展为发展方向，以节能减排为发展方式，以碳中和技术为发展方法的经济发展模式。① 低碳发展是一种更具竞争力、更可持续的发展模式，是国际社会应对人类大量消耗化学能源、大量排放二氧化碳（CO_2）和二氧化硫（SO_2）引起全球气候灾害性变化而提出的新概念，实质是解决提高能源利用效率和清洁能源结构问题，核心是能源技术创新和人类生存发展观念的根本性转变。低碳经济定义的延伸还含有降低重化工业比重，提高现代服务业权重的产业结构调整升级的内容；其宗旨是发展以低能耗、低污染、低排放为基本特征的经济，降低经济发展对生态系统中碳循环的影响，实现经济活动中人为排放二氧化碳与自然界吸收二氧化碳的动态平衡，维持地球生物圈的碳元素平衡，减缓气候变暖的进程、保护臭氧层不致蚀缺。广义的低碳技术除包括对微波能、核、水、风、太阳能的开发利用之外，还涵盖生物质能、煤的清洁高效利用、油气资源和煤的勘探开发、二氧化碳捕获与埋存等领域开发的有效控制温室气体排放的新技术，它涉及电力、交通、建筑、冶金、化工、石化、汽车等多个产业部门。

循环经济是指在人、自然资源和科学技术的大系统内，在资源投入、企业生产、产品消费及其废弃的全过程中，把传统的依赖资源消耗的线性增长的经济，转变为依靠生态型资源循环来发展的经济。其基本特征是在资源开采环节，要大力提高资源综合开发和回收利用率；在资源消耗环节，要大力提高资源利用效率；在废弃物产生环节，要大力开展资源综合利用；在再生资源产生环节，要大力回收和循环利用各种废

---

① 转引自孙冬《低碳能源发展的金融支持和实现方式》，河北大学出版社2013年版，第1页；潘家华《低碳发展的社会经济与技术分析》，2005年10月（http://wenku.baisu.com/view/ld62fdd184254b35eefd3469.html）。

旧资源；在社会消费环节，要大力提倡绿色消费。循环经济即物质闭环流动型经济，也被称为经济（或产业）的生态化转型。即在人、自然资源和科学技术的大系统内，在自然资源投入、企业生产、产品消费及其废弃的全过程中，不断提高资源利用效率和效益，把传统的、依赖资源消耗性增加的发展，转变为依靠生态资源循环来发展的经济。其基本行为准则是"3R"原则，即"减量化"（reduce），减少进入生产和消费过程的物质量，从源头节约资源，减少污染物排放；"再利用"（re-use），提高产品和服务的利用效率，产品和包装容器以及初始形式多次使用，减少一次性用品的污染；"再循环"（recycle），要求物品完成使用功能后能够重新变成再生资源。其运行通过"3R"原则实现全社会的物质闭环流动。循环经济与传统经济不同，传统经济是由"资源—产品—污染排放"所构成的物质单向流动的线性经济，其特征是高开采、低利用、高排放，对资源的利用常常是粗放的和一次性的，经济增长主要依靠高强度地开采和消费资源以及高强度地破坏生态环境。在这种经济模式下，对经济运行中所产生的废物采取"边污染边治理"或"末端治理"的方式。循环经济则在资源投入、企业生产、产品消费及其废弃的全过程中，把传统的依赖资源消耗的线性增长的经济，转变为依靠生态型资源循环来发展的经济，使物质和能量在整个经济活动中得到合理和持久的利用，使整个经济系统以及生产和消费过程基本上不产生或者只产生很少的废物，从而最大限度地提高资源和环境的配置效率，根本解决环境与经济发展之间的冲突，实现社会经济的可持续发展。它把清洁生产、资源综合利用、生态设计和可持续消费等融为一体，强调废物减量化、资源化和无害化，因此本质上是一种不同于传统经济的生态经济，是对传统物质资料经济发展模式的革命，是一种新型的、先进的、人与环境和谐发展的经济形态，是实现经济、社会和环境可持续发展、协调发展和"共赢"发展的经济运行理想模式。

五　构建绿色农业、工业、服务业产业体系

普洱把推行绿色生产方式作为建设国家绿色经济试验示范区的核心

工作，重点是在各生产领域和环节，全面贯彻减量化、再利用、资源化、无害化的原则，构建绿色农业、工业、服务业产业体系，形成节约资源保护环境的产业结构。

（一）发展绿色农业

普洱把转变农业发展方式作为建设国家绿色经济试验示范区，加快推进农业现代化的根本途径，持续加大农业投入，以发展多种形式农业适度规模经营为核心，以构建现代农业经营体系、生产体系和产业体系为重点，着力转变农业经营方式、生产方式、资源利用方式和管理方式，推动农业发展由数量增长为主转到数量质量效益并重上来，由主要依靠物质要素投入转到依靠科技创新和提高劳动者素质上来，由依赖资源消耗的粗放经营转到可持续发展上来，走产出高效、产品安全、资源节约、环境友好的现代农业发展道路。

1. 发展特色优势种养业

稳定粮食生产，建设高原粮仓。认真贯彻落实国家粮食安全政策及国家强农惠农富农政策，推广现代农业技术，对中低产农田进行改造，建设高效节水灌溉农田，实现科技增粮。粮食生产实现"十二连增"，2015 年产量达 120 万吨；茶叶、咖啡、烟草、石斛、蔬菜等特色产业规模不断扩大，农业总产值从 2008 年的 87.7 亿元提高到 2013 年的284 亿元。① 2013 年累计完成科技增粮项目面积 400 多万亩，科技总增产粮食 5.89 万吨，粮食平均单产提高到 220 千克/亩，比上年增 10 千克/亩。完成高产创建 80 片，测土配方施肥样板 22.12 万亩，实施展示区 195 个，减少不合理施肥量（纯量）5006.13 吨，节支 27595.04 万元。在孟连景信、澜沧谦迈推广冬玉米生物可降解地膜覆盖高产栽培项目，生物可降解地膜适应性强，增产效果明显。完成水稻、玉米集中育苗 5.38 万亩，建立植保专业化防治组织 48 个，开展专业化统防统治157 期，建立统防统治示范区 14 个，防治面积 2039.83 万亩次，挽回粮食损失（经济作物）370961.4 吨。②

---

① 普洱市人民政府办公室、普洱市地方志编纂委员会：《普洱年鉴》（2014），云南人民出版社 2014 年版，第 9 页。

② 同上书，第 212 页。

优化种植结构，发展特色经济作物。开展橡胶种植普查核查，编制《普洱市天然橡胶产业发展规划》，以提质增效为重点，稳定橡胶种植面积，建设生态胶园。2013年全市橡胶种植面积156万亩，开割面积52万亩，完成干胶生产40176.59吨，总产值9亿元。① 2015年橡胶产量达到5.80万吨，十二五期间年均增长14%。

建立普洱茶学院、普洱茶研究院、国家普洱茶产品质量监督检验中心，加大茶叶专业技术人才的培养力度，围绕云南省特色生物资源普洱茶、咖啡、石斛以及民族长寿药膳等领域开展研究。2013年6月，为整合云南省普洱茶产业资源，探索建立以企业为主体、市场为导向、产学研结合的产业技术创新机制，集成和共享技术创新资源，突破行业发展技术瓶颈，提升云南普洱茶产业自主创新能力和产业竞争能力，促进云南普洱茶产业健康发展，普洱茶研究院发起成立"普洱茶技术创新战略联盟"。持续强力推进生态茶园和有机茶园建设，以生物多样性理论为指导，在8万公顷的现有茶园上套种乔木树种1200多万株。② 为推动普洱市茶产业快速健康发展，结合普洱市茶产业实际，实施"六个十"工程，即打造10个产值亿元以上茶叶企业；打造10个产值亿元以上产茶乡（镇）；打造10个特色明显、加工标准卫生、示范带动效果好的茶叶庄园，发展庄园经济；打造10个制度规范、效益明显、带动能力强的茶叶专业合作社；打造10个有规模、效益好、辐射带动面广的营销中心；打造10个以上茶叶知名品牌。至2013年年末，普洱市亿元以上企业11户，亿元以上产茶乡（镇）12个，特色茶庄园15个，专业合作社20个，2000万元以上销售额的营销中心9个，知名品牌15个。全市茶叶种植面积155.9万亩，完成干毛茶总产量8.94万吨，实现工农业总产值86亿元，其中农业产值32.56亿元，工业产值41.14亿元，第三产业产值12.3亿元。③ 到2015年年末建成生态茶园160万亩，茶叶产量达到9.81万吨，产值达到183亿元。

① 普洱市人民政府办公室、普洱市地方志编纂委员会：《普洱年鉴》(2014)，云南人民出版社2014年版，第215页。
② 陈寿荣：《普洱市绿色产业发展的思考》，《云南农业》2013年第3期。
③ 普洱市人民政府办公室、普洱市地方志编纂委员会：《普洱年鉴》(2014)，云南人民出版社2014年版，第245页。

为加快咖啡产业发展,普洱市委、市政府制定了《关于普洱市加快咖啡产业发展的决定》,成立普洱咖啡学院,咖啡工程中心,与中国农科院合作,利用卫星遥感技术,按照全产业链发展的思路,对普洱咖啡产业进行科学高位规划,全面推动普洱咖啡产业集群化发展,把普洱建成中国最大的咖啡生产基地和交易中心。普洱市委、市政府提出把咖啡产业打造成普洱第一骨干特色产业,加快建设世界级生态咖啡基地和国家咖啡质量检测中心,打响普洱生态咖啡品牌,打造中国咖啡之都。2013年全市咖啡种植面积71.6万亩,投产34万亩,咖啡产量、产值分别由2010年的2.12万吨、4.5亿元提高到2013年的4.5万吨、12亿元,年均分别增长28.5%和38.7%。出口3.6万吨,创汇7932万美元。主要出口到欧洲、北美、中东、大洋洲和韩国、日本等32个国家和地区;全市工商登记注册的咖啡企业386家,其中出口企业12家,深加工工厂4个,涌现出爱伲、北归、康恩贝、曼老江、科飞、莱福山、阿拉比卡星、绿洲、金树、百分之一等咖啡产业群体,从业人员24.75万人,组建咖啡专业合作社20个,完成咖啡地理标志登记55万亩。咖啡产业成为普洱发展高原特色农业的重要支柱产业。到2015年年末,咖啡种植面积达到76.7万亩,产量达到5.79万吨,年产值17亿元。

推进特色优质烟叶开发,按照"生态决定特色、品牌彰显、技术保障"的思路,以对口工业企业骨干品牌原料需求为导向,坚持"工业为主导、商业为主体、科研为主力"的原则,围绕"生态普洱、科技普洱"这一主题和"生态、特色、优质"这一主线,充分发挥普洱新烟区气候、土壤、热量和光照资源的优势,重点发展北回归线生态特色优质烟叶。完成景东、镇沅、景谷、墨江、宁洱、思茅、澜沧7个县(区)基本烟田规划,充分发挥示范区和示范县的示范辐射和带动效用,加大投入力度,整合力量抓好景谷现代烟草农业示范县和宁洱勐先现代烟草农业示范区建设。成功申报注册"普洱烟叶"地理标志证明商标。2013年全市收购烟叶131.3万担,实现烟农种烟收入17.79亿元。到2015年收购烟叶106.5万亩,产值14.6亿元。

积极推进标准桑园基地建设工程,建设景东、澜沧、墨江、镇沅蚕茧生产核心基地,以桑园发展、蚕房建设、良种培育、龙头培植、市场开拓、品牌培育、科技服务为重点，发展强村大户，规模连片规范化发展桑园基地，实施低产桑园改造，开展小茧共育室、养蚕大棚和技术服务体系建设项目。2013年全市累计桑园面积14.3万亩，其中投产6.5万亩，养殖蚕种12.1万张，鲜茧产量4598万吨，蚕桑专业村11个，实现工农业产值6亿元，其中农业产值2.24亿元，工业产值3.76亿元。① 比2010年的0.9亿增加了5.1亿元，年均增长88.2%。

实施热带、亚热带无公害水果生产基地建设工程，在热区发展杧果、柑橘、香蕉、西番莲、柚子、龙眼、荔枝、菠萝、西瓜等。山区、半山区发展梨、桃、李子、柿子等。城市附近发展枇杷、杨梅、草莓、葡萄等时鲜水果。2013年全市栽培水果面积54万亩，产量56.7万吨，产值30亿元。

建设山地牧业基地，发展高原特色养殖业。开展高原特色养殖示范区、万亩高原生态牧场、规模养殖场建设。2013年，实施畜禽标准化养殖场（小区）建设项目28项，建成万头以上养猪场1个，规模化养殖场和养殖小区26个，实现畜牧产值52亿元。②

2. 推动农业集约节约发展

在20世纪末期，普洱提出了把经济建设转移到依靠科技进步、提高劳动者素质的轨道上来的发展战略，实现由传统技术向先进科学技术转移；由粗放式经营向集约化经营、科学管理转移；原料输出型的浅层次开发向综合利用、深层次开发转移。在实践中创建了"城乡结合、科技与经济结合、开放与开发结合、建立农工商一体化综合经营体制"跨越发展模式，走在了云南农业集约化发展的前列。

近年来，普洱把通过高标准配套基础设施，实行水、土、田、路综合治理，极大地改善了农业生产条件，推动农业集约节约发展。不断提升农业机械化和科技水平，推动农业节能、节水，加大中低产田地和坡耕地改造力度，减少水土流失，促进农地集约节约利用。

推广节约型农业机械，开展农机专业合作社建设。2013年全市农机总动力达224.94万千瓦，完成农机作业面积460.42万亩，为农业持续发

① 普洱市人民政府办公室、普洱市地方志编纂委员会：《普洱年鉴》（2014），云南人民出版社2014年版，第216页。

② 同上书，第213—214页。

展，农民持续增收发挥积极作用，耕种收综合机械化水平达 43.2%。①

加强水利建设，普及管道输水、滴灌、水肥一体化高效节水灌溉技术。至 2013 年全市完成"五小水利"工程建设项目 29648 件，改善灌溉面积 17.6 万亩。完成水库干支渠防渗 164 公里，年节水 2557 万立方米。②

发展立体农业，开展多熟制种植，推广农作物间套作种植模式。组织 103 个乡镇实施植物套种，完成玉米间套种豆类，蚕桑套种马铃薯，烤烟套种玉米，甘蔗套种玉米、薯类，经济林果间套种 10 余种植物的套种模式。截至 2013 年 10 月，全市粮食作物间套种完成辐射带动推广面积 272.73 万亩，完成中心示范区面积 112.07 万亩，新增粮食 2532.78 万千克。全市完成烟后玉米种植面积 30.39 万亩，总产值 2.35 亿元。③

大力推进中低产田地改造。在景东、镇沅、景谷、墨江、宁洱、思茅六个内地片区，实施集中连片中低产农田改造工程。在澜沧、西盟、孟连、江城 4 个边疆片区，实施"兴地睦边"土地整治工程。2012 年全市农业部门完成中低产田地改造面积 36952 亩，通过土地平整、坡改梯、灌溉系统、田间道路、秸秆还田、测土配方施肥等措施，改变项目区群众收入渠道单一的现状，每亩年产值由改造前的 1000—2000 元增加到 3000—10000 元，种植由一年一季发展为一年两季或三季，形成水稻—冬农开发、烤烟—冬农开发等多种耕作模式。④

3. 实施农业清洁生产

加快农村基础设施建设、农村能源清洁化建设、村落居所环境建设、乡村河道清淤疏浚建设，推进普洱绿色发展。编制《普洱农村环境规划（2011—2020）》，优先治理旅游特色村、旅游环线、交通主干道沿线村庄、乡镇建成区及沿边区域、重点流域、水源涵养区、生物多样性保护重点区域的村庄。加强农村环境基础设施建设，县城和垃圾及污

① 普洱市人民政府办公室、普洱市地方志编纂委员会：《普洱年鉴》（2014），云南人民出版社 2014 年版，第 217 页。
② 同上书，第 232 页。
③ 同上书，第 212 页。
④ 普洱市人民政府办公室、普洱市地方志编纂委员会：《普洱年鉴》（2013），云南人民出版社 2013 年版，第 197 页。

水处理设施不能覆盖的重点乡镇，因地制宜，建设垃圾无害化处理设施和污水处理设施，强化污水处理配套管网建设；完善环境卫生基础设施建设，推广普及农村卫生厕所，完善垃圾收集池、中转站及清运设备，实现定点存放、统一收集、定时清理、集中处理。开发农村新能源，采取奖励措施，支持居民使用太阳能和沼气等新能源，充分利用普洱良好的气候条件和本地资源优势，大力推广太阳能热水器，缓解当前能源紧张的局面；在农村全面推广沼气，加大宣传力度，进一步减少薪木和秸秆的使用量。广泛推行农村"六清六建"工作，完善村规民约，建立起有效的农村环境管理制度。

坚持因地制宜，分类指导，集中整治和长效管理相结合，治理垃圾乱倒、粪土乱堆、棚圈乱搭、畜禽乱放等现象，对村组道路、居民街道、房前屋后进行全面彻底的清理。同时，大力开展改水、改路、改厕、改圈、改厨等工作，使得全市村容村貌得到较大改观，实现了庭院美化、厨房亮化、圈厕净化。

大力发展生态农业，推行保护性耕作，防治水土流失，保护土壤，培肥地力，加强农村面源污染控制最佳可行模式的评价和筛选，引导农民科学合理地施用化肥和农药，推广符合生态要求的施肥和施药技术。调整化肥使用量，改变传统的施肥习惯，优化肥料结构，鼓励使用农家肥和新型有机肥，加快发展适合不同土壤、不同作物的专用肥、缓释肥，积极推行水、肥综合管理技术，提高农业水、肥利用效率，减少流失和残留，改进用药方式，减少农药的使用量，引导和鼓励农民使用生物农药或高效、低毒、低残留农药，推广作物病虫草害综合防治、生物防治和精准施药等技术。限制销售高毒性、高残留农药，提高施药技术水平，建立健全农药生产和使用的废弃物回收及无害化处置体系。促使测土配方施肥技术覆盖率与高效、低毒、低残留农药使用率有较大提高。

在自然条件较好的地区，建设安全农产品生产基地。制定安全农产品生产基地环境保护规划。加强生产基地灌溉水源、农药和化肥使用的监督管理，改善土壤环境。按照有机、绿色、无公害"三位一体、整体推进"的工作思路，以无公害农产品基地认定和产品认证为基础，积极发展有机食品，加强绿色食品、有机食品生产基地的认证工作，对有机食品生产基地环境状况进行调查与评估，制定相关环境监测标准及技术规范，加强生产基地土壤、水、大气环境质量监测。

在粮食主产区及水污染治理重点流域和区域，开展农村面源污染综合治理的试点示范。在示范区内，开展小流域综合治理，控制水土流失；根据农业发展总体布局，依据一些地区的污染特征和经济条件，探索作物秸秆、废弃农膜等的资源化利用途径；发展节水农业和生态农业，促进农业资源节约，发展农业循环经济；对面源污染防治最佳可行技术进行示范。在普洱土壤污染状况调查基础上，针对不同土壤类型，在基本农田保护区、菜篮子基地、重点污灌区、典型工矿企业废弃地等，开展污染土壤修复试点。严格控制主要粮食产地和蔬菜基地的污水灌溉，确保农产品质量安全。

根据国家相关规定，对畜禽养殖业发展进行合理规划布局，科学划定畜禽养殖禁养区、限养区、宜养区。加强规模化畜禽养殖场污染防治监督管理，要求各县（区）没有进行过环境影响评价和未通过环保部门审核的规模化养殖户尽快通过审核。禁养区内不得新建畜禽养殖场，已建立的畜禽养殖场限期搬迁或关闭。限养区内严格控制畜禽养殖场的规模和数量。宜养区内新建、扩建、改建畜禽养殖场，严格执行环境保护相关制度，并逐步减少小型畜禽养殖场的数量。对缺乏干湿分离的养殖户进行干湿分离，积极推广集中养殖、集中治污，改变人畜混居现象，改善农民生活环境。对规模化养殖场，按照工业污染源一样的污染防控要求，实施排污许可、排污申报和排放总量控制制度。新建、改建、扩建规模化畜禽养殖场必须严格执行环境影响评价和"三同时"制度，确保污染物达标排放。对现有不能达标排放的规模化畜禽养殖场实行限期治理，逾期未完成治理任务的，责令其停产整治。

4. 推动农业产业化、循环化发展

发展农民专业合作社，提高农业生产经营组织化程度，合作社成为建设现代农业、增加农民收入，提高农业组织化程度的重要载体，成为新阶段各级党委政府指导农业农村工作的重要抓手，成为统筹城乡发展的重要力量。2013 年全市在工商行政管理部门注册登记的农民专业合作组织 1850 个，比 2012 年增长 24.4%。其中，种植业 1340 个、养殖业 304 家，其他行业（加工、营销、服务类）206 个。入社成员 6.8 万人，带动农户 13 万户。①

积极发展庄园经济。以庄园经济作为农业发展现代的突破口，按照"在一产中兴起、二产中发展、三产中壮大"的发展思路，采取转包、流转、出租、互换、股份合作等方式，优化要素组合，培育扶持龙头企业，规划建设一批生态体验庄园、特色产业庄园、文化庄园、科技示范庄园和综合型庄园，完成产业嫁接，将土地变成股份，农民变成股东，庄园变成融资平台，带动全市农业农村组织方式和生活方式变革，推动农业现代化发展。2013 年，城建和规划的农业庄园 51 家，农业产业化组织 450 个，龙头企业 192 个，规模以上龙头企业 53 个。其中国家级龙头企业 1 个，省级龙头企业 26 个，市级龙头企业 79 个。②

应因地制宜，建设不同类型的农村清洁能源工程，逐步改善农村能源结构。对村镇农户大力推广发展农村沼气，综合利用作物秸秆和农村主要生活垃圾产物中的废弃菜叶，推广"四位（沼气池、畜禽舍、厕所、日光温室）一体"等能源生态模式。在农户分散养殖畜禽的区域，以村为实施单元，集中连片推广"一池三改"户用沼气工程；在靠近规模化畜禽养殖场，料源充足、交通方便的地区，推广应用以畜禽粪便为主的沼气工程；在秸秆资源较丰富的农村聚居区，推行秸秆机械化还田、秸秆气化集中供热或发电工程，积极扶持秸秆收购企业和综合利用产业发展。

在畜禽养殖废弃物产生量较高的地区，加强畜禽养殖废弃物的综合利用，提高规模化畜禽养殖废弃物综合利用率，重点推进规模化养殖场畜禽粪便的资源化利用。在人口较为集中区域的规模化畜禽养殖场，建设废弃物综合利用与污染治理设施。鼓励生态养殖场和养殖小区建设，采用发展沼气、生产有机肥和无害化畜禽粪便还田等综合利用方式，做好各种实用型沼气工程，建设规模化养殖场有机肥生产利用工程，养殖小区通过用储存设施对粪便等污染物统一收集和治理，积极推进多种方式的畜禽粪便资源化利用，治理规模化畜禽养殖污染，实现养殖废弃物的减量化、资源化、无害化，依据土地消纳能力，进行畜禽粪便还田。

---

① 普洱市人民政府办公室、普洱市地方志编纂委员会：《普洱年鉴》（2014），云南人民出版社 2014 年版，第 217 页。

② 同上。

把畜禽养殖业发展与绿色食品、有机食品生产基地建设结合起来，遵循"以地定畜、种养结合"的原则，形成生态养殖—沼气—有机肥料—种植的循环经济模式。

（二）发展绿色工业

1. 优化工业结构

经济结构的调整是实现长期可持续发展的根本途径，最终经济发展水平的高低就体现为结构水平的高低。[①] 普洱持"生态立市、绿色发展"的理念，制定下发了《中共普洱市委、普洱市人民政府关于加快绿色工业发展的实施意见》，把战略性新兴产业作为调整产业结构的战略重点，对传统工业进行存量绿色化改造和增量绿色化构建，大力发展高原特色食品、特色生物和森林等资源优势为依托的轻工业，优化提升重化工业，优化能源结构，大力发展战略性新兴产业，提高高原特色产业和战略性新兴产业在工业经济中的比重，淘汰落后产能。

一是实施"特色生物产业提升工程"。按照生态建设产业化、产业发展生态化的要求，坚持走高科技研发成果推动、高端引进大企业带动、高标准建设生态基地促动的发展道路，引进更多的国内外行业领军企业到普洱开发茶叶、森林、咖啡、生物药、烤烟、蚕桑、橡胶、淡水鱼、特色畜禽等绿色生物资源，大力发展精深加工，开发绿色、有机、生态安全产品，努力把普洱建设成全国重要的绿色生物产业基地和加工、贸易中心。

二是实施"三次产业融合工程"。三次产业融合发展是现代产业发展的新趋势，是实现产业效益最大化、生态化的重要途径。坚持加快推进一产与二产相融合，促进农产品多环节加工增值；加快推进一产与三产相融合，促进配送仓储、体验农业迅速发展；加快推进二产与三产相融合，积极培育观光工业等新型业态，形成三次产业相融互动的发展格局。

三是实施"绿色工业带动工程"。坚定不移地推进"绿色工业强

---

① 陈诗一：《节能减排、结构调整与工业发展方式转变研究》，北京大学出版社 2011 年版，第 75 页。

市"战略，以谋划城市的理念来谋划工业发展。编制全市绿色工业园区发展规划，搭建绿色发展平台；坚持走绿色发展、循环发展、低碳发展的路子，统筹好轻、重两大工业发展的比重；依托普洱国家绿色经济试验示范区建设，围绕资源做项目、围绕市场选项目、围绕品牌兴项目、围绕龙头促项目，打好县域经济、民营经济、园区经济"三大战役"；研究好传统工业绿色化、绿色工业普洱化的发展模式，构建特色生物工业、矿产工业、清洁能源工业、装备制造工业、旅游观光工业"五大绿色工业体系"。

四是实施"创新体系建设工程"。紧紧围绕产业结构调整、技术升级等工作重点，实施重点工业项目挂钩联系制度，推行"三个十"重点项目建设（每年实施十个竣工项目、十个新开工项目、十个开展前期工作项目）；围绕全市产业布局，认真抓好成长型中小企业培育，开展省、市级企业技术中心认定工作；同时，进一步加大重点企业产学研合作创新力度。

2. 强化节能降耗

大力推动工业节能、节水、节材、节地，提升节能降耗管理水平，提高资源产出率。按照产业共生、产品互补、资源共享的方式，对不符合现有工业布局要求的能耗高、污染重、效益差的工业企业，实行"节能审查验收"一票否决制。在矿业、建材、化工、食品加工、林纸林板林化、有色金属等行业开展节能改造。建立高耗能、高污染行业新上项目与县（区）节能降耗指标完成进度挂钩，与淘汰落后产能相结合的机制。

一是加强节能基础管理工作，稳步推进节能示范项目。启动景谷林业股份有限公司的合同能源管理工作，加大"六大重点节能工程"（燃烧工业锅炉节能改造、电机系统节能工程、余热余压利用、绿色照明、能量系统优化、节能监察和技术服务体系建设）的建设力度，建设思茅建峰水泥有限公司120万吨/年新型干法水泥生产线、普洱天壁水泥有限公司120万吨/年新型干法水泥生产线余热发电等一批示范项目的建设。二是以工业为重点全面推进重点领域节能降耗。三是做好重点用能企业的节能监管工作。督促全市重点用能企业认真填报年度能源利用状况报告。四是把好项目准入关，严格执行固定资产投资项目节能评估审查制度。五是落实生态文明建设要求，提高资源利用的效率和效益，发展循环经济，提高资源综合利用水平，淘汰落后产能。2014 年淘汰镇沅县水泥厂生产线 φ3.0×11 米机立窑 1 座，产能 10 万吨；景谷泰毓水泥厂生产线 φ3.2×50 米机回转窑 1 条，产能 30 万吨；云南普洱天壁水泥有限公司生产线 φ3.3×52 米旋窑 1 条，产能 30 万吨。

3. 实施工业清洁生产

推行清洁生产，加大清洁生产审核力度。重点抓好冶金、建材、食品加工、造纸等关键行业清洁生产，加强对能耗限额超标企业的清洁生产审核，推进其清洁生产技术改进和升级。2011 年组织省级专家组对澜沧铅矿冶炼厂、采选厂进行清洁生产审核评估。

加大建设项目节能评估工作中推选清洁生产的深度和强度，对新建项目实行更严格的清洁生产要求。

大力推广产品生态设计。在茶、咖啡、生物药等特色生物产业加工企业，优先选择采用易回收、易拆解、易降解、无毒无害的材料和设计方案，减少生产和使用过程中的污染物排放。

4. 开展资源综合利用

按照以"减量化、再利用、资源化"的原则，以低消耗、低排放、高效率为基本特征的新型经济增长模式，以实现最小的污染来获得最大的发展效益为目标。大力推进共伴生矿、低品位矿、尾矿、废石的综合利用。建设云南澜沧铅矿有限公司老厂矿铜、银、钼等共伴生资源综合利用项目，墨江县矿业有限责任公司堆浸渣（尾渣）二次开发和贵金属黄金回收利用项目，云南江城泰裕钾肥有限公司氯化钠、氯化钾等共伴生资源综合利用项目等。

实施绿色矿山建设工程。以铜矿、金矿、铅锌矿等企业为重点，选择云南思茅山水铜业有限公司思茅大平掌铜矿、云南澜沧铅矿有限公司老厂矿山、云南黄金有限责任公司镇沅分公司镇沅金矿、云南澜沧铜矿有限公司江城县岩脚铅锌矿、云南江城泰裕钾肥有限公司江城勐野井钾盐矿进行绿色矿山创建工作。大平掌铜矿被确定为国家绿色矿山试点矿山。

开展对生产过程中产生的废渣、废水（液）、废气、余热余压等进行回收和资源化利用，抓好煤矸石、粉煤灰等大宗工业固废的综合利用,重点推进咖啡、造纸、蔗糖、橡胶等行业废渣综合利用和废水循环利用。鼓励在茶加工企业利用发展茶多酚提取、茶晶提取、茶油产业化建设项目。2012 年,利用工业固体废弃物 457708 吨,造纸工业以废液(黑液)为原料进行余热发电,年利用量达 250 万立方米,林业利用三剩物、次小薪材 339678 立方米,生产中密度纤维板、细木工板、刨花板产品。① 建成普洱天壁水泥有限公司 120 万吨/年新型干法水泥生产线余热发电等一批示范项目。

5. 推动工业园区循环化发展

认真贯彻落实省委、省政府关于加快工业园区建设的一系列文件精神,牢固树立"生态立市、绿色发展"的理念,把加快绿色工业园区建设,作为推进普洱国家绿色经济试验示范区建设和实施"绿色工业强市"战略,实现普洱工业经济跨越发展,加速工业化和提升城市化的重要举措。结合普洱"山地多平坝少"的实际,转变观念,创新思路,强化举措,妥善处理园区建设和生态保护、失地农民利益与园区发展等重大关系,探索出一条"园区上山、工业入园"的发展道路,以"产业建设三年行动计划"为契机,实行存量工业的绿色化改造和增量工业的绿色化发展"两条腿走路",整合提升形成普洱生物工业园区、普洱林产工业园区和普洱边境贸易加工工业园区"三大工业园区",构建特色生物、清洁能源、现代林产、载能新材料四大工业体系,培育壮大工业产业,让绿色工业成为普洱率先跨越发展的最有力支撑。

2011 年进行了《普洱工业园区总体规划(调整)》,从四个片区增加到六个片区,面积从 21.06 平方公里调整至 55.91 平方公里(远期 63.8 平方公里),总体规划以食品加工业、生物资源开发产业、物流、建材、林板、林化等产业为主,包括木乃河、整碗、倚象、莲花、曼歇坝(南岛河)、宁洱六个片区。其中木乃河片区 10.99 平方公里,以茶、咖啡、生物制药和食品加工业为主,综合加工业为辅;整碗片区 9.36 平方公里,以综合加工产业为主,新型建材为辅;倚象片区 9.05 平方公里,以附加值较高的生物资源加工型产业为主,仓储为辅,是发

---

① 普洱市人民政府办公室、普洱市地方志编纂委员会:《普洱年鉴》(2013),云南人民出版社 2013 年版,第 224 页。

展高新技术产业片区，重点打造天士力帝泊洱生物茶谷；莲花片区3.28平方公里，以高附加值的城市建设配套产业为主，仓储及其他综合加工产业为辅；曼歇坝（南岛河）片区3.98平方公里（远期规划12.68平方公里。其中：曼歇坝3.98平方公里，南岛河5.7平方公里、木乃河至曼歇坝3平方公里）。以仓储物流为主，加工型工业为辅；宁洱片区19.25平方公里。由温泉河、民安、民政、同心和勐海田五块组成，位于宁洱县城外围，以林板、林化、新型建材、物流产业为主，生物产业为辅。

2013年又委托中铁二院按照庄园式、旅游式、农林工相结合的模式对园区总体规划进行修编（调整），对整碗、曼歇坝片区进行调整，增加换桥河、大亮潭、清水河、老金田、沙坝田等片区，弱化莲花、倚象片区。同时委托北京沈翼建筑事务所编制的《普洱生态循环工业园区战略性策划》，对全市工业园区发展的现状、存在的问题进行分析研究，提出解决问题的方法、对策。按照"布局优化、企业集群、产业成链、物质循环、集约发展"的要求，推进新建、搬迁企业和项目园区化、集聚化发展，对各类园区实施循环化改造和构建。

在园区内，根据物质流和产业关联性，构建循环经济产业链，实现能源梯级利用、水资源循环利用、废物交换利用、环保基础设施共享、土地节约集约利用。

加大招商力度，优化园区产业链。重点引进知名企业在普洱投资建设生产基地，高起点、高标准发展普洱支柱产业，推动产业优化升级。2013年年末入园企业152户（城区搬迁65户），建成投产99户。

（三）发展绿色服务业

世界产业结构调整的一般规律是劳动力由第一产业向第二、第三产业转移，GDP主要生产产业由第一产业转变为第二、第三产业。经济发展到一定程度，第三产业应居三次产业的主导地位，工业化阶段第二产业理论上应居主导地位。世界大部分发达国家都是遵循这一规律调整产业结构的，如美国、日本等。2009年美国、日本、中国三个国家三产业之间的比例，美国是1%：20.4%：78.6%；日本是1%：29%：70%；中国是11.7%：49.2%：39.1%。从数字中可以看出，我国产业结构调整任重道远，第一产业应该大幅度降低，而第三产业应大幅度地提高。普洱市 2013 年三次产之间的比例是 30.7%：38.2%：31.1%，第一产业占比较高，第三产业占比应加大。普洱由于历史原因，第二产业发展滞后，整体经济发展水平较低，在推动绿色工业跨越发展的同时，需要大力发展绿色服务业。

普洱立足历史、文化、旅游资源和区位优势，大力发展特色文化、休闲度假康体养生、商贸物流、金融等服务业。

1. 发展特色文化产业

文化产业以内容为核心，以技术为手段，具有科技含量高、智力分量大、资源消耗低、环境污染少、经济回报高、受益时效长等方面的特点，符合资源节约型、环境友好型社会的发展要求。发展文化产业，有利于提升现代服务水平，调整优化产业结构；有利于繁荣文化市场，拉动居民消费；有利于培育新兴产业，促进群众创业；有利于节能环保，实现可持续发展。普洱市认真贯彻落实《文化产业规划云南行动纲领》，以普洱丰富多彩的民族文化资源为依托，以市场为导向，以结构调整为主线，以文化企业为主体，深入实施大项目拉动、大集团牵动、大园区带动、大品牌驱动、大开放促动"五大战略"。立足普洱区位、气候、生态、资源和人文的比较优势，把发展文化旅游养生产业作为主攻方向，推动文化与旅游、体育、科技的深度整合，着力打造普洱茶文化、茶马古道源头文化、原生态民族文化、边地文化和口岸文化五大文化品牌，大力发展文化旅游、茶艺茶道、歌舞演艺、民间工艺、休闲娱乐、节庆会展、绝版木刻、特色餐饮等特色主导产业，有计划、分步骤、分行业扶持一批具有发展潜力的龙头骨干文化企业，实施普洱原生态民族文化产业园、普洱茶文化科技中心、热带高地雨林美食城和一批高端度假酒店、商务酒店等重大文化旅游养生产业项目建设，不断提升"中国普洱茶节"、"普洱民族文化艺术节"的质量水平，支持办好"西盟佤族木鼓节"、"澜沧拉祜族葫芦节"、"孟连神鱼节"、"江城三国丢包节"、"中国·墨江北回归线国际双胞胎暨哈尼太阳节"、"景谷泼水节"、"宁洱茶马古道节"等县（区）文化节庆活动，深入推进普洱国家公园、茶马古道公园、中华普洱茶博览苑、北回归线标志园、西盟勐梭龙潭和景迈山、无量山、哀牢山等一批高端文化旅游景点景区建设，构建以思茅为中心，辐射宁江墨（宁洱、江城、墨江）、绿三角（澜沧、孟连、西盟绿三角经济带）、景景镇（景东、景谷、镇沅）旅游圈，着力打造思茅茶马古镇、澜沧惠民旅游小镇、孟连娜允古镇、宁洱磨黑历史文化名镇、镇沅哀牢小镇、碧溪古镇等一批文化旅游小镇，夯实了普洱文化产业发展基础，文化支柱产业地位初步形成。

2. 发展休闲度假康体养生业

围绕建设国际一流的休闲度假康体养生基地目标，加快旅游基础设施建设，完善旅游要素配套，推动旅游与文化深度整合，建成景迈芒景景区、普洱国家公园犀牛坪景区、北回归线标志园和景迈柏联精品酒店、开元梅子湖温泉度假酒店、边三县茶祖历史文化旅游等一批旅游景区和配套服务设施，旅游组织化程度不断提升。普洱中心城区"南拓北建东扩中改"工程深入实施，东部教育区、南部旅游度假区、西部工业园区、北部行政文化区、中部商业区的功能格局基本形成，300多平方公里的城市框架基本构建，内、中外旅游一线建成通车，城区路网建设、环境综合整治和绿化、亮化、美化工程加快实施。城市集聚功能、牵引功能和辐射带动功能不断增强，先后荣获"中国魅力城市"、"中国十大特色休闲城市"、"EMBA中国最具投资价值城市"、"十佳中国创意名城"、"国家可再生能源建筑应用示范城市"、"中国最具生态竞争力城市"、"中国十佳最具投资潜力文化旅游城市"和"国家园林城市"等称号。景迈山旅游景区荣获"2011中国十大休闲胜地"。孟连娜允镇被评为"中国历史文化名镇"。建成宁洱那柯里、江城曼滩、西盟博航、澜沧老达保等一批美丽乡村。江城曼滩村荣获全国"魅力新农村"十佳乡村称号，宁洱那柯里等28个村寨入选中国传统村落名录。通过大力发展旅游产业，展示普洱的资源优势、文化特色和品牌形象，让更多的人走进普洱、了解普洱，推动普洱走向全国融入世界。普洱的知名度、美誉度进一步提升，旅游产业迅速发展。各项旅游指标快速增长，全市接待游客由2010年的350.25万人次增加到2013年的1133.79万人次，年均增长48%；旅游总收入由2010年的17.1亿元增加到2013年的71.1亿元，年均增长60.8%。2009年至2013年，普洱旅游经济指标省级考核连续5年获得一等奖，接待国内旅游人数和旅游总收入均居全省前列。

3. 发展商贸物流业

改造和调整传统商贸物流业，培育壮大普洱茶、咖啡等特色商品交易、储藏、集散中心，积极发展特许经营、网络营销、总代理等专业服务市场和新型流通商贸业。依托昆曼大通道和沿边交通网络，以边境经济合作区和口岸为平台，规划建设思茅现代物流园，孟连（勐阿）省级边境经济合作区列入国家桥头堡战略并全面启动建设，勐康口岸被批准为国家一类口岸并正式对外开放。建立直通缅甸、越南和老挝的对外经贸通道和物流网络，打造中国面向东盟的商贸物流中心。

推进云南咖啡交易中心和云南普洱茶交易中心建设，鼓励金融机构开展绿色信贷，对绿色经济项目重点给予支持，创新金融产品服务方式，探索开展节能量、排污权、碳指标质押贷款，以宅基地使用权、林权、土地承包经营权等抵押贷款为重点，开展"三农"金融服务改革试点，完善农村信用体系和中小企业融资担保体系。推进沿边金融综合改革实验区建设。

第五章

绿色产业基地建设与绿色发展

建设特色生物产业基地、现代林产业基地、清洁能源基地、休闲度假康体养生基地四大绿色产业基地，是普洱建设国家绿色经济试验示范区的重点任务和主要抓手，也是普洱发展绿色经济的核心环节，通过四大绿色产业基地建设，将一、二、三产业深度融合，打造独具特色的绿色产业基地，推动普洱绿色发展。

一　特色生物产业基地建设

生物产业是现代生物技术和生命科学应用于生产及经济社会相关领域，为社会提供商品和服务的统称。根据国务院 2012 年 12 月印发的《生物产业发展规划》，现代生物产业主要包括生物医药、生物医学工程、生物农业、生物制造、生物能源、生物环保、生物服务等新兴产业领域。生物产业以再生性生物资源为主要原料，具有知识密集、市场需求规模巨大、物质资源消耗少、污染性低、产业链条长、综合效益好的特点，可以拓展延伸至能源、医药、医疗保健、化学工业、食品工业、农业、水产养殖、环境净化、矿业等诸多领域。生物产业所使用的原料大部分可由生物系统再生合成，有很强的渗透性、带动性和高成长性，具备知识经济和循环经济的双重特征，是创造绿色 GDP 的"领航产业"。加快生物产业发展是走新型工业化道路，实现人与自然和谐发展的绿色工程；是推动结构转型升级，发展循环经济，保护生态环境的可持续工程；是保障国家生物安全、公共卫生安全、粮食安全、能源安全的安全工程。①

由于生物产业具有高知识密集和高智力密集的特点，世界各国都高度重视生物产业，纷纷出台相关鼓励政策促进本国生物产业的发展，生物产业成为主导世界经济发展的支柱产业。

国务院印发的《生物产业发展规划》提出，到 2020 年，要把生物产业发展成国民经济支柱产业，2013—2015 年生物产业产值年均增速将保持在 20% 以上，到 2015 年生物产业增加值占 GDP 比重将较 2010 年翻一番。

生物医药产业，加快生物技术药物、化学药物、中药等新产品与新工艺开发和产业化，加大生物医疗设备创新发展，2013—2015 年，生物医药产业产值年均增速达到 20% 以上，推动一批拥有自主知识产权的新药投放市场，形成一批年产值超百亿元的企业，提高生物医药产业集中度和在国际市场中的份额。

生物农业产业，加快新品种研发、产业化和推广应用，推动生物育种产业加快发展，促进农用生物制品标准化高品质发展。到 2015 年，生物农业年工业产值达到 3000 亿元，推广一批新技术与重大新产品，培育一批年产值超百亿元的生物农业企业。

生物制造产业，重点推动生物基产品，特别是非粮生物醇、有机酸、生物烯烃等的规模化发展应用，建立生物基产品的论证制度，制定生物基产品消费的市场鼓励政策和农业原料对工业领域的配给制度，对绿色工艺产品进行补贴，到 2015 年生物制造产业年产值达到 7500 亿元。

生物能源产业，加快先进生物液体燃料的研发与应用示范，积极推动生物质燃气和成型燃料的规模化应用，因地制宜发展生物质发电产业，有力推进分布式能源并网标准和管理体系建设，进一步完善生物能源定价机制和激励机制，推进生物能源规模化、专业化、产业化发展。到 2015 年，生物能源年利用总量超过 5000 万吨标准煤，生物能源产业年产值达到 1500 亿元。

生物环保产业，以水污染、大气污染、有机废弃物治理和受损生态

---

① 黄玮、李皓、周正顺：《特色生物产业支撑绿色未来》，《研究与参考》2014 年第 3 期。

系统的治理与修复为重点，大力发展高性能生物环保材料和生物制剂，加快高效生物监测、治理、修复及废物利用等成套技术工艺和装备的示范应用。支持开展污水高效处理菌剂、生物膜、污泥减量化菌剂等生物制剂的开发和推广应用，推进污水生物处理反应器、废水深度处理和中水回用成套设备研发。加快有机废弃物腐熟剂、堆肥接种剂、微生物添加剂等专用功能菌剂和有机废物处理、复合肥生产配套装备的研制和产业化推广，推动发展有机肥类和生物复合肥。加快生态系统修复专用植物材料、制剂和资金积累的研发与规模化应用。2013—2015 年，生物环保产业产值年均增长 15% 以上，到 2015 年，生物环保产业年产值达到 1500 亿元。

生物服务产业，重点支持合同研发和委托制造服务产业的发展，加快高端实验仪器、生物试剂和实验动物的集约化发展，培育基因测序、分析测试和生物信息等专业服务企业。发展健康管理、转化医学、细胞治疗、基因治疗、临床检验社会化、个体化医疗等新业态。积极扶持生物产业政策咨询、技术转移、金融投资、流通交易、法律服务等业务发展，鼓励公共研发平台、孵化器、临床基地的企业化发展。到 2015 年，生物服务产业年产值达到 1500 亿元，培育一批具有国际先进水平的生物服务大型企业。[①]

（一）普洱特色生物产业基地建设主要做法和发展目标

普洱把特色生物产业基地建设作为普洱市建设国家绿色经济试验示范区的重要支撑。发挥本土科研力量，大力招引高尖端的生物工程研发人才，加大生物工程研发力度，把普洱建成云南生物工程研发基地、运用推广基地。合理规划布局产业发展，走绿色环保、有机生态、优质安全、高附加值的特色生物产业发展道路。建立健全生物产业发展机制，制定发展措施，推进生物产业快速发展。先后成立了国家普洱茶产品质量监督检验中心、普洱茶研究院、咖啡研究所、茶业局、咖啡产业发展办公室、绿色经济办公室等机构。普洱市委、市人民政府与普洱学院共同成立"普洱绿色经济发展研究院"，加强绿色经济发展问题的研究，

---

① 黄玮、李皓、周正顺：《特色生物产业支撑绿色未来》，《研究与参考》2014 年第 3 期。

为普洱建设国家绿色经济试验示范区提供智力支持和咨询交流平台。出台《关于加快茶产业发展扶持政策的通知》、《关于加强生物多样性保护的决定》、《关于整治非法捕捞联合执法专项行动的实施方案》、《关于加快咖啡产业发展的决定》等系列文件，为普洱生物产业的快速发展提供政策保障和科研咨询平台。

1. 打造普洱茶循环经济产业链

推行茶园生态立体种植，加快生态茶园建设，完善标准化生产、科技化支撑、品牌化营销和市场化流通体系。加大普洱茶品牌融合力度，解决品牌小、散、弱，形不成组合拳优势的问题，巩固提升传统品牌，创新发展新品牌；加快茶叶初制所建设，抓加工、抓产品、抓商品，补齐加工环节"短板"，提高产品附加值；加强科技研发，加快茶产业链向健康食品、医药保健品、日化用品等高端领域延伸。打造全国重要的普洱茶研发中心、生产加工基地、集散中心和茶文化旅游中心，确立普洱在全国普洱茶行业中生产标准、质量认定、品牌聚焦等的主导地位。

（1）推行茶园生态立体种植。实施茶园立体工程，有计划地推广稀植茶园种植，鼓励茶园养鸡，实行绿色套种。推进高效节水灌溉和测土配方施肥技术。鼓励茶园增施有机肥，推广使用高效、低毒、低残留农药。建设有机茶园基地，全面巩固生态茶园建设、推进绿色食品和有机茶园转换，每年建成 10 万亩有机茶园。2015 年年末建成生态茶园160 万亩，产值达 183 亿元。[①] 到 2020 年，普洱市有机茶园认证面积将占全市现代茶园总面积的 30%以上。

（2）鼓励延伸茶产业链。加大云南大叶茶六大茶类制品研究开发力度，大力发展传统普洱茶、绿茶、红茶精深加工产品，延伸茶产业链，努力开发茶产品、茶保健品、茶日用品、茶医药用品，研究开发茶多糖、茶多酚、茶皂素、茶色素、茶籽油等新产品。加快实施"帝泊洱生物茶谷"、"茶叶果萃取及茶天然日用品"和"茶籽精深加工"等一批延伸产业链项目建设。推广应用全自动罐组逆流提取技术和生产废水膜处理技术；鼓励开展茶渣深度开发及茶化工产品的生产，努力打造普

---

① 杨照辉：《政府工作报告——在普洱市第三次人民代表大会第四次全会上》，《普洱日报》2016 年 3 月 7 日第 1 版。

洱茶循环经济产业链。

（3）培育茶产业骨干企业和知名品牌。整合普洱茶资源，积极培育一批龙头企业。以普洱茶为原料，开发帝泊洱普洱因子系列产品，完善现代化工厂旅游功能，建设普洱茶自动化发酵生产线、年产12万吨以上发酵普洱茶及产能1.2万吨固态速溶普洱茶珍项目。加强营销体系建设，在思茅区建设集会展、交易、物流为一体的"云南普洱茶交易中心"，健全营销网络；鼓励龙头企业建立普洱茶名品展示中心和专卖店；创新交易方式，研究推进茶叶期货交易。努力打造"帝泊洱"等国内外知名茶品牌。

（4）发展茶庄园经济。大力推广集茶叶种植、加工、旅游、文化、养生、餐饮等为一体的茶庄园模式。以生态茶园、贡茶园、高山茶园、古茶园等为基础，重点打造中华普洱茶博览苑、普洱景迈古茶园、茶马古道遗址公园、宁洱困鹿山皇家古茶园、镇沅千家寨旅游区等茶文化旅游项目，重点打造特色鲜明的茶庄园，把普洱建成世界茶文化的观光旅游胜地。

2. 打造咖啡循环经济产业链

20世纪80年代后期，普洱把发展咖啡作为调整产业结构、农民增收致富的骨干产业来抓，采取龙头企业（公司）+农民咖啡专业合作社的农业产业化发展模式，咖啡产业迅速发展。

近年来，普洱围绕基地生态化、加工标准化、产品品牌化、产业集群化的要求，把普洱建成世界优质咖啡原料基地，全国最大的咖啡精加工基地和物流贸易中心，打造中国咖啡之都。2015年年末建成咖啡园160万亩，产值达17亿元。

（1）推广咖啡生态立体种植。加快建设以咖啡为主体、立体复合种植、多物种组合的生态咖啡园，减少化肥、农药等投入品的使用，提高咖啡质量和效益。推进中低产咖啡园改造工程建设，推广高效节水灌溉技术，加强新品种引进试验示范，建立国家咖啡种质资源圃库和良种繁育推广体系。

（2）延伸咖啡产业链。着重发展咖啡烘焙、萃取等精深加工项目，推广使用节水、环保的鲜果初加工脱皮脱胶生产方式。引进先进的咖啡机械设备制造技术，发展咖啡机械设备制造业、咖啡专用肥等延伸产业。加强咖啡废弃物的综合利用，鼓励咖啡企业利用咖啡果皮、咖啡壳发展肥料和各种饲料。

（3）发展咖啡庄园经济。加大宣传力度与产品推介，吸引投资者在普洱建设集咖啡种植、加工、销售及旅游休闲为一体的咖啡庄园，培育咖啡文化，发展咖啡庄园经济。至 2020 年建成运营漫崖、曼老江、爱伲、天添等功能齐全、服务配套的咖啡庄园。

（4）培育咖啡产业骨干企业和知名品牌。培育和引进星巴克等一批起点高、规模大、带动能力强的龙头企业，引导深加工企业通过资产合并、相互参股、联合经营、实施兼并等多种方式，淘汰弱、散、小企业，促进规模化、集团化发展，提高行业集中度。以龙头企业为主体，建立产品质量识别标志、产品质量标准体系，统一质量标准、工艺流程和质量检验，通过提高产品质量来塑造品牌，通过推行统一品牌、统一言行策划、统一宣传来营销品牌，推动咖啡产业全面升级。

3. 打造生物药循环经济产业链

以普洱优势特色生物医药为重点，推进生物医药产业规范化与规模化种植，培育骨干企业，打造普洱生物医药品牌，促进普洱生物医药产业可持续发展。到 2020 年生物药种植面积达 50 万亩，实现产值 150 亿元。

（1）依托龙头企业，按《中药材生产质量管理规范》（GAP）建设要求，重点发展石斛、佛手、厚朴、美登木、龙血树、茯苓等主要品种，规模化种植重楼、黄精、白芨、草果、砂仁等优势品种。打造云南最大的铁皮石斛、重楼、灯台叶、茯苓等中医药材种植基地及云南类别最全、规模最大的濒临灭绝药材种植基地。支持康恩贝集团铁皮石斛规范化种植，鼓励天昌庄园、南药庄园、健和堂、斛哥庄园万亩林下仿野生石斛种植。

（2）延伸生物医药产业链。推动制药企业按照《药品生产质量管理规范》（GMP）进行管理，加快提取、分享和纯化等中药材深加工入产业耦合关键技术研发，做大具有明显优势的中药产品和保健品。深度挖掘具有显著疗效的复方中药以及哈尼药、拉祜药、彝药、傣药等民族药为重点的名药方，开发民族医药新药。加强中药饮片副产物的综合利用，开发化妆品、洗浴用品等产品。综合利用药酒及加工废料，生产饲料添加剂或有机肥等。

（3）发展生物医药庄园经济。加快发展集生物医药种植、加工、营销及旅游为一体的生物医药庄园。加大宣传力度与产品推介，吸引投资者在普洱建设生物医药种植园、培训基地、博物馆、休闲保健中心等以生物医药文化为核心的全产业链的庄园经济。按照"有基地、有加工、有产品、有展示、有文化、有体验"的要求，初步建成天昌生物医药庄园、淞茂生物医药谷、镇沅圣元堂养生谷、恩润生物药庄园、西盟百草堂等一批生物药庄园。

（4）发展医药产业骨干企业和知名品牌。积极引进国内外知名企业到普洱投资建厂，将民族传统医药研究所、康恩贝高山生物农业公司、大唐汉方制药公司等打造为骨干龙头企业。扶持具有自主知识产权的"复方美登木"、"尿酸消"、"石斛保健品"、"铜锤百花胶囊"等技术成果转化为现实生产力，打造民族药、新药和保健品等知名生物医药品牌。

4. 打造高原特色食品产业链

以建设高原特色种植养殖基地，强化农副产品加工，培育龙头企业和知名品牌为核心，打造高原特色食品产业链，发展壮大普洱高原特色食品产业，建设绿色食品产业基地。到 2020 年，高原特色食品产业总产值达到 400 亿元，农副产品加工率达 75%。

（1）推进高原特色食品种养业基地建设。大力推进优质特色食品种养业生产基地建设生态化规模化，将墨江、澜沧两县纳入全省高原特色农业示范县建设，全面推进景东金源有机蔬菜、普洱汇源有机果园、普洱汇源特色畜禽养殖基地、墨江海王水产基地、惠科电子（深圳）创汇渔业基地 5 个特色鲜明的农业示范园建设。积极发展山地牧业和淡水渔业，加快畜禽鱼标准化、规模化养殖场建设，大力扶持爱伲农牧、墨江海王水产做大做强。推动食用菌规模化、标准化和产业化生产。加快蔬菜基地建设，大力发展高档菜、特色菜、大树菜、森林蔬菜，把普洱建成全省重要的生态蔬菜基地和面向东南亚的"菜园子"。

（2）推动高原特色食品加工基地建设。以龙头企业为依托，创新发展模式，加快高原特色食品产业化发展。扶持粮食、水果、干果、蔬菜、肉类等专业协会、合作社建设，走公司+协会+农户的生产模式。

加大农副产品加工深度和规模，延长产业链。重点建设滇南小耳朵猪、澜沧肉牛、宁洱肉猪、景东乌骨鸡、镇沅瓢鸡等肉类加工基地建设；重点支持墨江海王等企业建设鲜鱼加工、鱼饲料加工、鱼粉加工等水产品类加工基地。支持景东力奥公司核桃肽饮料加工生产。

（3）培育普洱高原特色食品知名品牌。充分依托高原特色优势，以绿色产品培育高原特色的知名食品品牌。提高墨江紫米、西盟米荞、罗非鱼、无量山乌骨鸡、滇南小耳朵猪、镇沅瓢鸡、野生食用菌等产品知名度，培育知名品牌。开展放心食品建设工程，打造食品安全典范。大力推动无公害、绿色、有机农产品认证，到 2015 年，无公害农产品产地认证面积超过 300 万亩，绿色食品产地认证面积超过 16 万亩，有机农产品基地认证超过 5 万亩。①

（二）普洱建设特色生物产业基地存在的问题

普洱建设特色生物产业基地存在总体实力不强，开发领域不宽，产业支撑作用不明显等问题。

1. 龙头企业少

普洱从事生物资源开发的企业较多，但普遍规模小，分布散，实力弱，上百万元的企业即可算是县、乡骨干企业，上千万元的企业则屈指可数，全市生物产业领域中目前还没有上亿元的企业，真正能起带头作用的龙头企业少。企业小，实力弱，缺乏创新能力，为了生存，竞相低价竞争市场，难以摆脱低价出售原料的状况，行业效益低下。

2. 知名品牌少

普洱生物产业面积近 600 万亩，生物产业加工企业以种植和初加工为主，企业生产规模小，带动作用不明显，尽管引进了天津天士力、康恩贝药业等上市公司，但对培育品牌、提高产品附加值等优势还没有得到较好的显现，普洱的资源优势还不能转化为经济优势。

3. 资金投入不足

生物产业是资金密集型产业，生物产业资金来源多以企业自筹和政

---

① 资料来源于《普洱市建设国家绿色经济试验示范区发展规划》、《普洱市建设国家绿色经济试验示范区发展规划总体实施方案》。

府支持为主，普洱经济发展滞后，各级政府的财政投入不足，市场融资渠道单一，社会资金缺乏，中小企业融资困难，严重制约着生物产业的快速发展。①

4. 高层次科研人才缺乏，科技成果产业化率不高

生物产业的发展离不开高素质的人才支持。普洱虽然采取了一系列吸引高层次创新人才的政策措施，但因地处边疆少数民族地区，尚未形成一支具有较高水平的生物产业科研队伍，自主研发能力不足，产业科技含量低，研究成果不能及时有效地转化为经济效益。

（三）加快特色生物产业基地建设的对策

1. 优化产业布局

根据普洱区域经济发展态势、生物资源优势和产业地域分布，从构建产业链群的需要出发，统筹规划生物产业的原料基地、加工基地和生物服务业发展布局。

2. 找准生物产业发展方向，打造重点生物产品和品牌

一是做精做优传统生物产业。大力发展林产业、畜牧产业以及特色优势农副产品加工等产业集群，提升茶、咖啡等产品的精深加工水平，实现规模化经营、集约式增长，增强产业竞争力。二是做大做强新兴生物产业。面向健康、农业、环保、能源和材料等领域的重大需求，重点发展生物农业、生物医药、生物制造等产业。三是打好生物产业品牌。申请地理标识保护、传统文化遗产保护、中药国家保密秘方保护等。通过现代生物技术，着力推进生物新品种、新产品推广和研发。突出主打品牌，加强产品的推介宣传，加大市场开拓力度。

3. 强化科技创新驱动，引领生物产业高端发展

加大科技投入，加强产学研协作，形成以企业为主体的产业体系，提高企业自主创新能力，努力研发一批拥有自主知识产权的核心技术。坚持自主创新与引进吸收相结合，积极开展对外生物科技交流合作，不断提升普洱生物产业的整体水平和竞争实力。大力推进 GAP 药材基地和制药企业 GMP 认证，鼓励企业参与新产品研发和成果转化。依靠科

---

① 课题调研组：《普洱市特色生物产业基地建设对策研究》，《研究与参考》2012 年第 2 期。

技创新，培育骨干企业，着力提升生物产品加工层次和水平，大力延伸茶、咖啡、生物医药、高原特色食品等循环经济产业链，促进一、二、三产业融合发展，走生物产业精深化、高端化、品牌化发展之路。

4. 构建科研和生产平台，加快生物产业集聚规模发展

加强生物产业自主创新能力和条件平台建设，以企业为技术创新主体，加强与高校和科研院所的合作，支持各类研究机构、检测机构的科研基础设施建设，在充分融合现有科研基础设施的基础上，形成若干个具有国内先进水平的生物工程实验室、孵化器、产品质检中心等科学研究基地。融合形成若干个具有明显竞争优势的生物产业集群和产业基地，鼓励企业、专业人才、创业投资等向产业基地集聚。打造一批上规模、有档次、高品质的普洱茶庄园、咖啡庄园、石斛庄园，促进生物产业向专业化、特色化、集群化方向发展。

5. 强化政策支持，为生物产业发展创造优惠条件

不断加大生物产业发展专项资金投入，重点支持生物产业示范项目建设、企业技术创新和科技成果转化、品牌打造、高新技术企业创建等。对认定为国家、省级重点生物产品生产企业，给予资金扶持、贷款贴息等方面的优惠政策。拓展生物产业融资渠道，加大对生物产业企业的信贷支持。对国家鼓励的生物产业企业，实施统一税收优惠政策。凡符合国家产业政策和供地定额指标的生物产业项目，优先保证用地指标、优先预审报批。制定政策吸引与生物产业相关的技术、资金、人才等向生物产业基地聚集。

6. 引进和培养高层次科技人才，为生物产业发展提供智力支持

鼓励科研机构、企业与高校联合建立生物产业技术培养基地，在相关大型生物企业设立博士后科研工作站，加强领军型人才、高端创新型人才、产业链关键环节专业人才、生物技术知识产权人才、国际化发展人才、复合型管理人才的培养。实施生物产业高层次人才特聘制度，拓宽人才选拔和培养渠道，引进一批生物产业领军人才和创新科研团队来普洱创业发展。通过联合攻关、建立健全科技人才和经营管理人才激励机制，以生物产业发展和重点项目聚焦人才。

7. 保护生物多样性，实现生物产业的可持续发展

坚持严控新建高耗能项目，坚决实行落后产能退出机制。大力发展

循环经济，促进资源综合利用，加快节能减排，保护良好的生态环境。保护濒危的野生生物物种资源，加强对外来有害生物物种的监控力度，加快生态脆弱区生态系统功能的恢复重建。加大优良物种的开发利用规模化人工原料基地建设，构建生物产业标准化体系，科学、合理、高效地利用好现有资源。探索一条保护和开发并重，实现生物产业可持续发展的成功之路。[①]

二　清洁能源基地建设

清洁能源是一种对能源的清洁化、高效化的系统应用技术体系。清洁能源有狭义和广义之分。从狭义上讲，清洁能源是指在开采、运输、使用和排放的过程中不会对环境和生态造成任何污染的能源，如太阳辐射能、风力、水力、地热、生物能以及海洋波浪、海流、海水温差、潮汐等能源；从广义上讲，清洁能源是指基本的开发和利用的整个过程中一般不会或很少污染环境和生态，或产生的污染程度小于被利用的能源，如地热能、煤炭能、生物能等。清洁能源实质上是能源利用的技术体系，而不是能源的分类。换言之，清洁能源严格来说是指整个贯穿首尾的能源利用系统，并非指能源利用的源头。标准化的排放和自然属性是清洁能源的清洁高效的两个特性，二者的关系是相辅相成、缺一不可的。[②]

发展清洁能源是我国保障能源供应安全、应对气候变化、改善环境质量的有效途径，具有重大战略意义。中国政府高度重视清洁能源的发展，先后出台了《中华人民共和国可再生能源法》、《中华人民共和国循环经济促进法》、《循环经济发展规划编制指南》、《可再生能源中长期发展规划》、《能源中长期发展规划纲要（2004—2020）》、《节能与新能源汽车发展规划（2011—2020）》。据美国皮尤慈善基金会2011年3月29日发布报告，称2010年全球清洁能源总投资达2430亿美元，

---

① 黄玮、李皓、周正顺：《特色生物产业支撑绿色未来》，《研究与参考》2014年第3期。
② 苗杰民：《世界清洁能源发展综述》，《山西农业大学学报》（社会科学版）2013年第7期。

比 2009 年增长 30%。2010 年中国在清洁能源方面的投资总额为 545 亿美元，稳居世界第一，相对于 2009 年的 391 亿美元而言增长了 39.4%。报告称 2010 年中国的投资相当于 2004 年全世界的总投资额。[①]

（一）普洱清洁能源基地建设主要做法和发展目标

近年来，普洱以优化能源结构、发展清洁能源为导向，加大水电资源开发，积极培育风能、生物质能和太阳能等新能源产业，打造清洁能源产业链，着力建设清洁能源生产基地。

1. 稳步推进水电发展

以澜沧江干流水电开发建设为中心，澜沧江、李仙江、怒江支流水电开发为重点，全面建成糯扎渡、普西桥、忠爱桥、长田、勐野江 5 座大中型水电站，合理开发曼老江、者干河、南朗河、勐嘎河等小流域梯级电站。适当开发支持边远农村用电需求、以电代燃料的小型水利水电工程，鼓励中小水电资源整合规范建设，加强六大流域已建成水电站管理，形成以大中型电站为核心的多层次、全方位水电能源重点区域，打造"西电东送"、"云电外送"重要水电基地。2013 年，实现对缅甸和老挝外送电量 3707.25 万千瓦时，同比增长 58.91%；外送电量累计突破 1000 亿千瓦时，达到 1108.32 亿千瓦时；最高过网外送负荷 669.1 万千瓦时。[②]

2. 推动风能、生物质能发展

积极推动风能发展，加快推进墨江联珠风电场、澜沧甲倮波风电场、宁洱硝井风电场建设。探索生物质能产业发展，在有条件的地区，结合低效林改造，适度开发以小桐子为原料的生物柴油原料林种植基地，发展以咖啡壳、核桃壳、秸秆及木材加工剩余物、小桐子等原料为主的生物质能产业。推动景谷生物质发电项目建设。

3. 延伸清洁能源产业链

采用流域梯级电站开发利用水能资源，同时建设水电站水库，用于

① 黄海峰、李鲜：《世界清洁能源发展现状》，《生态经济》2012 年第 5 期。
② 普洱市人民政府办公室、普洱市地方志编纂委员会：《普洱年鉴》（2014），云南人民出版社 2014 年版，第 244 页。

防洪、灌溉、库区航运等，发展清洁能源基地的旅游观光、度假及旅游培训等产业。将大中型水电站建成集发电、旅游、水运为一体的基地。探索水电开发、河流生态修复和保护、天然渔业资源保护协调共生可持续发展的实现路径。结合普洱能源矿产资源丰富的优势，研究推动矿电结合，发展绿色载能工业的有效途径，优化资源配置。

（二）加快加强清洁能源基地建设的对策建议

普洱清洁能源基地建设取得了一定的成绩，但在开发和利用能源方面还存在诸多问题，如能源的生产量不能满足能源消费需求的增长、能源结构不合理、能源利用效率不高以及对开发和利用新能源和可再生能源战略意义认识不足等。因此，清洁能源基地建设应该注意长期坚持节能降耗、提高能源利用率，加速能源结构调整，大力发展清洁能源和积极开发利用可再生能源。同时要采取各项措施，以促进能源战略的实施。清洁能源的利用及技术的开发应用，关乎国家可持续发展的战略目标，是实现绿色经济和谐发展的一个重要保障。应把清洁能源基地建设置于重要的战略地位，针对目前存在的问题，积极创造条件，给予资金、技术、政策等方面的支持，努力提高清洁能源技术水平，促进清洁能源技术及产业更好、更快地发展。

1. 政府支持清洁能源基地建设的基本思路

基于经济、社会、能源、环境等特定的政策目标，政府扶持和促进清洁能源基地建设，尤其是可再生能源产业发展是其重要职责。清洁能源发展的不同阶段需要不同的扶持政策和管理观念。在清洁能源产业发展初期，由政府支持开发、示范推广，实施补贴和税收优惠是十分必要的。这个阶段，政府扶持应该处于主导地位。当清洁能源的发展逐步进入商业化阶段，其产业规模逐渐扩大，自身发展能力逐渐提高，就会从依靠政府扶持转而要求稳定、规范、不断扩大市场。这就需要根据实际发展状况逐步淡出经济激励而代之以符合市场经济规律、可以起到鼓励技术进步和降低成本作用的政策机制，最终形成政府政策引导与市场经济机制有机结合的政策体系。[①]

---

① 苏明：《支持清洁能源发展的财政税收政策建议》，《中国能源》2007 年第 3 期。

2. 健全多样化、最优化的经济激励政策体系

（1）政策管理必须经过整合和优化才能发挥最大的效用。欧美发达国家促进清洁能源技术政策不但有强制性的规定，还制定了目标明确的重大研究开发计划，再配合税收刺激、电价优惠和绿色电价等多种多样的经济激励政策，以多种手段促进清洁能源的开发利用。所以，普洱清洁能源基地建设必须达到经济政策内部以及与管理政策的优化，对不同清洁能源技术，根据其经济效益、环境效益、节能效益等采取区别对待政策。

（2）财税政策是国际上促进清洁能源发展最常用的激励方式。应通过差额征税、过渡性减征、免征等优惠政策，使清洁能源企业或项目，在投资、税收、补助、低息贷款，价格、土地使用、加速折旧等方面得到一定的扶持和激励，引导企业主动选择清洁能源，使清洁能源的采用不仅有良好的社会效益，也能有良好的经济效益。

（3）政府加强投入和转移支付。各级政府，特别是地方政府必须积极成为清洁能源发展资金投入的主体，将清洁能源的发展纳入地方财政预算中。同时，在制定清洁能源基地建设规划中就应该预定一定期限内资金投入量，量化到资金支持重点项目数额。对基础研究、科技攻关及示范项目的立项和经费予以倾斜，应借鉴国外经验，形成比较成熟的国家与企业合作投资的开发模式，使国家投入资金可以起到带动、启动的作用，而不是始终起着核心作用。

（4）拓宽政策性融资渠道，积极引进国际资金。国家对清洁能源产业化项目通过节能低息贷款、企业科技创新贷款、环保产业贷款、高新技术产业贷款等多种渠道向企业倾斜，国家开发银行应提供无息且还贷期较长的贷款。国外的经验做法是建立环境基金，风险投资基金等为中小企业提供贷款。另外，鼓励国外投资，政策鼓励采取合资或合作方式引进技术，加快国产化和技术再创新。①

（5）加大可再生能源研究开发的政策支持力度。从发达国家看，在过去的 10 年中，大幅度增加了可再生能源研究开发的投入。调整能源研发费用分配，加大向可再生能源倾斜力度，以切实有效地增加其投

---

① 袁炜、陈金华：《中国能源发展现状和管理机制研究》，《理论月刊》2008 年第 12 期。

入，促进可再生能源的产、学、研结合，推进可再生能源的技术进步。

（6）构建清洁能源产业群。大力培育可持续发展所必需的多个行业相互融合、众多类型机构相互联结的共生体，涵盖竞争企业、供应商、中介机构、用户等，鼓励更多的企业参与到清洁能源的发展中，加强产学研结合与技术交流，加大科技成果市场转化力度，以科学技术带动产业发展，以产业发展推动科技进步、抢占清洁能源发展的制高点。①

三　现代林产业基地建设

林业产业是林业的"一鸟两翼"，是构成林业两大体系的重要组成部分之一，具有涵盖范围广、产业链条长、产品种类多的特点。发展林业产业，不仅是为社会提供多种林产品，发挥其经济功能的重要途径，而且是促进生态环境建设，充分发挥其生态功能、实现三大效益协调发挥的重要保障。普洱市以森林资源培育为基础，林（竹）浆纸纤为龙头，林板、林化为两翼，非木质林产品采集、特色经济林、野生动物驯养繁殖、观赏苗木和森林生态旅游为主干，实现林业一、二、三产业循环发展，建成完善的林业生态体系、发达的林业产业体系和繁荣的生态文化体系。到 2020 年，活立木蓄积量达到 2.8 亿立方米以上，林分质量显著提高，林业产值达到 810 亿元，林业一、二、三产业比例达到 3：5：2，林业"三剩物"综合利用率达到 85%。

（一）普洱建设现代林产业基地的主要做法和发展目标

1.加大林产业基地建设

以景谷、镇沅、澜沧三县为中心区，加快建设以思茅松为主，竹子、桉树及其他乡土树种为辅的林浆纸原料林基地。以定向培育高产脂思茅松为主、恢复墨江紫胶虫放养基地为补充，加快建设林化工原料林基地。加大核桃、坚果等木本油料特色经济林和珍贵树种建设力度。积

---

①　课题调研组：《普洱市清洁能源建设与对策研究》，《研究与参考》2011 年第 4 期。

极发展观赏苗木产业，加大具有普洱特色的乡土景观绿化树种培育力度。到 2020 年，建成原料林基地 1200 万亩，种植核桃 300 万亩、坚果 30 万亩，发展珍贵树种 15 万亩，实现各类苗木种植面积 15 万亩。

2. 优化木材加工业

优化整合木材加工业，严格控制木材粗加工，积极发展木材精细加工，提高红木家具等产品比重。在景谷、景东、镇沅、宁洱、江城、思茅 6 县（区）建立人造板基地，在孟连、江城、思茅 3 县（区）建立红木家具基地，形成全国主要的林板基地。

3. 实施林化基地建设工程

在景谷、景东、镇沅、宁洱、墨江、思茅、澜沧 7 县（区），建设高产脂思茅松原料林基地，限制松脂、松香粗加工，加大科技研发力度，促进林化产品深加工，增加产品附加值。到 2020 年，建设高产脂思茅松原料林基地 110 万亩，年产松脂 30 万吨、松香 21 万吨、松节油 6 万吨、其他林化产品 2 万吨，建成全国重要的林化基地。

4. 发展林下经济

大力发展铁皮石斛、重楼等生物医药种植为主的林下种植业和野生菌采集加工为主的林下采集业，加强珍稀名贵树种套种。适度发展具有旅游观赏、科学试验、医药用途的野生动物驯养繁殖业，大力开展技术成熟、许可准入、商业价值高的野生动物驯养繁殖及产品精深加工。积极发展森林旅游业。以自然保护区、国家公园和湿地公园为载体，融入普洱茶文化及多样性民族文化，发展森林生态观光、休闲度假养生、探险、科考科普等特色生态旅游产品。

5. 做强做优林工产业链

延伸林木产业链条，加快发展林（竹）浆纸纤产业，优化发展林化工产业，大力发展木（竹）材精深加工产业。推动利用林竹业"三剩物"和次小薪柴生产板材、竹碳、活性炭、精制醋粉等产品，培养食用菌。推进造纸废水资源化利用。鼓励利用树皮、锯木屑等备料工序剩余物、造纸废水处理污泥作为锅炉燃料。

6. 实施森林碳汇试点

通过加大植树造林力度、调整林分结构、提高林分质量等手段，发挥林业增加碳汇、间接减排的独特作用，扩大林业固碳减排成效，探索发展碳汇经济。到 2020 年，实现林业每年吸收二氧化碳 2037 万吨，固定碳素 555 万吨，释放氧气 1322 万吨。①

（二）普洱现代林产业基地建设存在的困难和问题

普洱是林业大市，林业用地面积、森林覆盖率、木材蓄积量等主要指标都在全省名列前茅，人均指标也远远高于全国、全省的平均水平。但普洱林业产业小、企业弱、林农收入低、经济效益差，处于"大资源、小产业、低效益"的状况。

1. 重生态保护，轻产业发展

在相当一段时期里，人们对保护生态与发展产业相互依存的辩证关系缺乏正确的认识，忽视林业所具有的基础产业地位和林业在助农增收中的作用。

2. 龙头企业不足

普洱市大多数林业企业的整体素质不高，经济增长方式粗放，缺少经济实力强、科技含量高、产业链长、附加值高的精深加工龙头企业，产品多以初级加工产品为主，与普洱市的森林资源形成强烈的反差。普洱是云南省最大的松香生产基地和供应商，但松香产业仍停留在用松脂经物理蒸馏获得松香、松节油等初级加工阶段。松香、松节油深加工产品的研发和生产远远落后于国内国际水平，欧美发达国家可开发出 100 多种深加工产品，深加工利用率接近 100%，产品附加值比原料松香提高 2—30 倍。而普洱出口的松香仍以原料松香为主。普洱有丰富的水果、药材、香料、花卉、野生菌等优势资源，但没有深度开发利用，资源优势未能转化为经济优势，尚以零散的出售原始产品为主，没有形成有规模的种植和销售链条。

3. 统筹发展不够

普洱创有享有较高知名度的林特产品品牌，当地特产多，但在发展上缺乏统一规划布局，各县（区）各自为政，对特色资源全市统筹整合不够，规模化、产业化程度低。以县（区）为单位难以形成大规模、

① 资料来源于《普洱市建设国家绿色经济试验示范区发展规划总体实施方案》、《普洱市建设国家绿色经济试验示范区发展规划》。

大资源格局，有品牌无产品或有产品无品牌，在一定程度上制约着林产业基地的建设发展。

4. 资金投入不足

国家对林业产业发展的投入有限，社会投入机制尚未形成。由于林业经营周期长，社会对林业投入缺乏信心，信贷投入制度尚不健全，投入严重不足，成为制约林产业基地建设力度不足的重要因素。现行的林业法律法规不能很好地适应现代林产业基地建设的需要，更多强调的是各级政府、造林者、森林经营者在保护森林资源方面的责任和义务，而在保障造林者、经营者对林木财产的处置权上存在过多限制，在法律层面及相关政策上难以操作，所区划的商品林尚不能满足社会、经济发展对林产品的需求供给；商品林的造林者、经营者不能依据市场的变化和森林培育的目的确定采伐时间、采伐数量、采伐方式，一定程度上影响了商品林经营者的积极性。①

（三）建设现代林产业基地的对策建议

林业产业作为重要的基础产业，具有资源的可再生性，产品的可降解性，三大效益的统一性，一二三产业的同体性四大特性。林业产业不仅为国家建设和人民生活提供了包括木材、竹材、人造板、木浆、林化产品、木本粮油、食用菌、花卉、桑蚕、药材、森林旅游服务等在内的大量物质产品和非物质效益，而且，在促进农村产业结构调整，解决山区农民脱贫致富，提供社会就业机会等方面有着极为重要的作用。

1. 进一步确立林业兴市、林业强市的战略，加大对林业产业发展的扶持

第一，进一步解放思想，更新观念，以市场为导向，抓住当前林业发展的良好机遇，充分利用资源优势，重点抓好资源培育、林浆纸、人造板和林产化工、生物医药及林特产品的生产。第二，要把精深加工作为林产业基地建设的主攻方向，加大政策扶持力度和科技投入，积极引导，加快发展；设立林产工业发展专项基金，市、县两级财政每年要安排一定的专项资金支持林产工业的发展。第三，进一步深化林业改革，

① 朱艳仙：《普洱市林业产业发展的思考》，《中共云南省委党校学报》2010年第6期。

积极发展和组建各类林业产业合作组织,建立完善社会化服务体系。第四,充分发挥政府宏观调控、政策引导的服务功能,实施税收优惠,不断破除妨碍林产工业发展的制度性障碍。

2. 争取项目,统筹资金,加大投入

积极争取项目,统筹各部门资金,全方位拓宽筹资渠道,全力提高投资力度。注重交通、电力、灌溉、通信等基础设施的建设。大力培育扶持林产业龙头企业,采取有力措施,实行投资主体多元化、利益分配多样化、产业结构合理化、林业经营社会化,促进林产业规范有序快速健康发展。

3. 结合林改,合理采伐集体林、私有林

在完成集体林权制度改革后,在严格监控的前提下,对集体林的成熟、过熟用材林进行适度的采伐,采伐方式应以择伐为主,并及时进行迹地更新。

4. 加大科技投入,保障林产业持续快速健康发展

鼓励科技人员参与科技开发和承包经营,把资源培植的科研重点转移到推广应用上,使科研和推广有机结合。建立较完备的林果良种繁育推广体系,形成林果品种培育和种植的良性循环。

5. 发展森林生态旅游

森林旅游业的发展,能够带动相关服务业的较快发展。合理开发和充分利用林区丰富的自然景观、人文景观资源,建立森林生态休闲观光合作区,为群众脱贫致富创造条件。同时利用丰富的野生动物资源,适度开展野猪、鹿等野生动物驯养繁殖业。

四　休闲度假养生基地建设

旅游产业是普洱市区域经济发展的战略性主导与引擎产业。旅游产业作为国民经济中的重要产业,在普洱市区域经济发展中起到引擎作用,带动第三产业及其他相关产业,形成泛旅游产业共同发展,成为国民经济的支柱性产业,主导普洱市的城市化进程,最终形成由旅游产业为主导下的国民经济发展的新型结构。近年来,普洱不断强化产业支

撑，促进旅游业与其他产业融合发展，全力建设集文化旅游、生态体验、康体养生养老为一体的国际性旅游度假休闲养生基地，打造"天赐普洱、世界茶源"品牌。到 2020 年，"一心一轴三区两点"休闲度假康体养生旅游空间布局基本形成。建成全国养生度假名城、特色旅游目的地、国际性旅游休闲度假康体养生基地，全市接待总人数 2000 万人次以上，旅游休闲度假康体养生收入达到 340 亿元以上，建成多业态、综合性的旅游企业集团，形成生态体验、养老养生、医疗保健、康体运动等高利润服务体系，旅游品牌市场知名度、美誉度明显提升。

（一）普洱建设休闲度假养生基地的主要做法和发展目标

1. 着力推进主题项目建设

围绕普洱茶文化、民族文化、宗教文化、生态体验、健康养生、高端医疗、康体运动等主题，重点推进边三县茶祖历史文化、茶马古道遗址公园、北回归线旅游区、狂欢佤部落、无量山佛迹仙踪等文化旅游项目建设；快速推进中国茶城生态康体休闲园、蓝眉山运动养生旅游度假村等生态养生项目建设；扎实推进茶马古城、娜允古镇、哀牢小镇、惠民旅游小镇、磨黑古镇、碧溪古镇、勐卡旅游小镇等项目建设；有效推进东部森林新城、糯扎渡、普洱休闲养生部落等旅游度假区建设；积极推进振太—勐大—响水、绿三角等地的古村落保护建设，开发田园风光，打造旅游特色村，成为全国著名的乡村旅游目的地。

2. 建设和完善休闲度假养生设施

按照国家优秀旅游城市的标准，配套建设相对集中的休闲娱乐街区，大力推进建设一批茶吧、咖啡吧、酒吧、演艺场所、风情街区。规划建设五星级酒店及精品度假酒店，积极引导特色民居客栈发展。重点培育养生健康、有机生态、民族特色的餐饮服务体系。大力发展以传统工艺为代表的旅游商品及原产地认证的土特产品。加快房车营地、宿营地等配套设施建设，推进自驾车、户外旅游。完善信息系统、旅游交通、游客服务中心、标识与解说系统等公共服务设施建设。

3. 培育休闲度假养生品牌

强化节会宣传，办好国际乡村音乐节、墨江国际双胞胎节、江城三国丢包节、孟连神鱼节、西盟木鼓节、澜沧葫芦节等大型民俗节庆活动，打响民族节庆品牌。依托普洱茶、民族医药、有机食品、温泉湖泊，打响度假养生品牌。做活山水文章，重点打造国际徒步基地、山地自行车基地、登山训练营地、户外越野基地、水上运动基地，打响康体运动品牌。依托沿边优势，加强与周边国家区域合作，在境外设立旅游办事宣传机构，研究开展江城—老挝丰沙里省—越南奠边府边境旅游和孟连—缅甸邦康边境旅游，打响边境旅游品牌。

4. 推动产业融合发展

以休闲度假养生产业发展为主线，积极推进旅游业与农业、工业、文化、体育、卫生等产业及城镇建设融合发展。把旅游开发与农业结合起来，着力打造茶、咖啡、花卉、生物医药等特色庄园，大力发展观光农业、休闲农业和体验农业。以大企业、大集团、大园区为载体，积极推动集科普、博览、观光、购物和体验于一体的工业旅游，加快推进水电库区旅游项目的开发。把文化元素注入旅游产业建设发展的全过程，加大世界文化遗产的申报力度。推动养老服务业发展，吸引民间和境外资本投资普洱养老服务业，推动医养融合发展，探索医疗机构与养老机构合作新模式，建设国际、国内一流养老社区。积极推进面向东南亚市场的中国普洱国际医疗科技城建设。

目前，普洱市边三县茶祖历史文化旅游建设项目、普洱国家公园、狂欢佤部落旅游区、北回归线旅游区、普洱茶马古道遗址公园、中坤普洱悬崖酒店、天士力帝泊洱生物茶谷、平原茶马古镇、普洱茶马古城、镇沅哀牢文化旅游小镇、半岛酒店等一批续建项目快速推进，蓝眉山运动养生旅游度假村、茶城生态康体休闲园等一批新建项目已经启动，中国普洱休闲养生部落等一批准备类项目前期工作已经开始，东软集团经过对普洱进行多轮实地考察后，按照打造大健康理念和投资建设医疗度假精品酒店的发展方向，将在景谷县芒卡温泉、西盟县城投资开发东软普洱熙康云舍健康度假养生项目。国际一线品牌精品度假酒店集团安曼集团、新加坡悦榕集团完成了对普洱的酒店选址考察，普洱休闲度假养生基地建设有序展开，且已经初具规模。

（二）普洱建设休闲度假养生基地存在的问题和困难

普洱旅游业发展迅速，但仍然存在起步晚、旅游设施和信息化滞后、缺乏核心景区、产业规模少、融合度不够、龙头企业带动不足等困难和问题。

1. 旅游基础设施及服务设施有待完善

普洱近几年大力发展旅游基础设施，酒店、餐饮等服务设施不断增加，服务水平有所提高，但在酒店、餐饮等服务质量及星级结构上有待进一步提升；另一方面，一些具有开发潜力的景区、景点由于地理位置与经济条件的限制，不同程度存在进入性差、接待设施不完善等情况，制约了普洱旅游的发展。

2. 旅游品牌不足

缺乏核心景区，旅游产品吸引力不足，旅游体系不完整。普洱旅游资源虽然丰富，但长期以来，旅游产品建设严重滞后，档次偏低，缺乏国家级、国际级的旅游品牌，难以吸引国内外大批游客。普洱市旅游需要整合资源，树立内涵鲜明、主题明确的市场形象。

3. 营销宣传方式创新不够

普洱旅游营销宣传一直以来主要以"电视电台、报纸杂志、户外广告"等传统营销模式进行，缺乏营销形式、营销内容、营销理念创新，缺乏利用"事件营销"、"新媒体营销"等营销手段。

4. 旅游龙头企业不足

普洱旅游产业链较为薄弱，旅游产业集中度偏低，规模经济不足，吃、住、行、游、购、娱等行业没有形成互动共赢的运行模式，旅游业的综合经济效益不高。

5. 信息化建设滞后

普洱旅游信息化水平低，形式单一，对外宣传功能弱，无法与国内重要网站形成互动，无法满足旅游行业管理、游客需求。

6. 人才缺乏

建设休闲度假养生基地，在规划、开发、管理、促销、服务方面均需要大量的专业人才，目前普洱旅游从业人员知识结构不合理，养生保健知识匮乏，旅游服务人员提供的养生高端旅游产品难以适应休闲度假养生旅游基地建设的需要。

7. 市场组织化程度低

许多旅游景点公共服务设施不足，零散的一些服务功能多为群众自行开发经营，既不完善，也不成规模，缺乏统一的市场营运模式，严重阻碍着普洱休闲度假养生基地的建设和发展。

（三）加快建设休闲度假养生基地的对策

面对困难和问题，当前和今后一段时期，普洱要抓住国家实施"一带一路"发展战略、"桥头堡战略"、支持旅游业发展的重大机遇，围绕国家绿色经济试验示范区建设，以旅游休闲度假康体养生为主线，用新的思路、新的举措，开创旅游产业跨越发展新局面。

1. 布局调整

依据普洱市内外部交通格局的变化、旅游市场偏好的调研和调整以及旅游发展大趋势，根据中远期规划的实际需要确定旅游空间布局的动态发展结构，确定核心发展区、优先发展片区，中远期以片区联动促进全市旅游整体提升。围绕"一心·一轴·三区·两点"旅游空间布局，实施大项目带动，支撑旅游产业大发展，同时管好建成项目，加快在建项目推进，谋划储备新项目。

2. 产品建设

打造龙头产品，建设旅游精品，以"龙头带动、精品突破"提升普洱旅游核心竞争力；丰富完善普洱旅游产品体系，促进普洱旅游目的地的建设；针对细分市场需求，打造具有普洱特色和吸引力的旅游产品。

3. 品牌塑造

整合普洱旅游资源，树立内涵鲜明、主题明确的市场形象，塑造与其旅游资源禀赋相匹配的旅游品牌。

4. 产业提升

从吃、住、行、游、购、娱六大要素入手，根据普洱旅游的发展目标，进行产业规划，提升普洱旅游产业整体实力，为普洱旅游目的地的打造奠定基础。

5. 政府运营

不断完善旅游管理体制，多渠道融资，加快实施旅游便捷化、信息化、市场规范化、人才专业化和公共服务优化工程，为休闲度假养生基地建设提供坚强保障。

第六章

生态家园建设与绿色发展

生态家园建设是改变传统的生产方式与生活方式，实现人与自然和谐、人与人和谐、人与社会和谐的重要体现，是绿色发展的必然追求。

一　生态家园建设的必要性

生态家园的概念是 2000 年 1 月由国家农业部提出的。为改变农户的生产方式和生活方式，推进农村和农业的可持续发展，国家农业部以生态家园为建设目标，制定了《全国生态家园富民工程规划》，在全国实施生态家园富民工程。生态家园富民工程的主要目标是：第一，农民生活环境得到明显改善，生产活动实现经济生态良性循环；第二，农民生活用能效率达到 30% 以上，优质能源占 50% 左右；第三，在原有基础上，农民人均增收 1000 元以上。在实现三大目标的基础上，形成农户基本生活、生产单元内部的生态良性循环，家居环境清洁化，资源利用高效化，农业生产无害化。①

为发展循环经济，建设节约型农业，改善村容村貌，推进社会主义新农村建设，2006 年 6 月国家农业部出台了《生态家园富民行动方案》，提出按照"减量化、再利用、资源化"的循环经济理念，以废弃物资源化利用、清洁能源开发和清洁生产为切入点，以秸秆转化、农村

---

① 王炎、王久臣：《生态家园富民工程：寓生态环境改善于农民致富增收之中》，《中国农村观察》2011 年第 4 期。

沼气、有机肥利用、生态种植养殖等技术集成为手段，构建以自然村为单元的资源循环利用体系，探索污染"零"排放的生态新村模式，实现家居环境清洁化、资源利用高效化和农业生产无害化。其重点工作是开发清洁能源、防治农业污染、保育草原、水域和良田、建设乡村物流、推动产业发展。

国家农业部先后出台《全国生态家园富民工程规划》和《生态家园富民行动方案》，体现了政策的连续性和拓展性。其中最为重要的是由以农户为单元生态家园建设发展到以自然村为单元的生态家园建设，"力图以微观组织的生态良性循环促进宏观生态环境的改善"，"以此来推动中国农业可持续发展战略的实施"。① 《全国生态家园富民工程规划》和《生态家园富民行动方案》的实施，对农村的生态家园建设起到积极的推动作用，产生了良好的经济效益、生态效益和社会效益，促进了社会主义新农村建设。

不过，在全球绿色经济迅猛发展和国家以绿色发展理念为引领全面推动绿色发展的背景下，仅仅以农户、自然村为单元的生态家园建设已不能适应快速推进的绿色发展的需要，需要在更大范围、更大空间来建设生态家园，不仅要高度重视农村的生态家园建设，也要高度重视城市的生态家园建设，让城市和农村都成为人与自然和谐、人与人和谐、人与社会和谐的生态家园。可以这样讲，生态家园应是绿色发展的重要目标，也是绿色发展的必然追求，更是人类宜居宜业的共同追求。

二　普洱生态家园建设的基本情况

普洱市高度重视生态家园建设，不仅认真贯彻执行国家农业部制定的《全国生态家园富民工程规划》和《生态家园富民行动方案》，按照规划和方案所确定的目标要求和工作重点做好农户、自然村的生态家园建设，而且以美丽乡村建设、森林城市建设、国家级卫生城市建设、水

---

① 王炎、王久臣：《生态家园富民工程：寓生态环境改善于农民致富增收之中》，《中国农村观察》2011年第4期。

生态文明试点城市建设为载体，不断拓展生态家园建设的空间和范围，逐渐构建起城乡一体化的生态家园建设体系。

（一）以美丽乡村建设为抓手打造农村生态家园

普洱以统筹城乡经济社会发展为目标，以提升农民生活品质为根本，以整合项目配套建设村为载体，以宜居宜业宜游为方向，建设"环境秀美、生活富美、社会和美"的美好家园。目前，镇沅县大仓、白沙田村，宁洱县那迁、绿茵塘村，江城县么等一批美丽乡村建设试点项目成效明显。

突出生态之美，建设秀美乡村是美丽乡村建设的重要内容。普洱市制定了《普洱市生态村建设管理办法（试行）》，积极开展生态村建设并取得了成效。2013 年，全市共有 335 个村开展了市级生态村创建工作，其中，考核命名了 67 个市级生态村，组织实施了 9 个行政村农村环境综合整治项目。

为了改善农村人居环境，服务美丽乡村建设，普洱市不断加快农村能源建设步伐。普洱农村能源建设坚持按照"因地制宜、多能互补、综合利用、讲求效益"和"开发与节能并重"的能源建设方针，围绕普洱能源资源特点，以技术发展为支撑，重点企业为载体，重大项目为抓手，突出发展太阳能、风能、生物质能等新能源和可再生能源，大力发展农村沼气，推广省柴节煤炉灶等农村节能项目。2010 年至 2014 年，全市累计完成农村沼气池 31979 户，完成节柴改造 34293 户，完成太阳能热水器安装 17303 台，累计投入建设资金 13108.7 万元。①农村能源建设为蓝天"减负"，为农村环保开新路，为普洱美丽乡村建设发挥了作用。

（二）优化宜居环境打造城市生态家园

普洱以建设国家森林城市和生态园林城市，打造"天赐普洱、世界茶源"城市品牌为目标，以优化城市宜居环境为统领，以改善城市功能、拓展城市空间布局、改造城市道路、扩大城市绿色等为重点，加快

---

① 《清洁能源"点亮"农村生活》，《普洱日报》2015 年 2 月 27 日。

城市生态家园建设的步伐，取得显著效果。

普洱中心城市实施了"南拓北建东扩中改"工程，300多平方公里的城市框架基本构建，东部教育区、南部旅游度假期、西部工业区、北部行政文化区、中部商业区的功能格局基本形成，集聚功能、牵引功能和辐射带动功能不断加强。湿地系统恢复和绿化、美化、亮化等一批项目全面推进，为广大居民营造了干净、畅通、优美、和谐的城市人居环境。截至2013年年底，思茅中心城区面积达26平方公里，城镇化率达59.9%，城市绿地面积816公顷，城市人均公园绿地面积达10.66平方米，建成区绿化覆盖率41.76%，绿地率39.43%，城市污水集中处理率达81.34%，生活垃圾无害化处理率达96.74%。

各县城和特色集镇建设快速推进，城镇功能日趋完善。澜沧县围绕创建"普洱沿边商贸中心区、云南沿边生态旅游区、云南沿边林纸生产加工基地"三大目标，实施惠民旅游小镇及拉祜文化展示中心等建设，城市吸引力不断加强。景谷县围绕建设云南省重要的林产业基地和蕴含地方民族文化、山水园林特色的新型工业小城市发展目标，加大城市建设力度，城市功能逐步完善。景东、墨江、宁洱等县依托文化优势和区位优势，规划县城发展和县城建设，县城承载力和吸引力不断加强，城市文化和城市品位不断提升。思茅茶马古镇、孟连娜允古镇、墨江碧溪古镇等一批有特色、有历史文化底蕴的小城镇建设得到有效推进，历史文化特色得到彰显。

三　普洱生态家园建设的内容

普洱生态家园建设，以尊重和维护生态资源环境为主旨、以打造宜居乡村、宜居城市为目标，以美丽乡村建设和生态城市建设为载体，以统筹城乡生态家园建设为主线，构建人与自然和谐、人与人和谐、人与社会和谐的生产生活空间。

（一）加快美丽乡村建设

建设美丽乡村是在更高起点上推进社会主义新农村建设的必然要

求，也是在生态文明理念指导下建设生态家园、打造乡村人类宜居环境的必然选择。普洱的美丽乡村建设取得了很大的成效，积累了很好的经验，今后要站在生态文明建设的高度，以生态文明理念为指导，把乡村规划建设与农村基础设施、社会事业、公共服务、产业布局结合起来，促进生产发展，改善人居环境，着力建设"天蓝、地绿、水净、安居、乐业、富裕"的美丽乡村。

美丽乡村建设，要突出生态之美，打造生态秀美家园。普洱有着丰富的自然生态资源，这些自然生态资源是建设生态家园的重要条件。按照自然美、生态美、风光美、人与自然和谐的目标，加大生态环境保护力度，严格保护耕地和水资源，着力构建符合生态文明的生产生活和生态空间，打造一流的水质、一流的空气、一流的森林生态、一流的人居环境，建设山清水秀、鸟语花香，村在林中、林在村中的生态秀美乡村。

美丽乡村建设，要突出文化之美，打造生态文化家园。普洱地域广大、村寨众多。这些乡村，既有自然风光的不同，也有乡土文化的差异。普洱境内居住着 26 个民族，在漫长的历史长河中，孕育出绚丽多彩的民族文化。这些民族文化，以静态和动态的形式贯穿于各民族的社会发展进程中，主要体现在建筑、礼仪习俗、生产劳作、衣食住行等方面。无论是静态的城镇、村落、工艺美术、服饰等实体存在，还是动态的风情习俗、歌舞等的传承和展示，都沉淀着各自的民族特质，折射出浓郁的人文地域色彩。这些民族的、地域的文化资源，与自然生态资源一样，也是我们建设生态家园的先决条件。因此，在乡村的生态家园建设中，要注重传承历史文化和民族文化，维护和优化村寨文化生态系统的完整性和协调性，因地制宜、因景制宜、因人制宜，突出文化之美，打造生态文化家园。

加快美丽乡村建设，创建宜居宜业的生态家园，关键要搞好以下几个方面的建设。

1. 强化基础设施建设

良好的基础设施是生态家园建设的重要条件。推进以通乡油路和通村道路硬化为重点的农村公路建设，全面提升农村公路的保障水平。加快兴建中小型骨干水源工程，搞好重要灌溉区改造和配套设施建设，实现水力资源合理利用。实施好"五小水利"工程和"爱心水窖"建设，解决农村人口的饮水安全问题。推进农村电网升级改造，提高农村居民用电和农业生产用电的保障水平。实施"数字乡村"工程，完善涉农综合信息服务平台，提升信息化服务水平。

2. 加快造林绿化

造林绿化是建设乡村生态家园的基础工程。要以产业结构调整和苗木基地建设为主线，推进天然林保护、退耕还林、防护林体系建设、陡坡地治理等重点工程。坚持以种植经济林果和珍贵树种为重点，广泛开展庭院绿化，路旁、沟旁、渠旁、屋旁绿化，见缝植绿、见隙补绿，推进经济林、产业林、生态林、景观林建设，形成道路河道乔木林、房前屋后果木林、村庄周围护村林的村庄绿化格局。

3. 提升村庄环境

深入实施农村清洁工程，突出抓好村容村貌整治，大力开展"家园清洁"、"水源清洁"、"田园清洁"等创建活动，扎实推进污水治理、河道清洁、垃圾处理、村庄整治等工作，特别是要按照"人畜分离"的原则，鼓励和引导养殖户联户建设标准化圈舍，实现人居和畜禽饲养分开，生产区与生活区分离。

4. 大力发展生态农业

转变生产方式，发展生态农业，既是农业发展的趋势，也是建设乡村生态家园的必然要求。普洱发展绿色生态农业具有独特优势，要按照生态、绿色、有机、安全的农业发展理念，推进绿色生态农业区域化布局、标准化生产、规模化种养、产业化经营、品牌化打造，着力提高农业综合生产能力、抗风险能力和市场竞争，有力推动农村生产方式的转变，促进农业增收、农村富裕和农民生活质量的提高。

5. 转变农村传统的生活方式

要实现传统生活方式向节约资源减少污染的绿色生活方式的转变，养成崇尚自然，追求健康；注重重复使用、分类回收资源；选择无污染、无公害、健康的绿色产品；确立环保选购和无害化、资源化处置垃圾的生活态度。摒弃危害环境的日常生活和消费陋习，将个体的生活与节能减排、改善家庭、村庄环境质量紧密衔接，尽量减少不必要的资源和能源消耗，以及所产生的污染物和废弃物的排放。

（二）生态城市建设

生态城市的概念最先是在 1972 年联合国教科文组织发起的"人与生物圈"计划中正式提出来的。其目的是要改变以掠夺方式来促进自身繁荣的传统工业城市，以复合生态发展模式取代传统经济发展模式，建立以可持续发展为特征的新的结构和运行机制，建立生态化产业体系，实现物质生产和社会生活"生态化"。在该计划的倡导下，生态城市已成为一个面向未来的、崭新的城市发展模式，代表着城市可持续发展的方向。[①] 生态城市概念及城市发展模式的提出，引起国际社会的广泛研究，美国、丹麦、巴西等国家重视以生态城市的发展理念规划和建设城市，谋求自然生态、社会生态和历史文化生态的协调发展。

中国从 20 世纪 80 年代开始，生态城市的理论研究受到高度重视并得到迅速发展。江西省宜春市也在此背景下首次提出了生态城市的建设目标，继而开展了生态城市的实际建设。此后，生态市、生态县、生态示范区在全国各个地区相继提出，这些围绕生态城市建设的理论和实践在一定程度上推动了我国生态城市的建设水平。

普洱生态城市建设起步较早，伴随着绿色发展之路的探索，普洱生态城市的建设就已经开始。特别是进入 21 世纪后，为了实现"生态普洱"建设，普洱的生态城市建设步伐加快。通过以"森林普洱"、"国家园林城市"、"卫生城市"、"造林绿化"等为载体，全面推进生态城市建设，已成功创建了"国家循环经济示范城市"、"国家可再生能源建筑应用示范城市"、"国家园林城市"、"国家森林城市"等标志性的示范工程，多次荣获"中国十佳绿色城市"、"中国十大特色休闲城市"等称号，成为人类宜居的美好家园。

普洱生态城市建设，要在已有的基础上，借鉴其他生态城市建设的经验，以科学理论为指导，以资源节约环境友好为导向，以宜居为要求，以建设国家绿色经济试验示范区为平台，以"森林普洱"、"国家园林城市"、"卫生城市"等建设为抓手，全力推进绿色城市网络、交通布局、生态森林体系、生态产业结构、生态文明意识、节能低碳生活方式、新能源使用、废弃物循环使用等为主要内容的城市发展，更好地

---

① 刘湘溶等：《我国生态文明发展战略研究》（下），人民出版社 2013 年版，第 434 页。

实现社会经济持续发展、人居环境优良的现代化城市发展模式。

（三）争创中国和联合国人居环境奖

中国人居环境奖是国家建设部为了表彰在改善城乡环境质量，提高城镇总体功能，创造良好的人居环境方面做出突出成绩并取得显著效果的城市、村镇和单位，于 2000 年设立的全国人居环境建设领域的最高荣誉奖项。联合国人居环境奖由联合国人居中心于 1989 年开始创立，用于鼓励表彰世界各国为人类住区发展做出杰出贡献的政府、组织、个人和项目，是全球人居领域最高规格的奖励。全国有 35 个城市获得中国人居环境奖，11 个市、县荣获联合国人居环境奖。

获得中国人居环境奖和联合国人居环境奖，对改善人居环境，推进生态城市建设，提升城市形象和影响力，建设宜居宜业的生态家园起到积极的推动作用。因此受到人们的高度重视。普洱市把争创中国和联合国人居环境奖作为普洱坚持绿色发展，争当生态文明建设排头兵的重要目标，写入了普洱"十三五"发展规划，认为普洱"成功创建了国家园林城市，国家卫生城市和国家森林城市，并成为全国水生态文明试点城市，为创建中国人居环境奖打下了良好的基础"，提出"做实做强国家绿色经济试验示范区，创建国家环保模范城市和国家级生态市，争创中国人居环境奖和联合国人居环境奖。目的就是用 5 年乃至更长时间的努力，全面提升普洱的城市综合竞争能力"。① 争创中国人居环境奖和联合国人居环境奖的目标的提出，对加快普洱生态城市建设和生态家园建设起到引领作用。

四　普洱生态家园建设路径选择

（一）统筹城乡一体化生态家园建设

普洱既有人口相对集中的城市，又有人口分散的广大乡村，因此，

---

① 卫星：《关于〈中共普洱市委关于制定国民经济和社会发展第十三个五年规划的建议〉的起草说明》，《普洱日报》2016 年 1 月 6 日第 2 版。

在打造宜居宜业环境，建设生态家园中，必须统筹考虑城市与乡村这两个不同特质的经济社会单元和人类聚落空间的融合发展、协调共生，实现城乡规划一体化、基础设施一体化、公共服务一体化、产业发展一体化、生态环境一体化，真正做到城乡功能配套互补，城乡经济社会得到共同发展，城乡居民生活水平共同提高。不过，统筹城乡一体化生态家园建设绝不是城乡一样化，而是如现代城市规划学家所说的："就是让城市的活力与文明涌向农村，而让农村的田野风光在城市驻足。"

（二）以规划引领生态家园建设

规划是顶层设计的集中体现，对发展具有战略指导作用。要坚持规划先行，以科学的规划引领生态家园建设。普洱生态家园规划从宏观的层面讲，必须严格执行普洱"一核两翼三带"主体功能区规划。这个主体功能区规划充分考虑了普洱发展基础、资源环境承载能力，构建科学合理的区域经济发展格局、城镇化格局、生态安全格局，构筑了协调、和谐、可持续的国土空间格局，体现了生产空间集约高效、生活空间宜居适度、生态空间山清水秀的根本要求，是普洱生态家园建设的基本依据。

从微观层面讲，乡村生态家园建设规划，要按照自然美、生态美、风光美、人与自然和谐的要求，坚持顺应自然、因地制宜、依山傍水、依山就势、错落有致的原则，做到民居设计与周围环境相映衬，与当地文化相结合，与产业发展、公共服务相衔接，通过完善基础设施建设，打通交通通道，把各个集镇、村庄串联起来，打造村庄与集镇一体，田园与山水交融的乡村宜居环境；城市生态家园建设规划，要综合城市的地域、面积、自然资源、人文经济状况，深入发掘生态城市发展的潜质，按照生态化的要求，完善城市空间形态，合理布局交通网络，调整优化产业结构，健全保障体系，全力打造宜居宜业的人居环境。

（三）经济、社会、生态的协调发展

生态家园建设的主要目标，就是要实现人与人、人与社会、人与自然的和谐，建立宜居宜业的环境。经济发展是生态家园建设的基础，人与人、人与社会和谐的生态家园建设的重要保障，人与自然和谐共生的

生态家园建设的最终目标。在生态家园建设中，要加快经济建设，实现经济繁荣，人民生活富裕，也要加快社会建设，实现人与人和睦相处，社会稳定，同时要加快生态文明建设，实现生态良性循环，人与自然和谐。由此，把生态家园建设成社会、经济、生态符合系统的全面持续发展的宜居宜业的幸福、和谐的家园。

第七章

生态安全屏障建设与绿色发展

生态安全是 21 世纪人类社会可持续发展所面临的一个新主题，它与国防安全、金融安全一样，均是国家安全的重要组成部分。[①] 普洱是西南生态安全屏障的重要区域。普洱建设生态安全屏障，不仅是构筑西南生态安全屏障的需要，也是推动普洱绿色发展的必然要求。

一　生态安全屏障的内涵及功能

生态屏障作为关键词，最早出现在 1999 年。[②] 目前，生态屏障这一术语在学术界被频繁地使用，但什么叫生态屏障，尚无统一的认识。杨冬生认为生态屏障是指一个物质能量良性循环的生态系统，它的输入、输出对相邻环境具有保护性作用。[③] 陈国阶则认为，生态屏障指生态系统的结构和功能，能起到维护生态安全的作用，包括生态系统本身处于较完善的稳定良性循环状态，处于顶级群落或向顶级群落演化的状态；同时，生态系统的结构和功能符合人类生存和发展的生态要求。[④] 潘开文认为：生态屏障就是指在一个区域的关键地段，有一个具有良好结构

---

① 转引自孙海燕、王泽华、耿凯《建设云南生态安全屏障的科技需求与对策研究》，《昆明理工大学学报》（社会科学版）2015 年第 2 期；张三、张清芳《通货膨胀的生态经济原因及其对策》，《中国人口资源与环境》2002 年第 12 卷第 1 期。

② 潘开文、吴宁等：《关于建设长江上游生态屏障的若干问题的讨论》，《生态学报》2014 年第 3 期。

③ 杨冬生：《论建设长江上游生态屏障》，《四川林业科技》2002 年第 1 期。

④ 陈国阶：《对建设长江上游生态屏障的探讨》，《山地学报》2002 年第 5 期。

的生态系统（很显然植被生态系统是生态屏障的主体及第一要素，但不是全部），依靠其自身的自我维持与自我调控能力，对系统外或内的生态环境与生物具有生态学意义的保护作用与功能，是维护区域乃至国家生态安全与可持续发展的结构与功能体系。这种功能性保护作用在小尺度上表现为对环境与生物的保护，在大尺度上，则叠加为保障区域或国家的生态安全与可持续发展；该功能性保护作用在不同尺度上的转化类似于整体与局部、系统与构件的关系，也只有局部的功能得到优化，整体的功能才能大于各局部功能的总和，才能真正保障区域或国家的生态安全与可持续发展。①

综合以上观点，我们认为，生态安全屏障是指承担水源涵养、水土保持、防风固沙、环境净化、气候调节和生物多样性保育等重要生态功能，关系全国或较大范围区域的生态安全，在开发利用中必须加以保护，以保持并提高生态产品供给能力的区域。

生态安全屏障对生态系统的保护功能主要包括以下几方面。

过滤器功能（Filter function），指生态屏障对从系统外进入或从系统内流出的物质有一定的过滤功能。这一功能的突出表现是森林生态系统所具有的净化水源、减少污染、提高水质与空气质量的作用。如河渠两岸的森林以及平原农田区的网状森林，可以将农田中的农药与化肥残留物适当吸附或净化，降低流入沟渠、河流的水中农药的残留浓度，从而使森林在农地的非点源污染源和河渠之间起到过滤器的作用。通常来说，在大型能耗工业开发区周围营造防护林带，则可通过森林的降解作用对工业区排放的废水、废气、废渣等起到过滤作用，使排到防护林带外的水、气等得到一定程度的净化。

缓冲器功能（Buffer function），指生态屏障对来自外界或内部的干扰有一定的缓冲能力，以保持系统的相对稳定性。例如，由于成熟的森林中具有合理的乔、灌、草结构，从而增加了系统表层构造面的粗糙度，降低了水流速度，使得泥沙在通过森林的过程中，滞留于林地，从而减少了林中泻出溪流中的泥沙含量。在小流域的下段部位建造森林生

---

① 潘开文、吴宁等：《关于建设长江上游生态屏障的若干问题的讨论》，《生态学报》2014年第3期。

态屏障，可以作为从整个流域上部下来的地表径流和携带泥土的缓冲器，起到保持水土的作用。同时，由于森林植被具有重新分配降水的功能，延缓了洪水汇流成洪峰的时间，因此，对洪峰的形成也起到了缓冲器的作用。

隔板功能（Screen function），由于生境异质性的存在，在生态系统的内部与外部，生境条件会发生很大变化，这使得系统界面对生物的流动甚至物质信息交流起到类似细胞膜的隔板作用。如在川西北的高寒湿地中，水生生物与其周边的旱地生物之间就存在着这样的作用，因此，高原湿地生态系统就与邻近草甸草地系统有着不同的生态学过程与动态特征。同时，就一个陡坡山体来看，森林对其上部表土因重力而下滑也可起到隔板功能，从而可减少水土流失与滑坡发生的强度与频度。因此，隔板功能的作用范围要视研究的系统尺度来定，对于生态治理来说，发掘治理范围内（该尺度内）的隔板功能是十分重要的。

庇护所功能（Shelter function），指植被生态系统作为物种基因库的功能。森林为动物、植物（尤其是草本和灌木）、微生物和人类的繁衍与生存提供了生境与食源。对于一个成熟的森林生态系统来说，乔木以外的植物通常可占植物数量的60%—80%，但人们研究森林时却常常忽略这些植物的多样性。河流两岸的植被对于水中的生物是至关重要的，它增加了水中的植物碎屑和无脊椎动物，并提供了隐蔽的环境，为提高水中鱼类的生境质量起到了庇护的作用。

水源涵养功能（Green‑tree reservoirs function/sponge function of forests），指生态系统具有良好的涵养水源的功能。在一个结构良好的森林生态系统中，堆积的枯落物可阻碍地表水的流出，而且由于土壤发育良好，土壤有着松软而发达的团粒结构，渗水性能优。因此，从这种森林地面流出的水就比较少，降雨后河流不会立即涨水，而且渗透到地下的水也是缓慢地流出，所以河流的流量可以保持平稳，这就是涵养功能的实质。

精神美学功能（Aesthetics function），指系统具有旅游、休憩、科普教育、文化和美学等方面的作用。为了减少对林木的采伐，发掘这些功能和作用是目前生态治理可持续进行的关键，因为这往往是林区可长期利用的唯一资源。①

二　普洱建设生态安全屏障的重要性

西南生态屏障是众多河流的发源地，对珠江、长江和澜沧江流域的水土保持及众多河流的水源涵养、河流湿地保护起着重要的作用。西南生态屏障对北来的寒流和南来的季风形成天然屏障，有利于南亚热带、热带林木生长，保障我国南方用材林基地建设。西南生态屏障是南亚热带和热带的交界区，生物多样性的热点地区。云南地处大江之源、高原之上，是东南亚国家和我国南方大部分省区的"水塔"和生态安全屏障，肩负着西部高原、长江流域、珠江流域三大生态安全屏障的建设任务。云南生物种类及特有类群数量均居全国之首，生物多样性在全国乃至全世界均占有重要的地位，是我国乃至世界的物种和遗传基因宝库。其生态体系建设对维护本省、国家及国际跨境流域的生态安全至关重要。

2011年，国务院颁发了《国务院关于支持云南省加快建设面向西南开放重要桥头堡的意见》（国发〔2011〕11号），确定把云南建成我国重要的生物多样性宝库和西南生态安全屏障。为把云南建成生物多样性宝库和西南生态安全屏障，全省上下深入实施"生态立省"发展战略，以科学发展为主题，转变发展方式为主线，"兴林富民"为目标，深化改革扩大开放为动力，科技为支撑，依法治林为保障，调整产业结构为抓手，大力推进森林生态、林业产业、森林文化和基础设施建设，提升林业生态、经济和社会效益，充分发挥森林资源作为"水塔"、"物种基因库"、"碳库"、"绿色银行"等功能，积极构建我国重要的生物多样性宝库和西南生态安全屏障。确定到2015年实现全省森林覆盖率力争达到55%以上，森林蓄积量达到17亿立方米以上，林业总产值超过1000亿元，森林生态系统服务功能价值达到13000亿元以上；

---

① 潘开文、吴宁等：《关于建设长江上游生态屏障的若干问题的讨论》，《生态学报》2014年第3期。

到 2020 年，全省森林覆盖率达到 56%以上，森林蓄积量达到 18.3 亿立方米，林业总产值超过 2000 亿元，森林生态系统服务功能价值达到 14000 亿元以上目标。

普洱市位于云南省西南部，地处中国西南边疆、大湄公河次区域中心地带，与越南、老挝、缅甸接壤，国境线长 486.29 公里，是我国西南地区唯一"一市连三国"的州市，与周边国家山脉同川、江河同源、人文相近，边境地区各民族同胞与境外少数民族习俗相近、语言相通、文化相融，相互交往频繁。澜沧江—湄公河流经缅甸、老挝、泰国、柬埔寨和越南五国，形成"一江通五邻"的黄金水道，拥有我国在澜沧江—湄公河流域的第一个国家级口岸。普洱市国土面积 443.6 万公顷，山地面积占 98.3%，是云南省国土面积最大的州市，是全省重点林区和重要商品林基地。全市辖 9 县 1 区，103 个乡镇，总人口 258.4 万人。有无量山及哀牢山 2 个国家级自然保护区，省级自然保护区 5 个，县级自然保护区 9 个，保护区总面积达 16.04 万公顷，占全市国土面积的 3.5%。物种资源丰富，有高等植物 5600 余种，动物 1960 余种。全市林业用地面积 327.81 万公顷，占全市土地总面积的 73.9%，居全省第一，人均占有林业用地面积是全国的 8.1 倍，全省的 3.4 倍。权属为集体的 194.32 万公顷，占 59.3%；权属为个人的 28.67 万公顷，占 8.7%；权属为其他的 5.22 万公顷，占 1.6%。森林覆盖率达 68.7%，活立木总蓄积量 2.68 亿立方米，占云南省的 14%，是云南省重点林区、西南重要生态安全屏障和国家重要的商品林基地。① 普洱同时也是全省最大的碳汇基地，经测算，普洱市森林资源碳汇量达 31631.91×10^4 吨。其中：森林（含竹林）碳汇量 15298.30×10^4 吨，灌木林碳汇量为 485.07×10^4 吨，林地碳汇量 15848.54×10^4 吨，分别占森林资源碳汇量的 48.36%、1.53%和 50.11%。按环境经济学家通常采用瑞典碳税率 150 美元·吨$^{-1}$（折合人民币 913 元·吨$^{-1}$）计算，普洱市森林资源碳汇价值总计达 2887.99 亿元。虽然不能全部纳入森林碳贸易范围，但据相关数据，普洱市通过实施营造林、退耕还林、天然林保护、公益林

① 袁亚飞：《普洱市生态公益林建设现状及存在问题分析》，《林业调查规划》2014 年第 2 期。

建设、农村能源建设和林业"三防"体系建设等林业重点生态工程，每年可新增森林蓄积量 $748.31×10^4$ 立方米，可新增碳汇量 $424.76×10^4$ 吨，部分碳汇可进行森林碳汇贸易，每年可交易的森林碳汇价值达38.78亿元。[①] 普洱境内大面积的亚热带长绿阔叶林与周边国家茂盛的植被连接一体，形成保护生物多样性、构筑西南生态安全屏障的核心区域，是国家实施"一带一路"战略的"黄金前沿"和"生态前沿"，是探索国际共同促进生态环境保护合作模式的理想区域。所以，普洱建设构建西南生态安全屏障具有十分重要的意义。

一是普洱建设西南生态安全屏障是维护国家生态安全的重要组成部分。普洱作为西南生态屏障的核心区域，澜沧江、李仙江等国际性河流穿境而过，是澜沧江—湄公河次区域的中心地带，也是南亚、东南亚地区的诸多河流的发源地。普洱是云南乃至我国、世界生物多样性集聚区和物种遗传基因库，是外来有害生物、疫病的天然阻隔屏障。普洱建设西南生态安全屏障不仅关乎国家的生态安全，也关乎南亚、东南亚地区的生态安全。普洱加强构建西南生态安全屏障，不仅是推进我国生态安全屏障建设的重要组成部分，也是普洱履行国际义务，实施大湄公河次区域核心环境项目生物多样性保护廊道项目（CEP-BCI）的重要举措。

二是普洱建设西南生态安全屏障是普洱建设国家绿色经济试验示范区的重要基础。普洱立足生态资源优势，坚持"生态建设产业化、产业发展生态化"的发展思路，以生态建设为重点，以林业重点工程为抓手，以增资源、强功能为主线，以"兴林富民"为目标，加快森林生态体系、森林产业体系、森林文化体系建设步伐，既是夯实普洱发展基础、加快绿色经济建设的具体要求，也是把云南建设成我国重要的生物多样性宝库和西南生态安全屏障的具体体现。

三是普洱建设西南生态安全屏障是确保普洱经济社会可持续发展的客观要求。普洱森林资源丰富，但"大资源、小产业、低效益"的局面没有根本改变。随着工业化、城镇化加速发展和人口不断增加，普洱生态建设保护工作的压力进一步加大，局部地区生态环境恶化的趋势仍然存在。加强西南生态安全屏障建设是确保普洱科学发展、和谐发展、

① 李荣、杨婧：《普洱市森林资源碳汇能力评价》，《防护林科技》2014年第5期。

跨越发展的重要保障和重要支撑。

四是普洱建设西南生态安全屏障是山区人民群众增收致富的必由之路。林业是国民经济的重要组成部分，涉及一、二、三产业，涵盖范围广、产业链条长、就业容量大、带动能力强，是促进山区农民增收致富的重要渠道和高原特色农业的重要组成部分。加快森林普洱建设，构建西南生态安全屏障，立足普洱山区面积大、气候条件优越、森林资源丰富的实情，充分发掘森林资源潜力，培育壮大特色林业产业，对加快破解"三农"难题，促进山区农民增收致富具有十分重要的意义。

三　普洱建设生态安全屏障存在的问题和困难

森林生态系统和湿地生态系统是生态屏障的主体，林业生态建设承担着生态屏障建设的主要责任。普洱市经过多年的生态治理和建设取得了巨大成绩，森林覆盖率不断提高，但保护和发展的任务依然繁重。随着林业工程建设的推进，生态屏障建设过程中存在着许多值得重视的问题，集中表现为大面积资金短缺，乱砍滥伐的现象依然存在，人工林分质量低，生态功能不完善，湿地面临水体污染、资源减少、过度开发、生物多样性持续下降等问题。

（一）湿地退化趋势仍然存在

普洱天然湿地较少，主要有河流湿地、湖泊湿地、沼泽湿地，地域特色浓，而且生态地位极高。虽然近年采取了包括法治建设、建立保护区、污染防治、植被恢复等多种措施加大了湿地生态治理的力度，但是湿地遭受破坏和退化的趋势仍然明显，湿地依然面临着污染、土地利用方式转变、水电过度开发、水生生物资源过度利用、各种自然灾害等威胁。其主要原因，一是由于地方财政投入有限，加上当地居民生产生活习惯的影响，保护力度不够。此外，湿地保护的布局和类型不完善，不少急需保护的湿地没建立保护区，现有保护区的管理和建设力度不够，仅维持在巡逻管护、宣传教育方面，设备、资金严重不足，湿地保护的实际成效不明显。二是管理体系不完善，湿地在利用上多头管理，在保护上缺乏统一管理机构和机制，部门职责不清。三是湿地保护与恢复资金缺乏，除国家级湿地保护区有少量的经费预算外，其余湿地保护区基本上都是地方财政开支，投入有限，保护的各项工作处于低水平的常规保护，在湿地调查与监测、保护区及社区建设、湿地科学研究与宣教、执法手段及队伍建设等方面，都因缺乏专门的资金支持而未开展或没有实质性进展。

（二）造林布局有失偏颇，与生态屏障总体要求尚有差距

经过大规模的生态建设，目前全市立地条件好、交通便利的宜林地首先得以实施，却遗留下相当面积的难以造林的生态因子恶化、水土流失严重、土壤瘠薄的荒地，特别是生态脆弱地带如干热干旱河谷、岩溶山地、高海拔地带等，这类立地多是由于森林采伐或人为反复干扰，生态因子逆转，已经变为非宜林地，植被恢复异常困难，成为造林的死角和进一步提高植被覆盖率的主要难点。再如退耕还林工程中，少部分退耕地由于立地条件太差或者管理措施跟不上，反复造林均难以取得成效；退耕还林的宗旨之一是对大于25°的陡坡耕地实施造林，但是由于各种原因，部分陡坡耕地并未实施或者造林失败，而部分可以留作农耕地的坡地、平地甚至基本农田却进行经济林木种植，实践与生态屏障建设宗旨脱节，影响了生态屏障总体效益的发挥。

新造林缺乏抚育和管护，低质低效林亟待改造。目前人工林的中幼龄林面积占绝大多数，由于缺乏有效抚育和管护，造林地林分质量低下。人工林普遍存在树种结构不合理、纯林面积大、生态防护功能差、生物多样性低、抗逆性差、病虫害严重等问题。其原因主要是缺乏专项抚育、管护资金。由于抚育、管护和低产低效林改造措施不力，造成林层结构不合理，密度偏大，既影响林地利用率和生产力，又隐藏着森林火灾隐患和病虫害发生蔓延的危险。

（三）破坏迹地植被恢复任务繁重

水电产业、采矿业、道路交通建设是普洱的支柱产业，资源开发同时带来了迹地破坏和污染。水电开发区和矿区多分布在生态脆弱区，地表植被破坏后极易形成水土流失，地下开采则形成地表沉陷乃至地质灾害；在采矿选矿中的废水渗透造成土地土壤和水体污染，尾矿和废石废料堆放引发塌方、泥石流等危害。如果不及时治理，将带来新的生态灾难。道路交通建设也是造成普洱生态环境破坏的一大因素。普洱国土面积多属于山区，为改善交通条件，许多山区公路为盘山公路，山体修筑公路以后，水土保持能力大幅度下降，被破坏的迹地短期内难以修复。

（四）资金投入不足，基础设施建设滞后

生态屏障建设中普遍存在着国家投资偏低的状况。即便天然林保护工程有其他环节的投资，在营造林项目上，依然与其他工程一样，国家投资基本局限于造林补助，所以生态屏障建设没有规范地纳入国家基本建设程序，而地方财政的配套投资基本无法落实，工程的后期管理不到位。由于投入不足，造林任务重，缺乏基础设施建设，林业科研、林木种苗、技术推广、森林防火、病虫害防治等基础设施建设十分薄弱，科技和信息服务手段落后，难以适应建设西南生态安全屏障要求。

（五）生态效益补偿机制不健全

生态效益补偿机制已经逐渐成为社会、政府的共识，并已成为国家政策。2004 年建立中央财政森林生态效益补偿基金制度，标志着我国生态效益补偿机制的正式启动，2007 年又完善了有关管理办法，标志着生态效益补偿制度的启动，从根本上解决了林业作为重要公益事业在健全社会主义市场经济体制条件下公共财政支出中的合理地位，实现了从无偿使用森林生态效益向有偿使用森林生态效益的转变。森林和湿地资源的生态功能和效益互为补充，共同构成了生态屏障，因此，二者均应得到生态补偿。由于生态屏障的生态服务功能是市场不能提供的产品，应由政府提供必要制度保障的公共物品。对具有生态服务功能和产业功能的自然资源通过补偿制度的建立和资金补偿、实物补偿等经济手段的运用，其保护与利用之间的矛盾将得到缓解和消除。通过生态效益补偿机制的建立，对生态产品受益者征收补偿金用于生态屏障建设，运用经济手段消除生态屏障建设、保护与利用中的经济外部性，有助于利用反哺保护机制的建立，遏制生态资源锐减趋势，促成保护成本与利用受益的对等，推动以利用为核心的合理保护管理格局的形成。但是，生

态效益补偿机制刚开始实施，一系列的相关政策、标准和执行方法尚处于尝试阶段，还没有实现生态效益的完全有偿化，远没有实现生态效益和经济效益的和谐统一和效益公平，主要表现在下列方面：一是森林生态效益补偿标准偏低。根据普洱市最新的二类调查数据，主要树种思茅松面积139.34万公顷，蓄积1.35亿立方米。平均蓄积为97.2立方米/公顷，按思茅松现在市场原木价800元/立方米计算，思茅松原木价可达46650元/公顷。林地区划为公益林后，对林农每年补偿费为150元/公顷（不计省、市级统筹部分），仅为当地商品林年地租价的1/2，经营商品林和公益林利益差距太大。据统计，若仅考虑森林的营造和管护费用，生态林的最低营造成本为3529.5元/公顷，而管护费用至少需要150元/公顷·年。[①] 再如，退耕还林工程目前的补偿标准远远低于农业收入，没有比较效益，难以保证农民增收，因而出现边种边耕边毁现象。补偿标准偏低或补偿不能及时兑现，达不到补偿的目的，不能反映生态效益应有的价值，从而损害经营者的利益。二是森林生态效益补偿资金来源渠道单一，资金不足。目前，我国规定国家公益林由中央财政补偿，地方公益林由各级地方财政补贴，表明森林生态效益补偿资金来源于中央和地方政府，地方政府的财政补偿受地方财政收支状况的影响，补偿资金往往无法得到保障。

（六）公益林补偿标准低

林农抵触情绪大，给公益林的稳定埋下隐患。普洱市公益林中，权属为集体、个人部分的面积为45.77万公顷，其中国家级17.31万公顷，省级28.46万公顷。涉及补偿的农户有25.8万户，平均每户补偿面积399.15公顷，补偿资金259.45元。在景东县挖萨村，全村林地0.73万公顷，商品林0.42万公顷，可为农户带来每年140万元的收入。巨大的利益差距使得农户对区划公益林抵触情绪较大，部分林农拒领生态效益补偿资金，要求退出公益林，给公益林的稳定造成了影响，提高补偿标准势在必行。

---

① 转引自袁亚飞《普洱市生态公益林建设现状及存在问题分析》，《林业调查规划》2014年第2期；孙昌金、陈晓倩《中国森林生态效益补偿基金政策剖析》，《生态环境效益补偿政策与国际经验研讨会论文集》，中国林业出版社2002年版。

管护费用低，管护难度较大。不论是国家级公益林还是省级公益林，权属为国有的补偿标准为 75 元/公顷·年，权属为集体和个人的为 150 元/公顷·年（均包含了省级、市级统筹和补偿费管护费等）。按照当前市场工价，100 元/天·人，一个月 3000 元，年管护费用为每人 36000 元。而事实上，普洱市公益林管护费最高为 19000 元/年·人（仅指国有林管护人员，管护面积约 400 公顷），集体部分管护费更低。有的集体林没有能力聘请专职管护人员，由村民小组长代为管理，其管护效果也未能达到预期效果。

公益林区基础设施建设落后，不利于管护工作的开展。由于补偿标准低，补偿费基本上只够用于林地管护和对林农的补偿，没有更多的剩余资金对公益林区的基础设施进行建设。如景东县太忠乡林业服务中心，林地面积 1.57 万公顷，公益林面积 0.36 万公顷。其中国家级公益林 0.11 万公顷，省级公益林面积 0.21 万公顷，市、县级公益林 0.04 万公顷。服务中心办公场所为租用的民房，办公地点狭窄，难以满足工作需要。在人烟稀少的林区，缺少管护哨所，管护人员巡山只能自带干粮，巡护工作十分艰辛。由于资金短缺，没有更多的经费用于宣传碑牌、宣传册等的制作，宣传力度不够，开展管护工作困难较大。

公益林区群众参与管护的积极性不高。由于补偿标准低，广大林区群众除了被区划为公益林的林农，其他不涉及的基本不参与公益林的管护等相关工作。要管护好公益林，使其发挥应有的效益，必须充分发挥社区的优势，投入必要资金吸纳社区群众参与。长期以来，林农作为最基层的森林经营主体，被动接受安排的多，看到的多是计划、指标、组织、监督、检查等，在森林生态效益补偿实施方案的决策、规划、实施、监测和评估中缺乏实际意义上的参与，不利于今后森林生态效益补偿资金的管理及补偿资金的落实。在澜沧县雪林乡南盼村，公益林面积 2651 公顷，商品林面积 2281 公顷，全村 867 户，2897 人。其中涉及公益林的为 489 户，1655 人。召开村民一事一议会议讨论公益林补偿资金使用方案时，到会的只有涉及公益林农户代表参加。公益林区内发生森林火警，村民打电话至乡镇林业站报告说："领导，你们的公益林着火了。"可见，在村民的意识里，公益林是林业站的，与他们无关。由于补偿低，林农能得到的利益太少，对参与公益林管护的积极性很低。[①]

激励机制缺失。普洱市地处云南南部偏远贫困山区，大多数林农经济基础薄弱，寄希望于林权制度改革后能将自己的林地流转变现，改善经济状况，提高生活水平。然而林地被区划成公益林后不能进行商品性采伐，补偿标准又低，加之生态效益补偿缺乏相应的激励机制，导致林农抵触情绪加大，公益林的稳定性及管护效果难以达到预期目的。思茅区万掌山林场林地面积 0.93 万公顷，国家级公益林面积 0.46 万公顷。为鼓励企业管理好国家级公益林，下达专项资金 30 万元用于管护哨所建设，下达 25 万元用于公益林区道路维护。在镇沅县者东镇东洒村及邦海村，下达 30 万元用于两村间公益林区道路维护，既方便了公益林管护，取得了村民的理解支持，也为村民的出行提供了方便。但这些专项资金均是省市县级统筹部分安排的，涉及面小，不能覆盖整个公益林区，不能解决公益林区存在的普遍问题。江城县康平乡中平村老卫寨村民小组林地面积 200 公顷，营盘山村大草地村民小组林地面积 133.3 公顷，由于补偿标准低，当地村民拒不领取生态效益补偿资金，但这些地方的林地生态区位于重要交通干线两旁，不得不划为公益林。加之没有有效的激励机制，这一矛盾很难解决。[②]

（七）对发展林下经济的认识不足

发展林下经济是普洱山区农民依托丰富的森林资源，增加经济收入，改善生活条件的一个理想产业。但如何发展林下经济，在新产业培植发展中，对森林的生态系统功能认识、保护不到位。有的农户或企业，以发展林下经济为由，随意清除森林杂草和幼木，种植茶叶、咖啡、重楼等，当茶叶或咖啡长大需要更多的光照时，便砍伐树木，使发展林下经济变成了毁林开荒。《森林法实施条例》规定：林地包括郁闭度 0.2 以上的乔木林地以及竹林地、灌木林地、疏林地、采伐迹地、火烧迹地、未成林造林地、苗圃地和县级以上人民政府规划的宜林地，禁止毁林开垦。林下经济无论是种植还是养殖，林下的杂草、幼木都将受

---

① 袁亚飞：《普洱市生态公益林建设现状及存在问题分析》，《林业调查规划》2014 年第 2 期。

② 同上。

到不同程度的影响，在森林的碳汇能力和水土保持能力大幅度下降的同时，森林的再生和恢复能力将会丧失。对发展林下经济应坚持以下三点：（1）一级国家级公益林原则上不得开展生产经营活动，严禁林木采伐行为。（2）一级国家级公益林以外的其他公益林要在不破坏森林生态系统功能的前提下进行合理利用，鼓励近自然的经济行为，不进行高强度的集约经营活动。（3）要科学规划，合理布局。对饮用水源区，城镇、村庄环境保护区，生物多样性富集区，生态脆弱区要严格控制，不得规划发展林下经济。① 一般来说，发展林下经济产业，应在经济林中进行。

四　普洱加强生态安全屏障建设的对策

（一）把生态屏障建设置于首位

一是生态屏障应作为今后调整国家公益林面积、重点发展国家公益林的基础。应形成国家财政支持的国家生态屏障网络。在此基础上建立地方、区域的生态屏障网络，使公益林的确定更为科学和合理。二是各级政府制定重大经济技术政策、社会发展规划、经济发展规划、各项专项规划时，要依据国家生态屏障格局，充分考虑生态功能的完整性和稳定性。三是各级政府制定生态保护与建设规划，要依据国家生态屏障格局的功能定位，确定合理的生态保护与建设目标、制定可行的方案和具体措施，促进生态系统的恢复、增强生态系统服务功能，为区域生态安全和区域的可持续发展奠定生态基础。四是经济社会发展应与国家生态屏障格局的功能定位保持一致。资源开发利用项目应当符合全国生态屏障格局的保护目标，不得造成生态功能的改变。五是各级政府要把生态屏障作为生态建设的重点，逐步把生态屏障区内的林地作为永久保护地，要下大力气提高屏障区内的森林质量，形成强大的生态屏障能力。六是各地应在国家生态屏障的基础上，规划本区域次级生态屏障，并加

---

① 袁亚飞：《普洱市生态公益林建设现状及存在问题分析》，《林业调查规划》2014年第2期。

强建设。①

（二）加强森林保护与恢复

加强国家级公益林和省级公益林的保护和管理，提高公益林质量和生态效益。优先在城市面山，国道及省道沿线，自然保护区、风景名胜及重点工程区周边，各大、中、小型水库周围水源林区、江河两岸建设公益林。继续实施天然林资源保护二期工程，加强天然林管护，以澜沧江、李仙江及其一级支流两岸和源头地区及边境沿线、少数民族聚居区等为重点，实施封山育林、人工造林种草，恢复遭受破坏的森林生态系统。巩固退耕还林建设成果，选择生态区位重要、陡坡耕地较多的区域，继续实施退耕还林、荒山荒地造林和封山育林。加强国家公园建设管理，以普洱国家公园为重点，积极推进国家公园建设，争取将哀牢山、无量山等具有良好基础和条件的国家自然保护区纳入国家公园建设规划，探索建立国家公园体制。

（三）加大保护生物多样性的力度

实施生物多样性保护战略和行动计划，扩展生物多样性保护区域，完善保护区体系，以国家级和省级自然保护区为重点，提升现有自然保护区的建设和管理水平，积极推进市级保护区建设，加强自然保护区外的生物多样性保护，在重点保护区域建立野生动物救护站；加强重点物种保护，对区内黑冠长臂猿、亚洲象、印度野牛、绿孔雀等重点物种的监测和生态习性研究，有针对性地开展就地、近地和迁地保护，推动亚洲象食物源基地建设，建立黑冠长臂猿研究中心，建设以景东亚热带植物园、普洱植物园为核心的科普专业园，加强对长蕊木兰、篦齿苏铁、桫椤、藤枣等重点植物物种的保护。加大景迈山、千家寨、邦崴古茶园等自然文化遗产保护。严厉打击非法偷猎行为，防范大型野生动物肇事，推广野生动物公众责任保险，积极防治外来物种入侵。

---

① 周洁敏：《中国生态屏障格局分析与评价》，《南京林业大学学报》（自然科学版）2009年第5期。

（四）加强湿地保护与恢复

以思茅河为主线，以洗马湖、梅子湖、信房湖、野鸭湖、那贺湖为核心，以打造普洱五湖国家湿地公园为重点，加强流域湿地范围内的水资源和生物多样性保护，防止生活和生产污水污染湿地。在确保区域内湿地得到有效保护的前提下，合理开发湿地资源，适度开展湿地生态旅游，注重保持湿地原生态，严禁开垦围垦和侵占湿地。对开发无序和功能退化的湿地进行生态恢复，对富营养化湖泊进行综合治理。

（五）防治水土流失

统筹水土保持、退耕还林还草，人工种林种草、天然林资源保护等，推动山水田林路统一规划，综合治理，防治水土流失。加强小流域综合治理，以小流域为单元，扩大生态清洁型生态小流域建设，重点加强澜沧江河谷、者干河、阿墨江、川河、把边江、黑河、南朗河、南垒河流域的水土流失综合治理。实施坡耕地综合治理，限制陡坡垦殖，对土石山区的坡耕地进行坡改梯建设等综合整治，对区位重要、陡坡耕地较多的地区实施退耕还林工程。①

（六）提高森林生态效益补偿标准

森林的生态功能是典型的公共产品，作为生态建设重要内容的公益林营造、经营和管理，是典型的公益活动。政府应逐步提高补偿标准，使生态公益林的经营者得到合理的经济补偿。这是社会主义市场经济条件下有效保护森林资源、维护生态环境的重要途径。同时，加大财政转移支付中生态效益补偿的力度，在资金的安排使用上，应着重向欠发达地区、重要生态功能区、水系源头地区和自然保护区倾斜，优先支持生态环境保护作用明显的区域性、流域性重点项目。拓宽森林生态效益补偿基金筹措渠道，按照"谁开发谁保护，谁受益谁补偿"的原则，建立市场经济条件下对森林生态效益补偿的市场化运作机制，制定科学、合理的征收标准，对森林生态效益受益明显单位，如依托公益林景观的

---

① 资料来源于《普洱市建设国家绿色经济试验示范区发展规划》，第38—39页。

旅游部门、水力发电部门、城市自来水部门，从其企业营业收入中提取一定比例的资金用于该区域的生态效益补偿；对环境污染大的行业和单位征收生态环境补偿费。建立基于市场经济背景下生态环境建设和保护的激励与约束机制。建立公益林区非木质产业发展扶持资金专项扶持公益林所有者发展林下种养殖业、野生食用菌、森林蔬菜花卉、森林生态旅游等，让广大林农从公益林的经营管护中得到更多的实惠，这符合公益林管理的相关规定，不仅有利于丰富林农的收益渠道，还可以有效助推地方林业经济健康发展。

（七）积极推进跨境生物多样性保护合作

普洱市与缅甸、老挝、越南接壤，边境地区生物多样性丰富，各国之间有共同的生物文化环境、良好的区域合作关系，边境贸易和跨国旅游活跃，都加入了《生物多样性公约》，具有开展跨境生物多样性保护合作的良好基础。跨境保护是未来保护地发展的重要方向之一。跨境合作也是普洱市生物多样性保护工作的一大地域特色，在云南省的跨境生物多样性保护工作中占有重要地位。

1. 开展边境地区跨境生物多样性保护合作

建立有效的跨境生物多样性保护合作机制，推进一批保护合作项目的实施，治理非法贸易，发展跨境旅游，共同维护区域生态安全，保护好区域生物多样性。（1）积极寻求与缅、老、越各国的跨境保护合作，建立长期合作机制，筹建跨境保护地（区）和跨境生物迁移廊道。（2）联合打击边境地区的野生动物活体和制品的走私活动；组建跨国联合的反盗猎机构，共同治理官员与非法商人勾结走私保护动物的腐败行为，阻断从境外走私进口野生动物的各种渠道。（3）开展药用生物资源保护与可持续利用的跨境合作。充分利用周边国家丰富的土地和生物资源，鼓励普洱市生物药业企业、民间资本到周边国家开展药用生物资源的种植、保护与开发，建立完善产品流通体系，形成多边共赢的局面。（4）在缅甸第二特区（佤邦）开展替代种植项目。在中缅政府支持下，依托普洱市替代办和企业推进缅甸佤邦勐冒县营盘区禁毒罂粟替代发展示范园区等的建设，促进当地经济社会的发展，减少野生动植物非法贸易。（5）开展对缅甸边境森林非法伐木活动的联合治理。使用条形码等技术手段建立合法木材认证体系，治理非法木材贸易，缓解非法木材贸易对缅甸自然环境和生物多样性的威胁。（6）以环境标志产品认证、低碳产品认证、政府绿色采购为重要合作领域，共同引导和促进公众消费模式向资源节约型、环境友好型、清洁低碳型转变。

2. 开展澜沧江—湄公河流域跨境生物多样性保护合作

建立完善澜沧江—湄公河流域的跨境保护的区域合作机制和国际河流跨境水资源合理利用与协调管理机制。（1）联合湄公河流域各国，开展全流域尺度的综合性生物多样性本底调查和监测，建立跨国共享的生物多样性数据库和管理信息系统，确定流域生物多样性保护的关键区域和优先保护物种，制定并实施流域生物多样性联合保护行动计划或规划。（2）推动大湄公河次区域（GMS）框架下的生物多样性保护区域合作机制。加强各国政府、科研院所和国际组织在澜沧江—湄公河生物多样性保护方面的合作。建立普洱市与"东盟生物多样性中心（ACB）"的战略合作关系，寻求亚洲发展银行等的资金支持，联合开展生物多样性保护、生态环境、清洁生产、环境教育等的行动，探索建立流域生物多样性整体保护和综合管理的新模式。（3）围绕澜沧江—湄公河国际水道的生态安全，尤其是普洱市水电开发的生态影响问题，联合各国开展流域河流生态变化、水道泥沙变化、大型洄游鱼类生态安全、跨境昆虫入侵机制等的监测和研究评估。以开放姿态应对普洱市的跨境生态影响问题，协助我国与下游各国建立跨境生态安全综合调控体系。（4）围绕澜沧江—湄公河跨境水资源利用问题，建立健全水资源可持续利用的协调机制和流域管理机制，完善水资源分配模式及其指标体系，协助下游国家寻找解决水冲突的方法。（5）通过生态效益补偿等措施解决流域社区生存权与环境权的冲突。（6）联合开展流域遗传资源的知识产权保护。（7）联合开展生物多样性保护宣传。①

---

① 资料来源于《云南省生物多样性保护战略与行动计划普洱市实施方案》（2013—2020）。

第八章

生态移民与绿色发展

生态移民可以有效地保护自然资源和生态环境，改善贫困人口的生存条件，对推动绿色发展有着重要的作用。普洱市把生态移民纳入"生态立市、绿色发展"战略，计划到 2020 年完成生态保护核心区、生态脆弱区和生态敏感区等 30 万人口的生态移民工程。

一　生态移民的含义

20 世纪 70 年代，世界观察研究所的 Lester Brown 首先提出"环境难民"的概念，[①] 1984 年 11 月，在伦敦国际环境和发展学院的简报中再次使用这个概念。1985 年，埃及学者希那威（El-Hinnawi）为联合国环境规划署撰写的报告中使用了"环境难民"概念后，这一术语被经常使用。希那威指出，在撒哈拉以南非洲地区的干旱和土地退化可能导致人口流动，他把这些移民称为"环境难民"，即"由于环境破坏（自然的或人为引起的），威胁到人们的生存或严重影响到其生活质量，而被迫临时或永久离开其家园的人们"。他认为，第三世界国家的土地退化一直是农民迁移到大城市而形成贫民窟的主要原因，导致这些人面

---

① 转引自郭剑平、施国庆《环境难民还是环境移民——国内外移民称谓和定义综述》，《南京社会科学》2010 年第 11 期；Black R., "Environmental refugees: myth or reality", *UNHCR*, 2001, p. 34.

临疾病和自然灾害风险。①

"环境难民"名称的出现，引起学界的争论，学者们提出了不同的看法。更多的学者却使用"环境非自愿移民"（Environmentally - Displaced Peoples）、"环境诱发移民"（Environmentally Induced Migration）、"环境移民"（Environmental Migration）、"生态移民"（Ecomigration）等术语。1996 年，斯旺（Swain A.）首先使用"环境移民"一词。他认为：为了避免有关法律和制度方面的问题，同时，为了使该词更具有针对性，在谈到人们因环境被迫迁移时，最好使用"环境移民"而非"环境难民"。②1997 年，杜斯（Doos B. R.）也开始使用"环境移民"。他认为："从移民背后各种'驱动力'的相互依存关系来看，使用'环境移民'这个词并不完全合适"，但他认为"虽然环境因素不是导致移民的唯一原因，但在人口迁移中起着重要作用"③。其他学者也赞成在多数情况下，使用"环境移民"更合适。郭剑平和施国庆认为，环境移民是指以环境保护与治理为目的而进行的有计划地将污染企业及其相关人员迁移出城市或人口稠密地区，或者人口因居住环境条件恶化而从环境污染、脆弱或恶化地区迁出，及迁移企业、迁移社区、迁移家庭的社会经济系统重建活动，以及因为环境破坏而限制或者强制改变资源利用而产生的受影响人口生计恢复活动。环境移民产生的原因是大气、水、土壤、声、森林等自然环境破坏或者恶化导致人群不能够继续在该地区生存或者企业不能够继续生产。环境移民可分为自发的环境移民和政府主导的环境移民两类。政府主导的环境移民是指出于保护或者治理环境目的而由政府支持并且组织实施的移民活动。环境移民的实质是通过人口迁移或者经济活动转移来解决人类遭遇的环境问题，协调人类与环境之间的关系。环境移民迁移的对象是人或者与人相关的经济活动。迁移的原因是自然环境破坏或者恶化导致人类丧失继续居住、生活或从事相关的经济

① 转引自郭剑平、施国庆《环境难民还是环境移民——国内外移民称谓和定义综述》，《南京社会科学》2010 年第 11 期。Hinnawi, E. E., "Environment Refugees", *Nairobi Kenya*: UNEP, 1985.

② Swain A., "Environmental Migration and Conflict Dynamics: Focus on Developing Regions", *Third World Quarterly*, Vol. 17, 1996, pp. 959–973.

③ Doos B. R., "Can large scale Environmental Migration be Predict ed?", *Global Environmental Change*, Vol. 7, 1997, pp. 41–61.

活动的条件。迁移的影响涉及社会、经济、政治、文化、心理、资源、环境、生态、管理等方面。①

伍德（Wood）认为用"生态移民"来表示由于环境和其他因素共同作用导致迁移的人比较合适，决定使用哪个术语，应该指出"被迫离开"意味着人们面临环境问题已没有实际选择，只能离开灾区。然而，实际上那些受环境恶化影响的人们除非被强行迁移，即使面临生命威胁，人们还是会选择留下来。"生态移民"的前缀"eco"在英文中除了包含"生态"之意外，还暗含有"经济"之意，这正好表达了环境移民诱因的复杂性，综合考虑到了环境和其他影响移民的因素。

有的学者把生态移民的概念与环境移民的概念联系在一起，王放和王益谦认为，生态移民亦称环境移民，系指原居住在自然保护区、生态环境严重破坏地区、生态脆弱区，以及自然环境条件恶劣、基本不具备人类生存条件的地区的人口，搬离原来的居住地，在另外的地方定居并重建家园的人口迁移。②

在中国，"生态移民"一词最早出现在任耀武发表于《农业现代化研究》1993 年第 1 期上的《试论三峡库区生态移民》一文中。2000 年以后，"生态移民"概念才被人们普遍使用，且很快引起人们的重视，其实践意义很快在理论层面上被建构起来。但在实践中，生态移民界定的范围并不清楚，往往将生态、环境、扶贫等不同原因、不同目的进行的移民混淆使用，都称为生态移民。最初对"生态移民"进行定义的是王培先，他认为生态移民就是将生态环境脆弱地区的居民转移出来，缓解人口对脆弱生态环境的压力，并将生态移民与小城镇建设联系起来。③

葛根高娃和乌云巴图认为，伴随着生态环境的日益恶化，真正意义上的新时期生态移民现象作为一种经济行为而出现，但是其内涵与外延却不仅仅局限于经济行为。生态移民的实质是人与环境的关系调整问题。④ 池永明则认为，所谓生态移民是指在生态系统中，人类为了生存

---

① 郭剑平、施国庆：《环境难民还是环境移民——国内外移民称谓和定义综述》，《南京社会科学》2010 年第 11 期。

② 王放、王益谦：《论生态移民与长江上游可持续发展》，《人口与经济》2003 年第 2 期。

③ 王培先：《生态移民：小城镇建设与西部发展》，《国土经济》2000 年第 6 期。

④ 葛根高娃、乌云巴图：《内蒙古牧区生态移民的概念、问题与对策》，《内蒙古社会科学》2003 年第 2 期。

而主动调整其与资源、环境之间的关系，保持生态系统内部诸要素的相对平衡所进行的人口迁移。① 李笑春和陈智等认为，生态移民概念包含两个层面的含义：致因层面与目的层面。致因层面认为移民的动因是自然环境恶化，人口数量超过生态环境的承载容量；目的层面指移民的目的是为了保护和恢复生态环境，提高牧民们整体的生产生活水平。在生态移民的过程中，我们所要达到的最高目标是"生态得以恢复、生产得以改善、生活得以提高；生态效益、经济效益、社会效益完美统一"，即使不能完全实现，最低限度也应该达到最低目标："生态破坏逐步减弱，并逐渐恢复，生产、生活得以维持，并逐渐好转。"以上两个层面的目标更易于领悟"生态移民"概念的本质含义。②

郭剑平和施国庆认为，生态移民是由于生态系统的破坏和恶化而导致人类生存条件丧失后产生的人口自愿迁移活动，或者以生态系统修复为目的而进行的，有计划地将人口从生态脆弱地区迁出及迁移社区社会经济重建活动，以及因为生态系统修复需要而限制或者强制改变资源利用而产生的受影响人口生计恢复活动。生态移民的原因主要是沙漠化地区、石漠化地区、水土流失区、自然（湿地、动物、植物、河流）保护区、蓄滞洪区等发生生态系统退化难以维持植物、动物、微生物等物种多样性或人类生存需要的生态系统的完整性。生态移民是在特定的生态系统中，区域人口承载容量不足，生态系统难以承载过多的人口，为修复已经破坏的生态系统而进行有计划、有组织的异地人口迁移，以减少人口对生态系统的压力。由于生态移民对象往往也是贫困人口，这些人口也可以通过迁移达到改善生产生活条件和摆脱贫困的目的，所以可以相互结合。③

包智明和任国英则认为，生态移民是因生态环境恶化或为了改善和保护生态环境所发生的迁移活动，以及由此活动而产生的迁移人口。不论是原因，还是目的，只要与生态环境直接相关的迁移活动都可称之为

---

① 池永明：《生态移民是西部地区生态环境建设的根本》，《经济论坛》2004 年第 16 期。

② 李笑春、陈智：《对生态移民的理性思考——以浑善达克沙地为例》，《内蒙古大学学报》2004 年第 5 期。

③ 郭剑平、施国庆：《环境难民还是环境移民——国内外移民称谓和定义综述》，《南京社会科学》2010 年第 11 期。

生态移民。即生态移民首先指将生态环境脆弱地区分散的居民转移出来，使他们集中居住于新的村镇，以保护和恢复生态环境、促进经济社会发展的实践活动。①

　　为了研究的需要，学者从不同角度对生态移民进行分类。有的根据生态移民的目的进行分类。皮海峰认为，生态移民大致分为以下几种类型：一是以保护大江大河源头生态为目的的生态移民；二是以防沙治沙、保护草原为目的的生态移民；三是以防洪减灾、根治水患为目的的生态移民；四是因兴修水利水电工程引起的生态移民；五是以扶贫为主要目的的生态移民；六是以保护自然保护区内稀有动植物资源或风景名胜区生态系统为目的的生态移民。② 有的学者还从移民主体的地位和生产方式的角度分类：一是根据是否有政府主导，分为自发性生态移民与政府主导生态移民；二是根据移民是否对迁移有决定权，分为自愿生态移民与非自愿生态移民，或叫非强制生态移民与强制生态移民；三是根据迁移的社区整体性，分为整体迁移生态移民与部分迁移生态移民；四是根据迁移后的主导产业，分为牧转农业型、舍饲养畜型、非农牧业型和产业无变化型等。③

　　从以上观点看，生态移民是指居住在生态脆弱和自然环境恶劣地区的人口，为了生存而主动调整其自身与资源、环境之间的矛盾，以保持生态系统诸要素的平衡而有计划地从原居住地迁出，在另外地方定居并重建家园的人口迁移。它涉及迁移地的选择、安置方式、相关政策等一系列问题。

二　普洱实施生态移民的必要性

　　普洱市的绝大部分移民活动把生态环境的保护和恢复与扶贫结合在一起来实施。在一般情况下，生态环境恶化与贫困人口问题叠合在一起。

---

　　① 包智明、任国英：《内蒙古生态移民研究》，中央民族大学出版社 2011 年版，第 10 页。
　　② 皮海峰：《小康社会与生态移民》，《农村经济》2004 年第 6 期。
　　③ 包智明：《关于生态移民的定义、分类及若干问题》，《中央民族大学学报》（哲学社会科学版）2006 年第 1 期。

普洱集老、少、边、穷为一体，贫困人口主要分布在高寒山区或生态环境脆弱地区，以农耕为主，对自然环境的依赖程度较高，其生计活动对生态环境的影响较大，不利于生态环境的恢复和保护。因此，实施生态移民对普洱推进绿色发展和实现贫困人口脱贫致富都是十分必要的。

1. 实施生态移民是推进绿色发展的迫切需要

建设国家绿色经济试验示范区，推进普洱绿色发展，保护好自然生态环境是基础。居住在山区的群众生产方式落后、粗放经营、毁林开荒、乱砍滥伐、过度开发等情况不同程度地存在，不利于生态环境的保护和恢复。将居住在生态敏感、自然条件严酷、自然资源贫乏、生态环境恶化地区的贫困人口迁移到生态环境承受能力较强，地势平缓，光照充足，交通便利的地区，对原居住地实行封山育林，进行综合治理，使这些地区的生态系统得以恢复和重建，把自然保护区的人口压力降到最小，使难得的自然景观、自然生态和生物多样性得到有效保护。同时，在实施生态移民过程中，通过深入广泛地开展保护环境宣传和教育，将有效增强生态移民的环境保护意识，有利于移民迁入地和迁出区的生态环境保护和建设，为普洱实现绿色发展夯实基础。

2. 实施生态移民是普洱实现率先跨越发展的迫切需要

普洱是云南省农村贫困面最大、贫困人员最多、贫困程度最深的州市之一。普洱 10 个县（区）有 8 个国家扶贫开发工作重点县，10 个县（区）均纳入滇西边境山区区域发展与扶贫攻坚范围。按照国家扶贫新标准，截至 2015 年，全市贫困人口仍有 46.26 万人。要实现率先跨越发展，重点在农村，难点在山区贫困群众。而这些贫困人口绝大部分分散居住在地处偏远的山区、半山区，地理环境复杂，基础设施脆弱，发展水平低，发展条件差，发展困难多，靠天吃饭现象普遍，群众饮水难、行路难、上学难、看病难。更为严重的是由于山区村落面广、点散、人少，难以进行统一规划，难以统一指导生产，难以进行产业规模化布局，难以形成投资合力，农村经济发展和农民增收潜力小，虽然近年来政府不断加大扶贫攻坚力度，但农村贫困的面貌改变仍然缓慢。通过实施生态移民，使移民走出深山，搬到生产生活条件更加优越的公路沿线和小城镇，一步跨入人口较为集中、市场较为活跃、产业较为发达、社会事业较为完善、信息相对丰富的地区，使移民的生产生活条件明显改善，参与产业发展的机会明显增加，享受公共服务供给明显增多，是功在当代，利在千秋，惠及子孙的"德政工程"、"民心工程"和"民族团结工程"。与此同时，实施生态移民还能推进多方整合项目资金，加快农业产业化和城镇化速度，加快实现地方经济社会的跨越发展。

3. 实施生态移民是推进城乡一体化建设的客观要求

加快农村人口向城镇转移是工业化和现代化的必然趋势。普洱农业人口众多，居住分散，2013 年，普洱市 165.63 万农业人口分散分布在 11962 个自然村，平均每个自然村不足 200 人，城镇化率仅为 35.9%，城镇化发展进程缓慢。要加快城镇化进程，就必须统筹考虑城乡一体化发展，推动农村人口向非农产业和城镇转移，将农民转变为市民。通过生态移民把高度分散的人口以移民方式集中起来，向交通条件便利，基础设施较好，产业相对发达的中心村、集镇和城区有序转移，使城镇的人口、规模、数量不断扩大，形成人口聚集效应，有效缓解城镇用工不足，缺乏产业工人的局面。生态移民转为城镇居民，变低收入消费群体为从事其他行业获得较高收入的消费群体，通过买房、投资、置业，不断形成新的社会需求，农民进城要创业、要发展，不断形成新的财富源泉，有力地推动城镇化建设，缩小城乡差距，实现城乡统筹协调发展。同时减少农村人口，农村土地资源可以相对集中，就能改变目前土地经营分散的状况，从而提高农业生产率，为实现产业规模化、集约化经营创造条件，根本上解决农村社会经济发展的问题。

4. 实施生态移民是高效利用资源的最佳选择

普洱的生态移民对象大多居住分散、点多线长，农村公共基础设施建设投入大、成本高。实施一定规模的人口转移，能够有效地配置和利用交通资源、水利资源、电力资源、通信资源、教育资源、医疗卫生资源、广播电视资源、土地资源，尤其是当前农村教育结构调整、减少教育布点、实施规模办学，实施生态移民就显得更加迫切。实施生态移民还能推进重点项目建设，加快现代农业开发项目的进程，促进经济社会跨越发展。[1]

① 张世清、谢永生、李相衡：《关于实施生态移民促进生态和谐普洱建设的调研报告》，《研究与参考》2012 年第 3 期，第 24—25 页。

5. 实施生态移民有利于普洱各族群众脱贫致富和守土固边

普洱市在 20 世纪 50 年代土地改革过程中，有 4 个县 5 个少数民族 26.3 万人直接从原始社会和奴隶社会末期过渡到社会主义社会，社会发育程度低，贫困程度较深。普洱国境线 486.49 公里，4 个县 85 万人处于边境一线，有 10 个少数民族 20 多万人与境外同一民族跨境而居，沿边社情复杂，守土固边的任务十分繁重。实施生态移民，把发展绿色经济与扶贫开发、巩固民族团结有机结合，通过高原特色农业、民族文化、旅游度假等特色优势绿色产业，逐步让边疆各族人民富裕起来，共同享受改革与发展的成果，进一步增强民族自信心和国家认同感，提高向心力和凝聚力，确保边疆繁荣稳定。

三　普洱生态移民的现状

普洱地处边疆，全市 98.3% 是山区，少数民族人口占 61%，由于自然、历史等原因，生产力水平较低，贫困人口多，主要居住在山高坡陡的边远山区，生产生活环境恶劣，自然资源贫乏、人均拥有量低，加之土地贫瘠，广种薄收，农作物生长周期长，产量低，经常遭受泥石流、冰雹、干旱、野兽等自然灾害的侵袭，严重制约着少数民族群众的生产发展和生活水平提高，对山区自然生态的保护和恢复十分不利。仅 2013 年普洱市因自然灾害造成 10 个县（区）、103 个（乡）镇、782 个村民委员会、5677 个村民小组、149.05 万人受灾，其中，因灾死亡 4 人，紧急转移安置 2367 人，饮水困难 30.29 万人，急需过渡性救助人口 8.66 万人；饮水困难大牲畜 13.36 万头，大牲畜因灾死亡 551 头，因灾死亡羊 539 只；农作物受灾 20.13 万公顷，成灾 7.72 万公顷，绝收 1.39 万公顷；因灾造成民房倒塌 57 户 285 间，严重受损 1388 户 4607 间，灾害造成的直接经济损失 151983.26 万元，其中农业经济损失 123515.26 万元。① 近年来，中央和地方各

① 普洱市人民政府办公室、普洱市地方志编纂委员会：《普洱年鉴》（2014），云南人民出版社 2014 年版，第 414 页。

级政府投入巨额资金，把特困连片地区作为扶贫工作重点，把解决扶贫对象温饱，尽快实现脱贫致富，保护自然环境，推进绿色发展为首要任务，以增加收入、改善民生、加快贫困地区发展为主线，以专项扶贫、行业扶贫、社会扶贫为支撑，突出"整乡推进、产业扶贫、易地搬迁、深度贫困人口解困"工作重点。按照"国家支持、省给补助、市负总责、县抓落实、各方参与、工作到村、扶持到户"的帮扶方式，以澜沧县拉祜族聚居的356个深度贫困自然村整村推进和易地搬迁为平台，动员社会各方力量参与，整合资源、集中力量、合力攻坚，2011—2012年投资7.27亿元，着力实施安居温饱、产业发展、素质提高、基础设施、民生保障、生态环境建设六大工程。按照"移民就路、移民就市、移民就富"的原则，采取就地、就近、小规模集中安置和插花安置的方式，对生存条件恶劣地区、地质灾害频发和生态保护重点区域的贫困自然村，在尊重农民意愿的前提下，注重与工业化、城镇化、产业结构的调整、生态环境保护的有机结合，与村落的科学布局紧密衔接，引导搬迁户向小城镇、工业区和中心村集聚，完成生态移民2万人，切实改善搬迁户的生存和发展条件，确保搬得出、稳得住、能发展、可致富。到2012年全市移民搬迁26.5万人，其中水利工程移民4.2万人，易地扶贫搬迁5.4万人，地质灾害移民16.45万人。① 同时，加快重点县可再生能源开发利用，因地制宜发展小水电、太阳能、风能、生物质能，推广应用沼气、节能灶、固体成型燃料、秸秆气化集中供气站等生态能源建设项目，带动改水、改厨、改厕、改圈和秸秆综合利用，加大农村环境综合整治力度。加强自然保护区建设和管理，大力支持退耕还林工程，加快中低产林改造。加大泥石流、山体滑坡、崩塌等地质灾害防治力度，重点抓好灾害区内的监测预警、搬迁避让、工程治理等综合防治措施。

---

① 张世清、谢永生、李相衡：《关于实施生态移民促进生态和谐普洱建设的调研报告》，《研究与参考》2012年第3期。

四 普洱生态移民的做法及存在的问题

（一）普洱生态移民的主要做法

普洱生态移民工作始于 20 世纪 90 年代的易地扶贫搬迁，多年来始终以集中安置为主、分散安置为辅的安置方式，把通电、通路，就近、就医、就学，具有光、热、水等自然条件好，土地资源较为丰富的地方作为主要安置点，建成了思茅区菩提箐移民、箐门口水库移民、柳树塘移民安置点和景谷县王家寨村民小组、镇沅县大平掌苦聪人易地安置点、澜沧县南坑新村拉祜族聚居区、孟连县景信乡朗勒小寨、西盟县路巴林小组等一批特色鲜明、功能齐全、村容整洁的移民新村，创造了拉祜族苦聪人扶贫模式、"6·3"地震灾区恢复重建模式、澜沧拉祜族聚居区综合扶贫开发模式，实现了生态得以恢复、生产得以改善、生产得以提高的目标。①

1. 创建帮助人口较少民族整体脱贫的"普洱模式"

以党中央、国务院，省委、省政府高度关注苦聪人贫困问题为契机，把帮助苦聪人实现整体脱贫作为推进人口较少民族和"直过区"族群集中连片脱贫致富的试点，全面打响帮助苦聪人脱贫致富的综合扶贫开发攻坚战。从苦聪人最关心、最直接、最现实的问题入手，以整村推进和易地搬迁为龙头，配套实施农田水利、交通电力等基础设施，发展核桃、烤烟、畜牧等产业，完善教育、卫生、文化等社会事业。既注重当前，又着眼长远，2006—2010 年五年间累计投入各类资金 2.58 亿元，完成整村推进扶贫开发项目 131 个，搬迁贫困苦聪人 610 户 3000 人，建成经济林果及作物 2.4 万亩，引进优良畜种 2500 头（只），基本解决了苦聪人的贫困问题。"十一五"期间，全市共投入各类资金 3.61 亿元，扶持人口较少民族村委会发展茶叶、橡胶等产业，改善交通、饮水等生产生活条件，实现了"四通五有三

---

① 张世清、谢永生、李相衡：《关于实施生态移民促进生态和谐普洱建设的调研报告》，《研究与参考》2012 年第 3 期。

达到"目标。初步探索出一套以着力解决贫困地区基本生产生活条件，基本解决贫困群众增收门路，提高贫困群众基本素质"三个基本问题"；采取对条件相对较好的贫困地区实施开发式扶贫，对不具备生产生活条件的贫困地区实行易地搬迁，对符合条件的贫困群众纳入低保对象"三类扶贫措施"；抓好整村推进、产业扶贫和劳动力转移培训"三项重点工作"为主的帮助人口较少民族和"直过区"集中连片实现整体脱贫的"普洱模式"。

2. 完善整合力量、合力攻坚的扶贫新机制

统筹各类支农强农惠农政策，建立并落实以贫困村整村推进为平台的整合机制，按照"统筹规划、事先整合，各司其职、各负其责，渠道不乱、用途不变，相互配套、形成合力"的要求，把专项扶贫规划和行业扶贫规划紧密衔接起来，通过专项扶贫，集中力量发展产业，提高劳动者素质，落实贫困地区基础设施和社会事业建设责任，构建"党政硬化责任，部门整合资金，统筹各类政策，定点挂钩扶贫，社会广泛参与，群众自力更生"的"大扶贫"新机制。2006—2010年间，全市共整合各级各部门资金4.12亿元投入扶贫开发，结合整村推进、安居工程改造、生态移民等项目，帮助贫困地区群众引水、修路、架电、产业开发，有力地促进了全市经济社会发展。

3. 推进边境少数民族地区扶贫工作的新举措

认真贯彻落实中央、省实施兴边富民行动计划的决定，以边境县为单位，以贫困乡、村为基础，实行统一规划、分年实施、分期分批投入的运作模式，实施了涵盖提高人口素质、改变生产生活方式、劳务输出、加强基础设施、培育产业等领域的兴边富民工程。通过制定激励政策选派大批机关干部到贫困村工作，制定扶持政策培育地方特色产业，出台税收优惠政策加强基础设施建设，边境少数民族素质不断提高，生产生活方式发生重大转变，产业结构进一步调整优化，基础设施建设明显改善，生态环境得以保护和恢复。

4. 拓展解决集中连片贫困问题的新思路

在认真总结苦聪人综合扶贫开发取得实效的基础上，2009年以来，先后在镇沅县恩乐镇实施整乡推进、在墨江县和澜沧县开展"县为单位、整合资金、整村推进、连片开发"试点工作，启动实施澜沧县拉祜

族聚居区综合扶贫开发，按照"国家支持、省给补助、市负总责、县抓落实、各方参与、工作到村、扶持到户"的工作要求，打破区域界限，将贫困类型相同、开发条件类似、地理位置相近的地区集中连片进行综合规划，形成涵盖85个重点乡（镇）的边境少数民族聚居综合扶贫开发区、无量山沿线综合扶贫开发区、哀牢山中部综合扶贫开发区3个连片开发地区，作为普洱市连片特困地区区域发展与扶贫攻坚的重点，统筹各类政策资源，集中人力、物力、财力投入，采取"大会战"的形式合力攻坚，通过加强山水田林路综合治理，发展地方特色优势产业，完善公共服务建设，项目区从根本上改变了贫穷落后面貌，为实现小康目标打下坚实的基础。

（二）普洱生态移民存在的问题

普洱在绿色发展过程中，既要优先保护环境，又要解决众多的贫困人口问题，生态移民任务艰巨，主要制约因素有以下六个方面：一是对生态移民的认识不足，人们对生态移民的认识过于简单，生态移民的实施普遍缺乏科学的理论指导，相关工程中存在着不同程度的盲目性和急躁性。二是安置土地调整难度大。全市大多数地方没有预留公共土地，而集中安置土地需要通过土地转换或购买来实现。搬迁农户大多居住在深山沟壑地带，土地贫瘠，转换条件较好的田地困难大，尤其是跨乡跨村置换。三是政策涉及面广，协调任务重。生态移民既涉及生产生活条件、社会事业、生态建设等方面的建设任务，又涉及国家惠农政策以及土地、户籍、教育等配套政策，需要发改、财政、扶贫、国土、公安、教育等多个部门密切配合，共同实施。四是生态移民配套投资大。生态移民涉及土地开发、人畜饮水、农业设施、产业开发、乡村道路、移民建房、农村供电、学校、卫生、技能培训、生态建设等建设内容，需整合现有各类支农资金才能满足。五是后续产业发展滞后。龙头企业带动能力差，产业化生产程度低，服务体系不配套。六是少数群众故土难离的思想严重。由于祖祖辈辈生活在同一地区，形成了"金窝银窝不如稻草窝"的传统思想，开放意识淡薄，缺乏"人往高处走"的进取精神，外迁欲望不足。[①]

五 普洱生态移民的路径选择与举措

为促进绿色发展，保护和恢复生态环境，普洱市委、市政府把生态移民工程纳入各种中长远发展规划之中。计划"从 2012 年开始，用 5 年至 10 年时间，力争 5 年左右实施生态移民 30 万人，同时完成人工造林 250 万亩、封山育林 100 万亩、义务植树 2500 万株、治理水土流失面积 800 平方公里。通过实施生态移民，使全市森林覆盖率达 70% 以上，生态脆弱区土地得到不同程度的治理，水土流失得到基本控制，退化的生态系统得到基本恢复，生态环境质量、生物多样性保护水平稳步提高，移民群众的生活水平达到全市平均水平。把丧失生存条件、资源负载过重、发展空间狭小等就地难以可持续解决温饱的群众作为扶贫开发的重点对象，在充分尊重贫困群众意愿和保障搬迁群众基本生产生活条件的前提下，就近就便，采取小规模集中和插花安置的方式，紧紧围绕'搬得出、稳得住、能发展、可致富'的主线，突出'着力改善群众居住环境、着力培育后续产业、着力加强基础设施和公共服务设施建设、着力完善配套政策'，完成易地扶贫搬迁 5 万人。有条件的地方，按照'移民就路、移民就市、移民就富'的原则，结合山地城镇建设，引导搬迁农户向中小城镇、工业园区移民，并通过创造就业机会，提高移民就业能力，使其在城镇安居乐业"[②]。

生态移民是一项复杂的系统工程，不仅是经济问题，还涉及政治、文化、教育、宗教、民族等问题。对广大移民来说，移民将对他们沿袭数千年的传统习惯产生巨大冲击，带来生产方式和生活方式的根本改变。必须从科学发展的高度，按照全面建设小康社会的目标和部署，以人为本，科学规划，认真落实。坚持生态立市、绿色发展，抓住国家新一轮西部大开发、建设面向西南开放重要桥头堡、普洱建设国家绿色经

---

① 张世清、谢永生、李相衡：《关于实施生态移民促进生态和谐普洱建设的调研报告》，《研究与参考》2012 年第 3 期。
② 《普洱市农村扶贫开发新十年行动计划（2011—2020）》。

济试验示范区以及国家实施 "一带一路" 战略的历史机遇, 以加快保护生态环境和农民发展致富为主要任务, 以重点水利工程移民、易地扶持搬迁移民、地质灾害移民为主要对象, 以县内易地搬迁安置为主要形式, 保护开发并举, 注重统筹协调, 加强资源整合。

(一) 实施生态移民应处理好的几个关系

第一, 生态移民要与全面建设小康社会的目标与部署相结合。生态移民不能局限于移民工作本身的需要进行, 必须从移民工作的实际出发, 根据全面建设小康社会的目标和部署, 着眼于人口、资源、经济、环境的长远平衡、协调发展, 把它作为区域经济结构调整、发展、资源人口重组的长远战略来抓, 把生态移民工程与全面建设小康社会的目标和部署结合起来综合考虑, 把物质文明建设、政治文明建设、精神文明建设和生态文明建设结合起来统筹规划。

第二, 生态移民要与城镇化建设相结合。大量减少农村人口, 实现城市化和城镇化, 是解决 "三农" 问题和贫困问题的根本出路。提高城市化率也是全面小康的关键性指标之一。按照建设部规划, 我国全面小康的城镇化目标是在 2020 年达到世界中等发达国家的平均水平即 50%。这就要求今后我国城镇化率年均要提高 1 个百分点。普洱市城市化水平较低, 未来一段时间生态移民数量加大, 如果把生态移民与城镇化建设结合起来, 通过移民建镇和让有条件的移民进入现有城市, 尽可能地提高生态移民的市民化率, 不仅可以解决生态问题和 "三农" 问题中的难点问题, 而且还可以为全面建设小康社会做出贡献。

第三, 生态移民要与国家扶贫攻坚计划相结合。生态移民的目的有两个: 一是保护生态, 二是扶贫攻坚。普洱市贫困人口绝大多数是生活在生态环境和生存条件严重恶化的偏远山区、高寒山区的少数民族, 他们是生态移民的对象。他们为了生存, 竭力开发本已十分脆弱的自然资源, 导致生活贫困化和生态恶化的恶性循环。实行就地扶贫, 不仅难度大、成本高、巩固率低, 而且不能解决生态问题。实施生态移民不仅是保护生态环境、蓄积自然资源的重要保障, 也是减少返贫人口、巩固扶贫成果的根本举措, 是降低扶贫成本、提高扶贫效益的有效途径。必须结合地方实际, 把扶贫攻坚计划与生态移民工程结合起来, 实施异地扶贫，从根本上解决目前的贫困人口问题。

第四，生态移民必须与国家西部大开发战略、普洱建设国家绿色经济试验示范区相结合。国家在西部大开发战略中始终把生态环境建设放在第一位。1998年，长江中下游特大洪水过后，国家斥巨资在西部地区实施退耕还林还草工程。生态移民工程的重点在西部，生态移民也是西部大开发战略中生态环境建设的重要措施。把生态移民工程与西部大开发战略结合起来，抓住西部大开发、普洱建设国家绿色经济试验示范区以及国家实施"一带一路"战略机遇，充分利用西部大开发以及普洱建设国家绿色经济试验示范区的各项优惠政策，搞好生态移民工作。

第五，生态移民要与发展移民经济相结合。生态移民工程的成功与否取决于能否保证移民的生产生活得到明显改善，并逐步致富走上小康之路。要充分利用国家的生态移民、水库移民、西部大开发、扶贫攻坚、退耕还林（草、湖）等各项优惠政策，发展移民经济。要建立有效的生态补偿机制，解决好政府要绿、农民要利的矛盾。政府通过给予农民持续、稳定的财政补偿，加快大面积退耕还林还草、恢复植被进程。要以保护生态为出发点，根据各地实际，因地制宜，宜林则林，宜草则草，宜牧则牧，宜工则工。积极调整产业结构，打好生态牌，使"木头财政"向生态经济转变，大力发展第三产业和特色经济。加强对农民开展旱作农业、节水农业、造林种草、新能源和环境资源利用技术的推广和普及，使生态保护与新的产业发展有机结合起来。加快农村水、电、路、邮、能源以及文、教、卫等基础设施建设，进一步改善移民生产生活条件，提高生活水平。

第六，生态移民要与提高移民科学文化素质相结合。人是最活跃和最能动的因素。为使移民适应生产方式和生活方式的巨大变化，提高他们的科学文化水平，劳动技术就成了当务之急。要加大对农村义务教育的财政转移支付和建设资金投入，完善农村义务教育管理体制，大力发展职业教育，提高劳动者素质。通过多种方式向移民传播科学文化知识，并通过劳动示范、技术培训等方式，提高其职业技能，使移民尽快适应新的生产方式和生活方式，提高生活水平，逐步走上小康之路。

第七，生态移民要与国家的民族、宗教政策相结合。开展生态移民的地区多在少数民族地区，与其他地区相比，少数民族地区生态移民的任务更加艰巨、复杂，不仅面临着加快发展的历史使命，而且还要处理好民族、宗教、民族文化变迁等特殊的社会问题。生态移民要严格执行国家的民族政策和宗教政策，正确处理好民族问题和宗教问题。经济的发展及其现代化具有较强的文化趋同性特征，如果不重视民族文化的保护与创新，少数民族传统文化极可能会在生态移民过程中消失。因此，在生态移民过程中，要把少数民族传统文化的保护与创新作为一项重要任务抓好、抓实。

第八，生态移民要与富民守疆相结合。普洱沿边一线主要为山区，傣族、彝族、哈尼族、拉祜族、佤族、苗族、瑶族、傈僳族、布朗族、景颇族等民族跨境而居。20世纪50年代，中共云南省委指导边疆还处于原始社会末期的13个少数民族聚居区，不进行土地改革，而是以"团结、生产、进步"为长期工作方针，通过人民政府和先进民族长期有效的帮助，直接地、逐步地过渡到社会主义社会。从而在云南成功地解决了处于不同社会发展阶段的各民族，如何共同走上社会主义道路的问题。这些地区被称为民族"直过区"。民族直过区经过60多年的发展，社会经济发生了巨大变化，但因历史上"直过"政策的中断、"直过区"自身特殊的发展历史、改革开放以来国家对这一地区资金以及政策扶持不足，使处于祖国西南边疆对外开放门户的"直过区"，成为既是贫困人口较为集中、贫困程度较深、扶贫难度较大的地区，又是政治、民族、宗教、生态非常敏感的地区。在生态移民过程中，既要考虑"普洱建设国家绿色经济试验示范区"，又要结合国家"桥头堡"战略、"一带一路"发展战略，加强沿边一线的美丽乡村建设、边境小城镇建设，提升沿边开放质量和水平，进一步形成全方位对外开放新格局，加强与周边国家的互利合作，促进共同发展，增进睦邻友好，充分发挥边民的固土守疆作用，促进区域协调发展，加快边远地区脱贫致富，实现各族群众共同富裕和边疆和谐稳定。避免沿边一线居民盲目向县城周边迁移，造成边境一线无人居住，边境安全屏障缺失的被动局面。

（二）科学规划

生态移民要科学合理地制定区域生态移民规划，使规划符合当地农村经济、县域经济发展的总体要求。要依据规划建立项目库，做好项目储备，有计划、有组织、分阶段地组织实施。要切实搞好安置点的水、电、路、住房等基础设施配套建设，妥善安排移民生产生活。要充分利用现有的支农投资渠道，以安置区为平台，按照"统一规划、集中使用、渠道不乱、用途不变、各负其责、各记其功"的原则，整合各涉农支农资金统筹使用，发挥整体效益。要积极探索以政府投资为引导，通过市场机制吸引社会投资开发安置区资源的新机制，促进相关产业发展，帮助搬迁群众实现脱贫致富。要建立健全生态移民监督制度，利用政务公开、村务公开等形式，将生态移民政策、各类投入补助资金构成、拟安置地基本情况、搬迁工程建设、搬迁对象、资金使用等相关内容进行公示，主动接受干部群众、新闻媒体和社会各界的监督。在移民群众中深入宣传中央和省有关生态移民政策，使移民生产安心、生活舒心、发展热心。

（三）明确搬迁标准与对象

生态移民要明晰搬迁标准。生态移民搬迁对象是农民人均纯收入在贫困线以下，年人均粮食不足 300 公斤，并符合下列条件之一的贫困户：一是人地矛盾突出。坡度在 25°以下的基本农田人均不足 0.3 亩，无可供开垦利用的宜农土地资源的农户。二是环境恶劣。海拔高于 2500 米，无霜区不足 100 天，不适宜农作物生长的高寒凉山区的农户。三是石漠化程度高。干旱缺水，石漠化程度达 30%以上地区的农户。四是基础设施建设成本高。解决通路、通电、通电话、人畜饮水问题等基础设施建设成本高，居住分散的农户。五是自然灾害严重。因滑坡、泥石流、地震等自然灾害造成丧失生产生活条件，而其他渠道难以获得补助资金的农户。六是居住在重点生物多样性保护核心区的农户。七是居住在重点水源保护区和江河两岸、库区周边的农户。八是居住在重点水利工程淹没区的农户。

（四）安置地的选择与安置方式

生态移民安置地的选择，关乎移民能"搬得出、住得下、稳得住、能致富、生态好"的问题，直接影响到生态移民工作的成功与否。有学者提出，生态移民安置地必须满足以下几个条件：一是移民安置地要有充足的农业土地资源，可以提供给移民安居乐业、可持续发展的条件；二是移民安置地应该交通便利，有比较完备的水、电、路等基础设施，具有较好的教育、医疗卫生条件，通信畅通；三是移民安置尽可能地向中小城镇、工业园区和产业聚集区靠拢，提高移民的就业安置率，方便移民发展现代农业，进入第二、三产业，为拓宽就业渠道、加快脱贫致富创造良好条件；四是民族风俗习惯接近、文化背景相同、地理人文相同，群众愿意接纳移民的生活富裕村；五是移民安置地应选择在地质结构稳定，移民生命财产安全不会遭受地质灾害威胁的地方。① 普洱生态移民地的选择，应充分考虑这些条件，做到科学论证，精心选择。

安置方式可以分为四种：一是集中安置。无论属于哪种类型的移民，小规模集中安置点要通路、通电、就近能就医、就学，具有较好的光、热、水自然条件，土地资源丰富，宜于发展农业生产，无安全隐患的地点。二是插花安置。插花安置要选择土地资源相对富余，自然条件好，基础设施配套完善的村。三是依托城镇安置。结合农转城工作进行安置。四是产业安置。安置地有一定规模的特色产业、工业园区，或安置在景区景点周围等。

（五）完善生态移民政策与机制

生态移民要制定优惠政策，保证平衡转移。补贴补偿政策：现行易地扶贫搬迁移民补助标准为人均 5000 元，生态移民标准应提高至人均不少于 2 万元；小规模集中安置点移民产业用地人均不少于 2.1 亩，口粮田人均不少于 1 亩，宅基地户均不少于 0.37 亩；插花安置人口人均耕地面积和户均宅基地面积不少于当地村民现有平均水平。用于安置生态移民群众的宅基地和耕地，属国有荒山荒地的由安置地人民政府无偿划拨，承包给搬迁群众经营。属集体地的按实际可利用面积协调调剂或给予补偿，承包给搬迁群众经营。对于插花安置点，要有组织、有计划地引导搬迁户与相关村社或当地农户签订土地流转协议，确保搬迁户的宅基地、耕地、户籍等法律手续完善。户籍管理政策：户口由迁出地公

---

① 李江鹏、马裕霞：《生态移民的意义及安置模式探讨——以普洱国家级绿色经济试验示范区为例》，《中国环境干部学院学报》2015 年第 4 期。

安部门当年统一办理迁移和注销手续，及时移交迁入地实行属地管理，杜绝迁出人口回迁现象。迁入地派出所要及时统一办理户口迁移和居民身份证的换证手续。对残疾人、五保户、民政救济对象，有亲人的随亲人一起迁移，没有亲人的按农转城有关政策转为城镇居民。对外出打工定居但户口仍在迁出地的农户，不愿回来参加移民的采取转换的方式妥善搬迁安置。惠农税收政策：移民搬迁后实行属地管理，安置区的子女入学、新农合、民政救济、疾病防控、妇幼保健、养老保险、农村低保和大病医疗救助等方面要和当地居民同等对待，享受各项直补政策。移民中的贫困户在脱贫前仍享受扶贫政策待遇。移民迁出后继续享受退耕还林政策；对农民承包的林地，整体划为公益林，并享受生态补偿政策。参与扶贫移民开发的农户和企业，5 年内免收企业和个人所得税；建房的建筑企业或个人，免除建筑企业或个人建房营业税。

生态移民要建立创业基金，大力发展移民经济。采取市级财政流入一部分、社会资金吸收一部分的办法，建立生态移民创业基金，专门用于生态移民自主创业，开展多种经营，创办经济实体，发展后续产业。大力扶持专业合作组织和产业化龙头企业，不断增强对移民辐射带动能力。各县（区）要安排一定的产业扶持资金，帮助移民发展产业，发展庭院经济。积极与农村信用合作社等金融部门协调合作，争取部分信贷资金，支持移民搬迁和发展经济。在较大规模的移民安置点，要积极筹建小集镇，大力发展二、三产业。鼓励有条件的搬迁群众结合农转城政策，迁入城镇从事非农业生产工作。高标准搞好安置点农田地基本建设，紧扣市场、依托资源、挖掘潜力，因地制宜发展高原特色农业，确保农民增产增收。从长远着眼，把农业产业化、工业化和小城镇建设结合起来，壮大支柱产业，发展多种经营，逐步实现生产粗放式经营向集约化经营转变，把安置点建设成高标准的扶贫开发、新农村建设示范点。

生态移民要坚持综合治理，加强生态保护。以"森林普洱"建设为抓手，继续实施生态公益林保护管理工程、天然林保护工程、退耕还林和陡坡地生态治理工程、农村能源建设工程、"三防"体系建设工程、野生动物保护和自然保护区管理工程、城乡绿化一体化工程。移民安置点农业开发必须把生态环境保护放在第一位，按照统一规划逐步开发，防止滥垦、滥开、滥挖、滥牧；要充分考虑生态环境保护问题，防止出现新的破坏，实现可持续发展。移民整村迁出后，除质量较好的民房留作生态建设管护用房外，其宅基地全部用于恢复生态。移民生活用地应当和宅基地与庭院经济发展相结合，既要帮助增收，又能体现环境优美、建设园林化的庄园新村。

生态移民要加强组织领导，落实工作责任。生态移民工作在市委、市政府统一领导下开展。市级成立生态移民工作领导小组，负责制定生态移民的重大政策措施和规划，审定项目年度实施方案和资金筹措计划，协调整合建设资金，研究解决项目实施中的重大事项。生态移民工作责任主体和实施主体是各县（区）人民政府，各县（区）成立相应的工作机构，把任务指标落实到具体部门和有关单位。[①]

生态移民工作中，要让移民"迁得出、稳得下、富得起来"，必须坚持以下几条原则：一是市场引导的原则。生态移民以市场引导为主，政府帮助为辅。二是群众自愿的原则。生态移民必须自始至终坚持群众自愿，不搞强迫命令。三是政府帮助的原则。实施生态移民，各级政府及有关部门要加强领导，积极组织协调，给政策，给帮助，充分发挥政府对生态移民工作的领导作用和帮助作用。四是资金多方筹措的原则。生态移民资金要多方筹措，实行国家补助，地方配套，受益地区生态补偿，群众自筹相结合，实现多方式、多渠道、多层次的资金投入。五是因地制宜，讲求实效的原则。实施生态移民，不搞统一模式，从实际出发，讲求实效；要根据各地具体情况及群众意愿，采取农业、二三产业、自谋职业、劳务、教育等多种形式进行安置。六是统筹安排、政策保障的原则。生态移民要全面考虑，统一规划，合理布局，统筹安排，研究和制定相关政策，确保生态移民工作逐步实施，稳步推进。七是生态移民与生态建设相结合的原则。生态移民要与退耕还林还草、天然林资源保护、小流域水土治理、地质灾害治理、生态安全屏障建设、生态环境重点治理工程等各项治理措施相结合，努力实现人口减载、生态环境治理等多重目标。八是属地管理的原则。生态移民必须实行一头落户，属地管理，确保生态移民群众生产生活正常有序、安置稳定。

---

① 张世清、谢永生、李相衡：《关于实施生态移民促进生态和谐普洱建设的调研报告》，《研究与参考》2012 年第 3 期。

第九章

资源节约和环境保护与绿色发展

节约资源和保护环境是我国的基本国策。实现资源节约和环境保护，是普洱绿色发展的基本要求和重要目标，对推动普洱绿色发展、持续发展具有重要意义。

一 资源节约、环境保护在普洱绿色发展中的重要性

（一）资源节约、环境保护是顺应时代发展的需要

人类活动引起的资源浪费、环境污染和生态破坏成为全人类所面临的最严重的挑战之一，已经威胁到人类的生存和发展。面对全球自然资源的日益匮乏、气候变化及人为因素导致的生态环境的恶化的严峻形势，世界国际组织、各国政府重视资源节约、环境保护，各类国际环境保护条约制定、世界地球日、世界环境日、世界森林日、世界水日、世界海洋日等宣传活动日的确定，以及开展资源节约、环境保护活动，这说明资源节约、环境保护已成为全人类的共识。

中国作为负责任的发展中大国，高度重视资源节约、环境保护，提出了建设"资源节约型、环境友好型社会"的战略发展目标。在 2005年 3 月举行的中央人口资源环境工作座谈会上，胡锦涛提出要"努力建设资源节约型、环境友好型社会"。同年 10 月中共十六届五中全会通过的《中共中央关于制定国民经济和社会发展第十一个五年规划的建议》，提出了建设资源节约型和环境友好型社会的目标，并首次把建设资源节约型和环境友好型社会确定为国民经济和社会发展中长期规划的

一项战略任务。2007 年党的十七大报告强调"坚持节约资源和保护环境的基本国策,关系到人民群众切身利益和中华民族生存发展,必须把建设资源节约型、环境友好型社会放在工业化、现代化发展战略的突出位置,落实到每个单位、每个家庭"①。党的十八大报告指出:"坚持节约资源和保护环境的基本国策,坚持节约优先、保护优先、自然恢复为主的方针,着力推进绿色发展、循环发展、低碳发展,形成节约资源和保护环境的空间格局、产业结构、生产方式、生活方式,从源头上扭转生态环境恶化趋势,为人民创造良好生态生活环境,为全球生态安全作出贡献。"②《中共中央国务院关于加快推进生态文明的意见》指出:"坚持把节约优先、保护优先、自然恢复为主作为基本方针。在资源开发与节约中,把节约放在优先位置,以最少的资源消耗支撑经济社会持续发展;在环境保护与发展中,把保护放在优先位置,在发展中保护、在保护中发展;在生态建设与修复中,以自然恢复为主,与人工修复相结合。"这就为资源节约、环境保护,加快建设资源节约型、环境友好型社会,以及促进经济发展与人口、资源、环境相协调,服务经济社会发展大局以及将资源、环境监管贯穿于资源开发和经济发展的全过程和各领域提供了历史机遇。

(二) 资源节约、环境保护是绿色发展的内在要求

绿色发展的本质是生态文明的发展观和实践观,其核心目的是为突破有限的资源环境承载力的制约,谋求经济增长与资源环境消耗的脱钩,实现发展与环境的双赢。这就是把包括现代经济在内的整个现代发展建立在节约资源、增强环境承载能力及生态环境良性循环的基础上,实现经济、社会、生态的可持续发展。

人类社会的福利是指人的生活质量得到全面提高,人类社会和人类之间更加公平,经济、社会与生态环境、自然资源发展更加协调,人类自身也得到全面发展。绿色发展的实质是以人为本,围绕人的全面发展,强调人的经济活动要遵循自然环境规律,通过人与自然的和谐相处

---

① 胡锦涛:《高举中国特色社会主义伟大旗帜 为夺取全面建设小康社会新胜利而奋斗》。
② 胡锦涛:《坚定不移沿着中国特色社会主义道路前进 为全面建成小康社会而奋斗》。

来更好地实现人类自身的全面健康发展。同时，绿色发展强调以实现人类自身的生存价值为目标，是要推动人的全面发展，包括代际间的全面发展，以提高人的生活质量为经济活动的目标，而不是片面地追求人的物质占有能力和规模，以简单的 GDP 和利润的最大化来衡量经济的发展。

绿色发展强调可持续性，充分考虑生态环境容量和自然资源的承载能力。绿色发展，环境资源不仅是其内生变量，也是前提条件，生态环境容量和自然资源的承载能力是其刚性约束。因此，绿色发展重点强调可持续性，将经济规模控制在资源再生和环境可承受的界限之内，既要考虑当代的可开发利用，又要考虑后代的可持续利用，全面提高人的生活质量；同时，经济要具有可持续的发展，以原生资源投入为主的工业发展模式最终是不可持续的，必须形成以绿色为支柱的经济发展模式。①

资源节约、环境保护是推进绿色发展的关键和基础。绿色发展直接关系人民的福祉安康、关乎民族全面发展的当前和未来，是全面建成小康社会不可回避、不可或缺的长远大计。资源节约、环境保护正被越来越多的国家、组织和公众所高度关注，在我国也已成为全社会关注的焦点问题，成为制约经济社会科学发展的重要因素之一。面对资源约束趋紧、环境污染严重、生态系统退化的严峻形势，必须树立尊重自然、顺应自然、保护自然的生态文明理念，把生态文明建设放在突出地位。强化生态系统的保护与建设，重视借鉴国际和国外经验推进生态环境保护工作，进一步健全生态环境保护与综合治理机制，走绿色、循环和低碳发展，形成节约资源和保护环境型发展之路，着力推进从源头上扭转生态环境恶化趋势，努力创造良好的生产生活环境，积极维护生态安全，引导中华民族和中国经济社会发展走向社会主义生态文明新时代。

（三）资源节约、环境保护是普洱现实发展的需要

普洱市委、市政府对节约资源、保护环境工作高度重视，将资源节约、环境保护提到重要议事日程，采取了一系列节约资源、保护环境的

---

① 陈银娥、高红贵等：《绿色经济的制度创新》，中国财政经济出版社 2011 年版，第 19 页。

重大举措，在全市经济平稳较快发展中，资源节约、环境保护方面取得了积极进展。但由于历史和客观因素，全市资源、环境形势依然严峻，环境与经济协调发展的机制尚不完善，资源消耗不断加剧，资源开发效率、效益低下，经济增长的环境压力和资源代价依然较大。

1. 资源消耗不断加剧

普洱是典型的资源型经济，其产业基本上是一种原料型、资源型产业。长期以来，普洱依赖自然资源开发建立起的经济体系，因科技水平低、技术装备落后，生产经营粗放，资源利用率和加工度低；能耗和生产成本高，对资源的消耗高，浪费大。近几年，普洱市加快了工业化进程，但因历史等客观原因，一时还难以完全改变资源消耗型、粗放型的生产方式，这对自然资源的永续利用带来了巨大压力。如从水资源利用效率看，普洱市万元工业增加用水量 122 立方米，高于云南省（71 立方米）和全国（69 立方米）平均水平；普洱市人均综合用水量为 488 立方米/人，高于云南省（326 立方米/人）及全国平均水平（454 立方米/人）；万元 GDP 用水量 343 立方米，高于云南省（144 立方米）及全国平均水平（118 立方米）。[①] 这说明，普洱市水资源利用方式还很粗放，用水效率较低，浪费仍较严重。同样，在其他资源的利用，也存在着综合利用水平不高，资源利用率低，经济效益差的问题。

2. 城市环境问题依然明显

城市环境基础设施建设薄弱。污水处理厂、垃圾处理场等治污设施建设滞后，全市污水收集处理率、垃圾无害化处理率很低。城市生活污水、生活垃圾对城区地表河流污染严重，城区油烟、扬尘、噪声等扰民现象突出。城市环境污染呈现复杂化和多样化，有毒有害化学品污染、放射性污染、电磁辐射污染等新型污染不断出现，广播电视、无线通信等伴有电磁辐射的设备越来越多。

3. 农村环境保护任务繁重

广大农村普遍缺乏环境保护基础设施，生活垃圾、生活污水、畜禽粪便及农业废弃物随意排放，农村环境综合整治尚处于示范试点阶段，推广任务十分艰巨。农村饮用水源保护问题突出，缺乏有效保护和监

---

① 普洱市水文水资源局：《普洱市水资源公报》，第16页。

管，部分地区水质不好、水量不足，饮水安全隐患大。农药化肥不合理施用、农膜残留、工业污染等对农村生态环境和耕作土壤造成不同程度的污染。采石开矿、挖河取沙、陡坡垦殖、毁林开荒等现象仍然存在。

二　全面促进资源节约循环高效使用

在节约资源中，要认真贯彻执行"节约优先"的方针，把节约放在优先位置，全面促进资源节约循环高效使用，做到以最少的资源消耗支撑经济社会持续发展。

1. 实施重点产业能效提升计划

"按照减量化、再利用、资源化的原则，加快建立循环型工业、农业、服务业体系，提高全社会资源产出率。"① 全面推行绿色循环低碳的生产方式，大力推动节能降耗、清洁生产、资源综合利用，合理延伸产业链，推动企业间、行业间、产业间的循环链接，提升改造传统产业，提高资源产出率，增强经济发展的质量、效益。按绿色经济要求对增量经济进行规划设计，大力发展特色优势产业、现代服务业和战略性新兴产业，使经济增长更多依靠科技进步、劳动者素质提高、管理创新驱动，更多依靠节约资源和循环经济带动，加快转变经济增长方式。

2. 建立资源回收利用体系

建立再生资源回收利用体系。建立集回收站点、分拣中心、专业运输和集散市场四位一体的覆盖城乡的再生资源回收网络，加强废金属、废塑料、废玻璃、废纸、废电器电子产品等重点再生资源的回收利用。在思茅—宁洱一线规划建设再生资源产业园区，引导再生资源流向园区集中处理和利用，加快形成覆盖分拣、拆解、加工、资源化利用和无害化处理等环节的完整产业链。到 2020 年，主要再生资源回收利用总量达 30 万吨以上，再生资源主要品种回收利用率达到 90% 以上。

建立健全生活垃圾分类回收体系。建立政府主导、全民参与、市场化运作的垃圾分类回收机制，构建生活垃圾分类回收、密闭运输、集中

---

① 资料来源于《中共中央国务院关于加快推进生态文明的意见》。

处理体系。在机关团体单位、企业、城市居民小区和学校开展生活垃圾源头分类投放。加快生活垃圾分类收集、运输设施建设。到 2020 年，90% 以上的居民小区、机关、企事业单位建成生活垃圾分类回收设施。

推动餐厨废弃物资源化利用。建立规范的餐饮企业、单位食堂餐厨废弃物定点收集、密闭运输和集中处理体系。加快建设餐厨废弃物资源化利用和无害化处理设施，鼓励利用餐厨废弃物生产沼气、有机肥等。到 2020 年，普洱市中心城区、开发区和思宁（思茅、宁洱）一体化重点城镇初步实现餐厨废弃物分类收运和资源化利用。①

3. 强化资源节约

节约集约利用土地、水、矿产等资源是强化资源节约的基本要求。要按照严控增量、盘活存量、优化结构、提高效率的原则，加强土地利用的规划管控、市场调节、标准控制和考核监管。土地利用总体规划是实行土地用途管制的依据，要严格执行《普洱市土地利用总体规划纲要（2006—2020）》，有效地保护和利用土地。加强建设用地管理，积极引导建设用地的节约与集约利用，严格控制建设用地新增量，努力盘活土地存量，通过旧城改造、废弃工矿用地复耕、空心村整理、农村宅基地管理等途径提高土地节约和集约利用水平。加强用水需求管理，以水定需、量水而行，抑制不合理用水需求，促进人口、经济等与水资源相均衡，建设节水型社会。推广高效节水技术和产品，发展节水农业，加强城市节水，推进企业节水改造。积极开发利用再生水、矿井水、空中云水等非常规水源，严控无序调水和人造水景工程，提高水资源安全保障水平。发展绿色矿业，加快推进绿色矿山建设，促进矿产资源高效利用，提高矿产资源开发回收率、综合利用率。

4. 推广绿色建筑

绿色建筑指满足《绿色建筑评价标准》（GB/T 50378－2006），在全寿命周期内最大限度地节能、节地、节水、节材，保护环境和减少污染，为人们提供健康、适用和高效的使用空间，与自然和谐共生的建筑。

实行建筑全能耗评价，促进各项节能措施的落实。积极引导和推行

① 资料来源于《普洱市建设国家绿色经济试验示范区发展规划》，第 37 页。

自然节能。大力推进大型公共建筑和办公建筑通风、照明等节能改造。加强以太阳能为重点的可再生能源建筑应用推广力度，促进低能耗建筑的发展。严格管理确保城镇新建建筑设计阶段 100% 达到节能标准要求，施工阶段节能标准执行率达到 95% 以上，竣工验收全部达到节能标准。政府投资新建的国家机关、学校、医院、博物馆、科技馆、体育馆、保障性住房，以及单体建筑面积超过 2 万平方米的机场、车站、宾馆、饭店、商场、写字楼等大型公共建筑等强制执行绿色建筑标准。引导商业房地产和工业厂房按绿色建筑标准建设，加强绿色农房建设指导。倡导简约适度装修。探索就地取材，推广安全耐久、节能环保、施工便利的绿色建材，引导高性能混凝土、高强钢、低辐射镀膜玻璃、断桥隔热门窗的发展利用。积极发展多功能复合一体化墙体材料。推进建筑废物集中处理、分级利用，生产高性能再生混凝土、混凝土砌块等建材产品。因地制宜建设建筑废物资源化利用和处理基地。

到 2020 年年底，低能耗建筑占全市新建建筑的 15%，年均占比提高 2 个百分点；城镇 45% 以上新建建筑达到绿色建筑标准，其中 20% 以上新建建筑达到二星以上绿色建筑标准。[①]

5. 推行绿色交通

构建出行便捷、运营高效、城乡一体的立体公共交通系统，加强城市步行和自行车交通系统建设，积极发展轨道交通，推进不同公共交通体系之间以及市内公交系统与铁路、高速公路、机场等之间无缝衔接。引导居民外出多乘公共交通，少开私家车，多骑自行车。

6. 推广绿色办公模式

为减少办公用纸的耗费，提高政府部门的办公效率，减少办公人员的工作负担，提高政府部门间业务协同水平和政府工作的透明度，推广电子公文交换和办公业务协同 OA 系统，2013 年 1 月 1 日正式使用，市级接入 OA 系统 126 个部门，县（区）接入 1325 个部门，年末累计交换文件超过 120 万份。

7. 倡导绿色消费

绿色消费是指一种以适度消费、生态消费，避免或减少对环境破坏

---

① 资料来源于《普洱市建设国家绿色经济试验示范区发展规划》，第 34 页。

以及安全、健康的新型消费行为和过程。这种消费模式"可以有效遏制过度消费行为的滋生蔓延，对保护环境、实现资源的有效利用起着不可替代的'源头消减'作用"①。绿色消费模式既符合物质生产的发展水平，又符合生态生产的发展水平，既能满足人的消费需求，又不对资源、环境造成危害。要通过绿色消费的积极倡导，引领全民形成节俭、环保、生态、安全、理性的消费意识。广泛开展绿色生活行动，推动全民在衣、食、住、行、游等方面加快向勤俭节约、绿色低碳、文明健康的方式转变，坚决抵制和反对各种形式的奢侈浪费、不合理消费，倡导绿色生活和休闲模式。

三 加大环境保护力度

（一）加强污染减排和治理

加强污染物减排，强化结构减排，细化工程减排，实化监管减排，推进清洁生产，推动循环经济，促进经济发展方式的转变。在继续推进化学需氧量和二氧化硫减排的同时，将氨氮和氮氧化物作为新的约束性指标，发挥环境保护对产业的调控作用，促进区域经济与环境协调发展。

1. 优化经济结构，强化结构减排

优化经济结构，强化结构减排，是加强污染减排和治理的重要途径。一是严格环境准入，提高环保准入门槛，严格控制高耗能、高耗水、高污染及产能过剩的行业发展，落实新上项目管理的部门联动制和项目审批问责制。对超出环境容量，以及总量控制不力、未完成淘汰落后产能和污染减排目标的区域，实施区域限批。对需要特殊保护的地区和环境敏感地区，严禁布置可能造成污染隐患的工业企业，防止有重大环境风险的项目进入。二是严格强制淘汰，对与环境保护要求不相适应的高污染、高能耗的工业企业实行关、停、转、迁。建立严格的产业淘汰制度，对规模不经济、污染严重的水泥、木材加工等企业或落后的工

① 李晓西、胡必亮：《中国：绿色经济与可持续发展》，人民出版社2012年版，第15页。

艺、设备实行强制淘汰，或通过以大带小的方式，实现污染集中控制。及时制定重点行业资源消耗和污染物排放源强制标准，促进企业技术改造和提升管理水平。三是严格清洁生产，改造传统工艺，淘汰落后工艺设备，全面提升清洁生产水平。开展矿产资源开发及服务行业等领域清洁生产审核；加大建设项目环境影响评价工作中推行清洁生产的深度和强度，对新建项目的清洁生产提出更严格要求。四是推进循环经济的试点示范，加快调整优化经济结构，转变经济增长方式，推行循环经济，走"科技含量高、经济效益好、资源消耗低、环境污染少、人力资源优势得到充分发挥"的新型工业化道路。在水泥、制糖、林产工业、矿业等关键行业探索和实践低投入、高产出、低消耗、少排放、能循环的经济发展模式，提高废物综合利用率，推动不同行业通过产业链延伸和耦合，实现废弃物循环利用。

2. 加强工业污染治理

对现有污染物总量超标企业实施污染物削减治理，加大制糖行业和制胶行业深度整治，保证制糖行业 PSB 污水治理设施的正常运行，保障化学需氧量的有效减排。截至 2013 年 12 月 31 日，省级重点减排项目 33 个、市级减排项目 8 个均完成。11 个污水处理厂项目均按管理减排相关要求运行正常；14 个工程减排项目均完成并投运；6 个农业源减排项目完成。[①] 持续加强工业废气治理。加强造纸、冶金、水泥建材等行业的二氧化硫减排实用技术的推广和应用，提升烟气脱硫、脱硝效率。全面加强燃煤锅炉烟气治理，保障二氧化硫排放总量的有效控制。

3. 加强农业污染治理

重点推进规模化养殖场畜禽粪便的资源化利用。积极推广集中养殖、集中治污。对规模化养殖场，按照工业污染源的污染防控要求，实施排污许可、排污申报和排放总量控制制度。建设规模化养殖场有机肥生产利用工程，做好各种实用型沼气工程，积极推进多种方式的畜禽粪便资源化利用，对污染物统一收集和治理，养殖小区对进入储存设施的粪便推广有机肥综合利用。

---

① 普洱市人民政府办公室、普洱市地方志编纂委员会：《普洱年鉴》（2014），云南人民出版社 2014 年版，第 225 页。

4. 加强重金属污染治理

（1）调整和优化产业结构。严格控制新增重金属排放的建设项目，对涉及重金属排放的新建项目，执行项目开工建设"六项必要条件"（必须符合国家产业政策、发展规划和市场准入标准；按规定完成项目审批核准或备案程序；按规定开展建设项目用地审批，依法完成农用地转让和土地征收审批，并领取土地使用证；按规定完成环境影响评估审批；按规定完成节能评估；符合信贷、安全管理和城市规划等规定和要求）。并依法办理相关手续，建立部门联动机制和项目审批问责制。建立重金属排放新建项目与地区或企业淘汰落后产能相结合的机制。鼓励发展产污强度低、能耗小、清洁生产水平先进的工艺，鼓励重点防控企业采用新技术改造升级。大力发展循环经济，推动含重金属废弃物的减量化和循环利用。加强对淘汰落后产能工作的监督考核，定期向社会公告限期淘汰的企业名单。对未能按期完成淘汰落后产能的企业，县级以上人民政府依法予以关停，并对其落后产能设施实施拆除，暂停其新增重金属污染物排放的建设项目环评审批；对未经审批以及治理无望、实施停产治理后仍不能达标排放的企业依法予以关停。

（2）采用综合手段，加强重金属污染治理。编制《普洱市"十二五"重金属污染防治规划》，结合环境统计、污染源动态更新调查，掌握全市重金属污染防治情况，把重金属相关企业作为重点污染源进行管理，实施重点监管，建立健全重金属污染数据库和信息管理系统。企业生产、日常环境管理、清洁生产、治理设施运行情况、在线自动监测装置安装及联网情况、监测数据、污染事故、环境应急预案、环境执法及解决历史遗留污染问题等情况纳入数据库，实施综合分析、动态管理。

根据"谁污染谁治理"的原则，明确重金属污染责任主体，进行污染评估，因地制宜地采用经济高效的技术，组织开展受污染土壤、场地、水体和底泥等治理工程。云南澜沧铅矿有限公司棉絮铺尾矿库等治理工程被列为云南省"十二五"污染源综合治理项目。对责任主体明确的历史遗留重金属污染问题，由责任主体负责解决；对无法确定责任主体的历史遗留重金属污染问题，由各级政府统筹规划，逐步加以解决；着力加强重金属排放企业产生的危险废物及其他含重金属危险废物管理处置。

5. 加强管理，促进大气污染物协同减排

（1）建立城市氮氧化物防治体系。有效管理和监控营运车辆，实施机动车环保定期检验和环保标志管理。严格执行老旧机动车强制淘汰制度，加快淘汰"黄标车"。提高机动车环境准入门槛，禁止不符合国家机动车排放标准车辆的销售和注册登记。优化城市交通，大力推进绿色交通体系建设，全面提升机动车污染控制水平，进一步推动车用燃油低硫化进程，全面实施国家第 IV 阶段机动车排放标准。到 2013 年年末，2 个机动车管理减排项目正常开展，机动车环保标志管理工作在规定时限启动。[1]

（2）逐步控制温室气体排放，建设低碳社会。加强节能、提高能效，加大依法实施节能管理的力度，加快节能技术开发、示范和推广，充分发挥以市场为基础的节能新机制，努力减缓温室气体排放。以调整能源结构和发展低碳经济为基础，积极应对气候变化，强化冶金、建材、化工等产业政策，控制工业生产过程中的温室气体排放。建立二氧化碳等主要温室气体排放清单及排放量统计制度，加强温室气体排放源的监测和监管。实施植树造林、天然林资源保护等重点生态建设工程，提高森林资源覆盖率，增加碳汇和增强适应气候变化能力，增加生态系统碳吸收能力。2012 年普洱市共实施天然林保护工程 950 公顷，年末实有封山育林面积达 116633 公顷，森林覆盖率达 68.7%。完成人工造林 34604 公顷；迹地更新面积 10898 公顷；零星（四旁）植树 278 万株。[2] 2013 年，普洱市化学需氧量和氨氮排放总量分别控制在 4.0717 万吨、0.3312 万吨以内，比 2012 年的 4.1354 万吨、0.3423 万吨分别减少 1.54%、3.24%；二氧化硫和氮氧化物排放总量分别控制 0.9853 万吨、1.4442 万吨以内，比 2012 年的 1.0506 万吨、1.4442 万吨分别减少 6.22%、0.00%。[3] 普洱市思茅区主城区环境空气污染指数（API）年平均值为 33。环境空气质量以二氧化硫、二氧化氮、可吸入颗粒物

---

[1]　普洱市人民政府办公室、普洱市地方志编纂委员会：《普洱年鉴》（2014），云南人民出版社 2014 年版，第 225 页。

[2]　普洱市人民政府办公室、普洱市地方志编纂委员会：《普洱年鉴》（2013），云南人民出版社 2013 年版，第 366 页。

[3]　资料来源于《普洱市环境质量状况公报》（2013）。

的年平均浓度值评价，全年监测结果均符合 GB3095-1996《环境空气质量标准》中二级标准，环境空气优良率为 100%。[①]

（二）严格保护饮用水水源地

进一步加强集中式饮用水源地的保护，把保障人民群众的饮用水安全作为水环境保护的头等大事，采取严格的措施保护集中式饮用水源地。制定并实施普洱市饮用水水源地保护规划。完善 10 县（区）城市饮用水源保护区，划定各乡镇集中式饮用水水源地保护区，划定重点村庄饮用水水源保护区，界定并加强水源涵养林保护和植被恢复。建设城市备用水源，加强对农村饮用水源地污染防治，建立健全饮用水源安全预警制度，定期发布饮用水源地水质监测信息。饮用水源地一级保护区内禁止设立排污口、倾倒垃圾及其他废弃物、使用高残留农药、滥施化肥、水产养殖、水上游览等对水质产生影响的经济活动，现有的排污口应一律关闭。饮用水源地二级保护区内禁止新增排污口，严格控制保护区内的土地利用、植被破坏等开发活动，加强对农村饮用水源地污染防治监管，提高饮用水源保护意识，保障农村饮用水安全。截至 2013 年年末，普洱市 16 个城市主要集中式饮用水水源地，水质均达到国家相应的饮用水源地水质标准，水质类别达到 II 类标准的有 13 个，占总断面数的 81.2%；水质类别达到 III 类标准的有 3 个，占总断面数的 18.8%。[②]

（三）加强农村环境治理

加强农村环境综合整治，建设社会主义新农村。积极申报落实中央农村环境综合整治专项资金，整合统筹农村环境综合整治工程，优先治理旅游特色村、旅游环线、交通主干道沿线村庄及乡镇建成区及沿边区域、重点流域、水源涵养区、生物多样性保护重点区域的村庄。积极开展农村环境综合治理，2013 年共组织实施了 9 个行政村农村环境综合整治项目，共争取上级资金 785 万元，地方配套资金 240 万元，编制完

---

① 普洱市人民政府办公室、普洱市地方志编纂委员会：《普洱年鉴》（2014），云南人民出版社 2014 年版，第 224 页。

② 资料来源于《普洱市环境质量状况公报》（2013）。

成了 26 个项目共 65 个行政村农村环境综合整治项目实施方案，已有 18 个项目 53 个村进入省级项目库。① 县城等垃圾及污水处理设施不能覆盖的重点乡镇，因地制宜，建设垃圾无害化处理设施和污水处理设施，强化污水处理配套管网建设；完善环境卫生基础设施建设，推广普及农村卫生厕所，完善垃圾收集池、中转站及清运设备，实现定点存放、统一收集、定时清理、集中处理。广泛推行农村"六清六建"工作，完善村规民约，建立起有效的农村环境管理制度。加强乡镇工业企业监管，开展乡镇企业工业达标排放专项整治行动，把好项目审批关，严防落后工业产能和工业污染向农村转移。制定了《普洱市生态村建设管理办法（试行）》，加快生态村建设，到 2015 年已建成省级生态文明乡镇 16 个，市级生态村 646 个。思茅区被授予国家级生态示范区，景东成为全国首个生物多样性和生态系统服务价值评估示范县。

四　加强资源、环境监管

提高环境保护监管能力、监测能力、执法能力和应急能力，重点解决环境保护任务日益繁重和环境管理能力严重滞后的矛盾。

（一）加强资源、环境保护执法队伍建设

全面加强环境保护队伍建设，提高环境管理效率和服务质量；加强环境影响评估机构建设，为建设项目管理提供有力支撑；加强监测、统计、科研、信息队伍建设，有效提升环境管理业务水平。努力解决人员编制不足的问题，建立岗位培训长效机制，培养一批环境监管方面的业务专家和技术骨干。

（二）继续强化资源、环境监测能力

按《环境监测站建设标准（试行）》要求，提高市环境监测站仪器设备配置，加强县环境监测站仪器设备配置基本建设，使各县环境监

---

① 资料来源于《普洱市环境质量状况公报》（2013）。

测站具备独立监测能力。进一步完善环境质量监测网络。建设市环境监测站大气自动监测系统，实现城市大气环境自动监测，并对城市大气环境质量进行日报和预报；加强地表水、降水、噪声监测能力建设，按标准配置相应的仪器设备；建设澜沧江、李仙江出境河流水质自动监测系统，逐步实现水质周报；建立环境监测数据信息管理系统；建设普洱市应急监测网络，完善通信联络工具，应急监测仪器、防护装备和交通工具，全面提高应对突发环境事件能力。建设生态气象环境预测评估系统，利用地面观测和卫星遥感监测资料，利用"3S"技术，开展重点生态区域及生态敏感区的生态健康状况和灾害预测、预报、预警。开展生态、土壤和农村环境监测，对重点流域、生物多样性保护重点区域、重要的生态功能区等特定区域生态系统的动态变化进行监测。

（三）全面提升资源、环境监管能力

全面提升环境执法装备水平，市环境监察支队达到国家标准化建设西部一级标准，各县、区环境监察大队达到国家标准化建设西部二级标准。重点提升交通、取证、快速定性监测仪器以及现场通信指挥设备、现场数据传输设备、移动执法终端等现代化装备。提高环境监察业务的信息化程度，提升环境管理信息化水平，完善12369环保热线系统。

（四）完善资源、环境风险防范体系，努力提高环境应急能力

开展全市环境风险源排查，重点是涉及重金属、危险化学品、放射源及危险废物产生使用单位，发现潜在的风险源。划定环境风险重点防控区域，建立健全区域重点行业、重点企业、重点污染物在内的环境风险源数据库。完善环境风险预警监测网络。逐步在风险源单位车间排放口和总排污口、城市污水处理厂进水口、跨界（跨州市、跨国界）断面上游及最终汇入地表水饮用水源地的河流全面设立预警监测断面并安装水质自动监测站。加强大气环境风险源集中区域的大气环境监测。建立突发环境事件应急指挥体系。建立环境安全专家库和环境应急物资储备库。围绕各领域的应急响应预案及实施细则，开展应急演练，锻炼队伍处置、评估与协调会商能力。

（五）提高资源、环境管理信息化水平

建设环境政务信息传输网络、环境监测信息传输网络和环境监察信息传输网络，实现市环保局与十县（区）环保局环境管理信息的快速、安全、便捷的传输与交流；建立环境业务管理系统、环境质量管理系统、环境预警系统、综合应用系统等，形成环境管理业务应用平台和信息服务资源平台，逐步实现建设项目管理、排污收费、在线监测监控等核心业务的网上办公，实现环境管理的自动化、信息化和高效化。

（六）强化资源、环境管理技术支撑能力

开展环境管理基础调查与研究。按照国家和省的统一部署，开展污染源调查、土壤污染调查和评价、重点设施电磁辐射调查及污染损失调查等大调查，掌握污染现状和动态变化；对污染治理和生态恢复技术进行攻关研究和推广应用；紧密结合经济建设，研究经济发展与环境保护热点问题。

第十章

培育绿色生态文化与绿色发展

文化内涵十分丰富、外延非常广泛，可以指人类在改造客观世界过程中创造的物质成果的总和，也可以指人类在改造客观世界过程中创造的精神成果的总和。广义的绿色生态文化是指绿色发展中创造的物质成果和精神成果的总和，是一个由绿色精神文化、绿色物质文化、绿色制度文化构成的文化系统；狭义的绿色生态文化是指以生态科学和可持续发展理论为思想基础，以人与自然和谐发展为主旨，以崇尚自然、保护自然、促进资源持续利用为基本特征，以实现人类可持续发展和人与自然的共融、和谐为目标的新文化，是有效地解决人与自然关系问题所反映出来的思想观念的总和。本章所说的绿色生态文化是指广义的绿色生态文化。从广义的绿色生态文化来讲，它既是绿色发展的内生动力和重要支撑，又是绿色发展的重要内容，在绿色发展中占有重要的地位，起着重要的作用。

一　绿色生态文化在绿色发展中的作用

（一）绿色生态文化是绿色发展的内生动力

正如绿色发展是人们深刻总结了工业文明即黑色文明造成全球性的生态危机后提出的经济、社会、生态三位一体的新型发展道路一样，绿色生态文化也是人们对工业化进程带来的生态失衡、资源环境危机的严重后果后提出来的，是从人类中心主义向人与自然和谐发展观念的转化，是人类生活方式的转向标。

众所周知，面对前所未有的严重的自然危机，极端异常气候加剧、资源、能源供给空前加剧，全球生态环境持续恶化，世界上一些生态学家和社会学家从文化的视角反思了生态危机文化根源。世界著名生态和社会学家唐纳德·沃斯特就认为，"我们今天所面临的全球性生态危机，起因不在于生态系统本身，而在于我们的文化系统。要度过这一危机，必须尽可能清楚地理解我们的文化对自然的影响"。这一看法代表了国内外众多生态环境研究者的认识。他们把生态危机与文化危机联系起来思考，从文化的视角透视生态问题，形成了"人类历史上所有的生态悲剧，包括古老文明的衰落，都是由于文化价值与自然价值的错位和伤害造成"的共识。也就是说，"生态环境危机主要是由于失范的人类行为引起的，而它的根源是由于支配人类行为的文化观念出了问题"①。正是为解决"文化价值与自然价值的错位"的"文化失范"导致的生态危机问题，人们提出了"生态文化"这一新的文化形态。

文化的基本功能是教育人、引导人、培养人、塑造人，就是要形成理想信念、民族精神、道德风尚和行为规范。作为现代文化的重要组成部分的绿色生态文化，对当代人们从传统的生产生活方式转变到绿色生产生活方式起着重要作用，进而推动着绿色发展。绿色生态文化是绿色发展的内生动力和重要支撑。

1. 绿色生态文化对绿色发展具有价值引导功能

"文化具有的内在价值观能引导民众。"② 文化是一种选择，是一种生活样式的选择，是人类为了更好地生存与发展而进行的设想、设计、创造及结果。文化体现了现有文明的一切成果，又成为人类走向文明的内在要素。在文化诸要素中，精神文化是最有活力的部分，是人类创造活动的动力。没有精神文化，人类便无法与动物相区别。而在精神文化中，尤以价值观念最为重要，是精神文化的核心。价值观往往是隐含在人的意识中最深层的东西，常常不为人们所明晰地觉察，但其对人的心理、情感、意志和信念的影响是非常巨大的。可以说有什么样的价值

---

① 胡爭：《生态文化：生态实践与生态理性交汇处的文化批判》，中国社会科学出版社2006年版，第1页。

② ［美］戴维·兰德斯：《文化使局面几乎完全不一样》，载［美］塞缪尔·亨廷顿、劳伦斯·哈里森《文化的重要作用：价值观如何影响人类进步》，新华出版社2013年版，第47页。

观，就会有什么样的价值判断、目标追求和行为取向。只有价值观一致，才有行为的协调，才会有共同的社会生活。任何社会中的人们在价值观上都会有差异，但经由统一文化的熏陶，必然在社会生活的基本方面形成大体一致的观念。文化以其科学的价值判断和先进的价值取向对人们的生产方式和生活方式发挥着积极影响。

绿色发展关键在于生产方式和生活方式的转变，核心是人的价值观念的根本转变。"这种转变解决人类中心主义价值取向过渡到人与自然和谐发展的价值取向，将人的认识实践活动置于'人—社会—自然'复合系统整体之中进行关照，使自身的认识实践活动兼顾到各方面因素的相互作用，兼顾到生态利益、经济利益和社会利益。"① 而作为绿色生态文化中核心内容的绿色价值观正是体现了尊重自然、顺应自然、人与自然的和谐共存的价值取向，"既看到人类的价值，又看到自然的价值；既把人类作为主体，又把自然作为主体；既关注人类，又关注自然；既维护人类的利益，又维护自然的利益"②。因此，通过绿色价值引导可以帮助人们正确看待自然的价值和人在自然界中的地位及价值体现，把人类的道德关怀覆盖到大自然的生物界，对自然生物施以人文关怀，牢固树立起热爱自然、尊重自然、保护自然，平等、公正地对待自然以及自然界一切生物的价值取向和责任意识，谋求自然的和谐关系，保证自然系统的良性循环和动态平衡。

2. 绿色生态文化对绿色发展具有教育规范功能

文化的教育作用与规范功能是将社会规范内化为个人的行为准则，进而将社会成员的行为纳入一定的轨道和模式，以维持一定的社会秩序。培育绿色生态文化，最重要的是规范人们的生产生活行为方式，使其遵循可持续发展的理念，最大限度地保护生态环境。以生态科学和可持续发展理论为思想基础，以人与自然和谐发展为原则，以崇尚自然、保护自然、促进资源持续利用为基本特征，以实现人类可持续发展和人与自然的共融、和谐为目标的绿色生态文化，可以帮助人们改变长期以来在"人类中心主义"和"功利主义"影响下形成的把征服、掠夺自

---

① 傅治平：《生态文明建设导论》，国家行政学院出版社 2008 年版，第 171 页。
② 张文台：《生态文明十论》，中国环境科学出版社 2012 年版，第 246 页。

然作为理所当然的人类意识和行为，增强维护生命的权利，顺应自然规律，谋求与自然和谐，建设资源节约型和环境友好型的文化自觉，有效规范人们的日常行为，在现代生活中正确处理经济建设与环境保护、眼前利益与长远利益、个人与社会的关系。

3. 绿色生态文化对绿色发展具有审美养成功能

良好的自然审美养成对绿色发展起着潜移默化的推动作用。只有人们发现了自然美、学会欣赏自然美，才会尊重自然、爱护自然，追求人与自然的共生共存及和谐。美无处不在，自然是美的，森林、植物、湿地、风景等自然资源和生态环境都具有审美价值。保护优美的自然环境和丰富多彩的自然要素，给人类以精神的享受和艺术创作的灵感，这是人类精神的依托和文化发展的源泉。以植物、绿色的外在表征给予命名和赋予内在意义、以追求人与自然和谐发展为主旨的绿色生态文化，其本身也就是一种发现自然美、欣赏自然美的审美文化。绿色生态文化的普及与提高可以帮助人们不断提高审美修养、强化审美情趣、学会和掌握审美方法，陶冶人们爱自然、护自然的高尚情操。

（二）绿色生态文化是绿色发展的重要内容

绿色生态文化不仅是促进绿色发展的内生动力、重要支撑，其本身就是绿色发展的重要内容。作为绿色生态文化重要内容的绿色生态文化产业是绿色发展的重要组成部分和重要目标。绿色生态文化产业是从事绿色生态文化产品生产和文化服务的经营性行业，是经济社会持续健康发展的重要保证，是建设资源节约型、环境友好型社会的必然选择。实现绿色发展，既要做到资源节约、环境保护，又要促进绿色经济和绿色生态文化发展，实现经济效益、社会效益和生态效益的统一。同时，作为绿色生态文化重要内容的绿色制度文化，也为绿色发展提供制度保障，是绿色发展的重要内容。

二　培育绿色生态文化的总体目标和主要任务

（一）培育绿色生态文化的总体目标

《普洱市建设国家绿色经济试验示范区发展规划总体实施方案》结合普洱实际，依据普洱绿色发展的战略目标与要求，提出的培育绿色生态文化的总体目标任务是："创新绿色经济宣传教育，培育发展普洱特色绿色生态文化产业，创新绿色经济的文化宣传载体，形成普洱绿色生态文化软实力。到 2015 年，对全市县（区）级以上干部全部完成循环经济知识轮训，在普洱营造形成浓厚的绿色经济发展氛围，全市绿色经济宣传普及率达 80% 以上，绿色发展理念知晓率到 80% 以上。到 2020 年，形成多样化、常态化的绿色经济宣传教育方式，绿色发展理念深入人心，绿色经济宣传普及率达 90% 以上，绿色发展理念知晓率达 90% 以上。绿色生态文化市场体系不断完善，绿色生态文化产业初具规模，形成较高知名度普洱绿色生态文化品牌，使普洱市成为国内绿色思想文化的重要策源地。"[①]

（二）培育绿色生态文化的主要任务

1. 做好绿色发展理论、知识的宣传与普及工作

绿色发展理论、知识的宣传与普及是培育绿色生态文化的基础性工作。在全社会树立绿色发展的理念，增强绿色生态意识，离不开绿色发展的理论、知识的传播、教育与普及。因此，《普洱市建设国家绿色经济试验示范区发展规划总体实施方案》所确定的到 2015 年全市绿色经济宣传普及率达 80% 以上，绿色发展理念知晓率到 80% 以上；到 2020 年，绿色经济宣传普及率达 90% 以上，绿色发展理念知晓率达 90% 以上的绿色发展理论知识的普及目标，充分体现绿色发展理论、知识的宣传与普及的基础性作用，抓住了绿色生态文化培育的工作重点。

---

①　资料来源于《普洱市建设国家绿色经济试验示范区发展规划总体实施方案》，第 58 页。

2. 树立正确的生态价值观

生态价值观的确立本身就是人类认识自然、认识自我的历史过程，树立正确的生态价值观是推进人类社会可持续发展的思想基础。在绿色生态文化的培育中，要高度重视绿色生态价值观的教育，充分认识自然在人类发展中的作用，形成一种尊重自然、爱护生态、保护环境、人与自然协调和谐的价值取向和追求。

3. 强化生态道德观的约束

生态道德观是生态思想与道德观念的结合，是建立人与自然和谐的关系，把自然纳入人类道德关怀之内的更高层次的道德观。生态道德观强调的是胸怀万物的道德规范以及对生命、权利的尊重，提倡的是"每一个人都是人类家庭的一员，具有同样平等的权利，每个人的权利都应受到尊重。人类以外的所有生命形式是人类的伙伴和朋友，它们的价值也具有同样平等的权利，一样要受到尊重"①。这样的生态道德观，对人们的生产和生活行为能起到规范约束作用。绿色生态文化培育需要加强生态道德教育，增强节约资源、保护环境，维护生态平衡的责任意识、道德意识，自觉培养绿色行为规范，从绿色出行、绿色消费等力所能及的事情做起，以绿色行为弘扬绿色生态文化，推动绿色发展。

4. 发展绿色生态文化产业

发展绿色生态文化产业，是绿色物质文化的主要标志，是绿色生态文化建设的重要内容。普洱要发挥绿色生态文化资源丰富的优势，积极发展绿色生态文化产业，打造绿色生态文化品牌，形成文化产业竞争优势。《普洱市建设国家绿色经济试验示范区发展规划总体实施方案》所确定的"绿色生态文化市场体系不断完善，绿色生态文化产业初具规模，形成较高知名度普洱绿色生态文化品牌，使普洱市成为国内绿色思想文化的重要策源地"的生态文化产业发展目标，完全符合普洱实际，是培育绿色生态文化的一项重要的任务。

5. 构建绿色制度文化

构建绿色制度文化，就是要按照公正和平等的原则建立起有利于维护公民权利和节约资源、保护生态环境，实现经济效益、社会效益、生

---

① 廖福霖等:《生态文明经济研究》，中国林业出版社 2010 年版，第 295 页。

态效益统一的制度和机制，保证绿色发展，永续发展，实现社会的全面进步。

三 培育绿色生态文化的路径和措施

（一）培育绿色生态文化的路径

绿色生态文化的培育是一项复杂的系统工程，找到培育绿色生态文化的正确路径，是绿色生态文化培育的关键。培育绿色生态文化必须符合中国特色社会主义文化发展方向和建设要求，坚持马克思主义的生态观，深入学习贯彻科学发展观，继承和弘扬我国传统生态观特别是普洱各民族传统生态观，借鉴和吸收西方生态文化的合理思想，形成符合普洱绿色发展需要的绿色生态文化。

1. 坚持马克思主义的生态观

马克思主义是我们的立国之本，同时也是我们构建绿色生态文化之本。马克思恩格斯虽然没有系统地阐述过生态观，但在马克思主义的自然观、发展观中蕴含着丰富的人与自然和谐关系的思想。

第一，人类"自身与自然界的一体性"[1]。马克思恩格斯认为，人本身是自然存在物，是自然界中的一部分，是在自己所处的环境中并且和这个环境一起发展起来的，是自然界发展到一定阶段的产物。不仅如此，人类的生存和发展离不开自然界，人的精神生活的充实和物质生活的满足都以自然为基础。马克思指出，"从理论领域来说，植物、动物、石头、空气、光等等，一方面作为自然科学的对象，一方面作为艺术的对象，都是人的意识的一部分，是人的精神的无机界，是人必须事先进行加工以便享用和消化的精神食粮；同样，从实践领域来说，这些东西也是人的生活和人的活动的一部分。人在肉体上只有靠这些自然产品才能生活，不管这些产品是以食物、燃料、衣着的形式还是以住房等等的形式表现出来"。"人靠自然界生活。这就是说，自然界是人为了不致死亡而必须与之处于持续不断的交互作用过程的、人的身体。所谓人的

---

① 《马列著作选编》，中共中央党校出版社 2011 年版，第 131 页。

肉体生活和精神生活同自然界相联系，不外是说自然界同自身相联系，因为人是自然界的一部分。"① 马克思的这些论述说明了大自然是人类的生命之源、生命之本，人类与自然界是休戚相关、互利共生的有机统一体，人、人类必须认识、保护这个有机统一体，实现人与自然界和谐统一。

第二，尊重和遵循自然规律是实现人与自然和谐的必然要求。马克思恩格斯认为，人能发挥自己的主观能动性去改造自然，但不能以征服者的姿态肆意妄为，而是要认识、尊重、遵循自然规律，以此控制我们的生产行为所造成的较近或较远的自然后果。恩格斯指出，人通过他所做出的改变来使自然界为自己的目的服务，来支配自然界。"但是我们不要过分陶醉于我们人类对自然界的胜利。对于每一次这样的胜利，自然界都对我们进行报复。每一次胜利，起初确实取得了我们预期的结果，但是往后和再往后却发生完全不同的、出乎预料的影响，常常把最初的结果又消除了。"②"因此我们每一步都要记住：我们绝不像征服者统治异族人那样支配自然界——相反，我们连同我们的肉、血和头脑都是属于自然界和存在于自然界之中的；我们对自然界的整个支配作用，就在于我们比其他一切生物强，能够认识和正确运用自然规律。"③

第三，社会是人与自然统一的基础。人既是自然存在物，也是社会存在物。只有在社会实践中，才能实现人与自然关系中自然的人化与人的自然化的相互作用的过程。马克思指出："只有在社会中，自然界对人来说才是人与人联系的纽带，才是他为别人的存在和别人为他的存在，只有在社会中，自然界才是人自己的人的存在的基础，才是人的现实的生活要素。只有在社会中，人的自然的存在对他来说才是自己的人的存在，并且自然界对他来说才成为人。因此，社会是人同自然界的完成了的本质的统一，是自然界的真正复活，是人的实现了的自然主义和自然界的实现了的人道主义。"④

第四，只有共产主义社会才能解决人与自然、人与人的矛盾，实现

① 《马列著作选编》，中共中央党校出版社2011年版，第40页。
② 同上书，第130页。
③ 同上书，第131页。
④ 同上书，第48页。

人与自然的和谐。马克思恩格斯批判了资本主义生产方式表现出对待自然的盲目性和反自然性，认为资本主义社会不可能实现人与自然和谐的问题，只有共产主义社会才能解决人与自然、人与人之间的矛盾，实现公平和谐。马克思指出："社会化的人，联合起来的生产者，将合理地调节他们和自然之间的物质变换，把它置于他们的共同控制之下，而不让它作为盲目的力量来统治自己；靠消耗最小的力量，在最无愧于和最适合于他们的人类本性的条件下来进行这种物质变换。"① "这种共产主义，作为完成了的自然主义 = 人道主义；而作为完成了的人道主义 = 自然主义，它是人和自然之间、人与人之间的矛盾的真正解决。"② 这就是说，在共产主义条件下，人们不仅会合理地调节人际关系，而且会合理地调节人与自然的关系，实现"自然主义—人道主义—共产主义"的统一。

马克思主义的自然观、发展观，为绿色发展提供了理论基础和思想源泉，对中国今天的绿色发展具有深远的理论和现实意义，是培育绿色生态文化必须坚持的指导思想。

2. 深入学习贯彻科学发展观

科学发展观包含了丰富的有关资源、环境、生态问题和人与自然和谐的思想，把生态文明建设放在突出地位，融入经济建设、政治建设、文化建设、社会建设各个方面和全过程，形成"五位一体"的中国特色社会主义建设的总体布局。因此，高举中国特色社会主义伟大旗帜，深入贯彻落实科学发展观，是普洱实施生态立市绿色发展最为重要的生态文化支撑。

3. 继承和弘扬普洱各民族传统生态观

普洱各民族的传统生态观是一种人与自然和谐相处的共生观。他们在处理人与自然的过程中，并未将自己放置在一个独特和优越的位置上，而是将原始朴素的宗教道德和社会道德原则与行为运用到处理人与自然的关系，追求人与自然和谐共生的良好关系上。这种和谐共生观的认识基础就是人与动植物的同源同根性和亲缘性关系。基于这种朴素的

① 《马克思恩格斯全集》第25卷，人民出版社1974年版，第926—927页。
② 《马列著作选编》，中共中央党校出版社2011年版，第47页。

人与动植物同源同根性和亲缘性的认识，他们认为包括人类在内的所有生命的物种，都是自然界共同的孩子，都是自然大家庭的成员；其地位上都是平等的，彼此之间相互依存一体关联；一切动植物都具有自己的生命价值，人应该像对待自己、对待朋友那样对待生物。"虽然这种人与自然和谐共生共存观念是以原始宗教的形式表现出来，但是，它以生产生活经验为基础，具体、真切、直观地把握了人与大自然的有机联系，人们不仅仅把天地万物当作可资利用的生活资源，更当作与己生存息息相关的生命源泉。因此，这种把和谐共生共存作为原始文明条件下人们生存实践的经验体会和理解，不仅包含着对人与自然关系的深刻理解智慧，而且对现今的生态观和价值观仍具有重大的现实意义。"①

普洱各民族对大自然有着浓厚的敬畏意识、尊重意识、顺应意识。尽管这种敬畏意识、尊重意识、顺应意识大多是在"万物有灵"支配下，以各种自然崇拜、宗教禁忌的形式表现出来的，带有浓厚的宗教色彩和天命意识，但它已蕴含着"我对自然的敬畏、尊重"来获取"自然对我的保护"的普遍的朴素的互惠意识，寄托了他们希望与自然和谐共生的价值关怀，有效地规范了人们的行为，客观上很好地发挥了维护生态平衡的教育管理功能，从根本上起到保护自然、维护生态平衡的作用，使得许多少数民族村寨的生态环境得以较好地受到保护。至今普遍受人们关注的竜林生态环境及其保护，就是这种意识和行为规范的结果。

如果说以各种自然崇拜、宗教禁忌表现出来的人们对自然的敬畏、尊重意识和行为还只是一种自发性、朴素性的意识和行为，那么，以村规民约形式表现出来的环境习惯法已体现出强烈的保护自然、保护生态环境的意识和行为，蕴含着丰富的生态制度文化。这些形成于日常生活和劳作过程中的习惯法，是普洱各民族用以保护自然资源的主要制度性内容。它以更为权威、更为严格的方式约束着人们的行为，对普洱自然生态环境的保护起到了积极的作用。

在漫长的历史进程中形成传统生态观，已根深蒂固地保留在普洱各民族的生命意识里，影响着普洱各民族处理人与自然关系的价值取向和

---

① 李根：《拉祜族的传统生态伦理思想》，《云南民族大学学报》2004 年第 5 期。

行为模式，为我们今天实施绿色发展提供了现实土壤。无论是宗教禁忌还是村规民约，都根植于普洱各民族的生产生活中，符合他们的生活方式和心理需求，都具有较强的民族性、地方性，更能为他们所接受和遵守，自觉或不自觉地影响着各民族的行为。在推进绿色发展中，需要充分利用好有关生态保护的地方性知识，让当代绿色发展理念与之产生契合，如此，当代绿色发展理念才更容易被各民族人民所接受。

在普洱各民族传统的生态观中，至今依然保留着许多合理的因素。人与动植物的同源同根性和平等意识、对自然的敬畏尊重意识、保护自然的责任意识，以及在此基础上形成的追求人与自然和谐共生的价值取向和行为规范，对当今"树立尊重自然、顺应自然、保护自然的生态文明理念"[①] 提供了思想资源。那些以村规民约形式出现的环境习惯法，为地方性环境保护法规的制定提供了依据和信息，对加快普洱环境保护法治化建设有着现实意义。

在普洱绿色发展的进程中，我们应当大力挖掘和利用传统生态观的积极成分，充分发挥其现代价值。在继承传统生态观的合理内核的基础上，从总体上实现对传统生态观的发展和超越，进而形成与绿色发展相适应的生态文化。这既是传承和发展普洱民族传统生态观的内在要求，更是当前普洱实现绿色发展的现实需要。

4. 借鉴和吸收西方生态文化的合理思想

当代西方生态文化思想反思和批判了"人类中心主义"的传统思想，确立了人与自然和谐发展的价值取向和思想观念，对人口、资源、环境、生态、发展等问题提出许多科学的、有价值的思想和理念。我们应站在当代的高度，学习和借鉴科学的、有价值的西方生态文化思想，为建设生态文化服务。

（二）培育绿色生态文化的措施

1. 开展绿色生态宣传教育

绿色生态宣传教育，是传播、普及绿色生态文化理论知识，提高全

---

① 胡锦涛：《坚定不移沿着中国特色社会主义道路前进　为全面建成小康社会而奋斗——在中国共产党第十八次全国代表大会上的报告》。

民绿色生态意识，规范人们行为的主要途径。要通过绿色生态宣传教育调整人们的生产生活行为，建立绿色生态伦理规范和生态道德观念，教育人正确认识自然的规律及其价值，培养人对自然的情感、审美情趣和鉴赏能力，提高公众的节约意识、环保意识、生态意识，使绿色生态文明的理念深入人心，形成人人、事事、时时崇尚生态文明的社会氛围。这是一项系统工程，需要政府、学校、企业、新闻媒体、家庭、社会组织的共同努力、发挥作用、形成合力。

第一，发挥政府在绿色生态宣传教育中的主导作用。绿色生态教育作为一项社会性、公益性、持续性的全民公共基础教育，需要政府的高度重视和全面负责，发挥其主导作用。各级政府要努力营造良好的氛围，为绿色生态宣传教育提供政策支持。政府要依据绿色发展的总体目标和绿色生态文化建设的具体目标任务，制定符合地方实际的中长期绿色生态文化发挥规划，切实把绿色教育作为公民素质教育的重要内容，纳入国民教育和干部教育培训，用发展规划引导绿色宣传教育，保证绿色宣传教育真正取得实效。各级政府要做好提升干部绿色生态素质的培训工作，促进干部思维方式、思想观念的转变，提高干部的绿色生态意识，规范干部的绿色行为。各级政府对于民间自发的绿色生态宣传和教育活动要给予鼓励和支持，对做出突出贡献的个人和组织要给予奖励表彰。各级政府要加大绿色生态宣传教育资金投入，充分利用市场机制建立合理的、多元的投入机制，为编写绿色生态教材、开设绿色生态课程、研究绿色生态问题、培训师资等教育和培训项目提供经费支持。

第二，发挥学校绿色生态教育的主渠道作用。学校是绿色生态宣传教育的重要阵地和主渠道。按照国家提出的"把生态文明教育作为素质教育的重要内容，纳入国民教育体系"的要求，绿色生态宣传教育应从学前教育开始，贯穿基础教育、高等教育的全过程。幼儿园要根据幼儿的特点，开设幼儿热爱自然的课程和变废为宝的手工课程，培育学生亲近自然、热爱自然的意识，锻炼学生的动手能力。中小学可以根据学校的具体情况，开设环境保护的理论课程和实践课程，逐渐培养学生的生态意识和环境意识。普洱各县区的幼儿园、中小学要把绿色生态教育作为一项教育教学的基本任务，高度重视、切实抓好，不断提高学生的绿色、生态、环境素养。高等院校的绿色生态教育，除了进行热爱自然、保护环境和节约能源与资源的教育外，还要发挥培养具有绿色思想乃至思潮以及掌握真正绿色技术的应用型专门人才，因此，在普遍进行绿色生态教育外，还要在办学理念、人才培养目标、教学内容、教学方法等方面进行一系列的转变，让大学真正承担起建设生态文明、实现绿色发展的绿色教育使命。普洱学院、云南农业大学热带作物学院、普洱市职业教育中心，除在学生中广泛普及热爱自然、保护环境、节约能源与资源的知识、意识，营造良好的绿色生态文化环境外，还应根据普洱绿色发展的需要，设置相应专业、开设相应课程，培养地方绿色发展需要的应用型专门人才。

第三，发挥企业在绿色生态宣传教育中的作用。绿色企业是当代企业发展的趋势。这种企业所追求的是绿色经营理念、绿色技术、绿色产品、绿色营销战略、绿色企业文化，要求做到从企业经营的各个环节着手来控制污染与节约资源，实现企业经济效益、社会效益、环境保护效益的有机统一。因此，企业是绿色生态教育的重要执行者。企业绿色化首先从人的教育开始，这里的人应是全体员工，包括经营者、各级管理者和职工。这里的教育不仅包括环保意识、环保知识教育，还包括岗位专业技术培训。通过绿色生态教育，帮助全体员工增强绿色、生态、环保意识，掌握绿色技术，最终实现经营理念绿色化、产品设计绿色化、企业形象绿色化，提高企业的知名度和赞誉度，增强企业的竞争力。

第四，突出新闻媒体宣传。电视、网络、广播、报刊等现代新闻传媒的宣传报道对舆论有重要的引导作用，对营造节约资源、保护环境、保护自然的良好社会氛围起着无可替代的作用。《中共中央国务院关于加快推进生态文明建设的意见》指出："充分发挥新闻媒体作用，树立理性、积极的舆论导向，加强资源环境国情宣传、普及生态文明法律法规、科学知识等，报道先进典型，曝光反面事例，提高公民节约意识、环保意识、生态意识，形成人人、事事、时时崇尚生态文明的社会氛围。"普洱及各县（区）要在报纸、电视台、广播电台和网络等新闻媒体，开辟专题专栏，组织策划优秀选题，对当地生态环境、绿色发展问题进行深度报道，既报道先进典型，也曝光反面事例，发挥新闻媒体的舆论导向作用；要及时宣传我国政府对加强环境保护、生态建设做出的决策部署、采取的正确措施、取得的工作进展和成效；要做好生态文明法律法规、科学知识等的普及宣传工作，丰富公民绿色生态知识，提高公民的绿色生态意识。

第五，强化公益广告宣传。近几年，普洱市及各县（区）高度重视绿色生态文化的公益广告宣传，在电视台播放了绿色发展公益广告，在重要路段安装了大型户外宣传广告牌，在城区主干道、广场安装了电子显示屏、街道社区设置宣传栏（牌），采用播放公益广告、张贴宣传海报、滚动播放标语等方式，对绿色生态文化做了宣传，为营造绿色发展的良好氛围起到很好的效果。今后，各县（区）要结合本县区的实际，形式更加多样化、内容更加丰富多彩、特色更加鲜明，使公益广告在绿色生态文化宣传中发挥更好的作用。

第六，加强社会活动宣传。在世界地球日、世界环境日、世界森林日、世界水日和中国植树节、全国节能宣传周等世界性、全国性的环境保护、资源节约重要活动日、活动周里，组织开展丰富多彩、寓教于乐的各种保护环境、节约资源的主题活动。要对普洱各民族传统的祭竜林、泼水节、新米节等传统节庆活动赋予新的内容，更加突出人与自然和谐的内容与主题。普洱全市性的普洱茶叶节、国际乡村音乐节、民族文化旅游节，以及各县（区）举办的木鼓节、葫芦节、神鱼节、火把节、茶马古道节、双胞胎节、中老越三国丢包狂欢节等全民性、世界性的特色文化节庆活动，也应更加突出保护生态环境、实现绿色发展这一主题。通过这些社会活动宣传，可以营造绿色发展的良好氛围。

第七，发挥公众参与的积极性。绿色生态教育是全民性的教育，公众共同参与和支持才是绿色生态教育成功的基础。绿色生态教育必须面向社会、面向公众，发挥公众参与的积极性、主动性。只有公众积极主动地关心、支持、参与绿色生态教育，才能为实现绿色发展奠定坚实而广泛的群众基础。为此，一是要鼓励和支持公众对政府和学校的绿色生态教育提出意见或建议，促进绿色生态教育健康发展。二是要鼓励公众进行自我教育、自我约束，不断增强公众的节约意识、环保意识、生态意识，形成合理消费的社会风尚，营造爱护生态环境的良好风气。

第八，发挥家庭对儿童的绿色、生态、环保意识的启蒙。要想增强每个人的环保意识、绿色生态意识，最好的办法之一是从娃娃开始，从家庭的教育启蒙开始。家庭是人出生后最早的生活环境，是幼儿最早接触的生活天地，也是他们成长的最主要场所。家长是孩子的第一任老师，在生活态度、行为习惯方面对孩子具有重大的影响。作为家长，要学习现代家庭教育知识，创建亲子和谐的生态家庭，并有意识地培养孩子热爱自然、亲近自然的习惯，让绿色走进孩子的心灵。

2. 开展绿色生态文化研究、创作活动

开展绿色生态文化研究、创作活动，是培育绿色文化，发展绿色文化产业的基本途径。

第一，开展绿色生态文化发掘、研究工作。普洱优良的自然生态环境和多民族和谐共处的人文环境及由此孕育的边地文化、民族文化、普洱茶文化、咖啡文化等无一例外地体现出生态文化的特质。这一生态文化特质是培育绿色生态文化的重要元素。近几年，普洱高度重视绿色生态文化的发掘、传承、提升，取得了诸如《天赐普洱》、《佤部落》等一系列反映人与自然和谐的文化成果，在省内外产生了广泛的影响。但是，还需要更深入、更全面、更系统地加强绿色生态文化的发掘、研究、提升，形成更多的绿色生态文化成果，有力推进绿色生态文化建设。一是实施民族文化挖掘推广工程。对傣族文化、彝族文化、佤族文化、拉祜族文化、哈尼族文化、布朗族文化进行深入发掘、研究，出版普洱民族文化丛书，拍摄民族文化微电影。特别是要对濒临灭绝的民间歌舞、民间故事、民族服装服饰、建筑形式、饮食风俗、民族医药等民族文化资源进行抢救式的发掘、整理、推广。重点"规划建设普洱本土音乐一条街和民族饮食一条街，建设集民族风情、休闲、观赏、娱乐为一体的孟连傣族风情园'蒂茉笛舍'项目，重点发展景谷芒果树根雕、澜沧兰花民族服饰文化等，助力民族文化发掘和推广"①。二是加强普洱茶文化的研究。继续举办普洱茶文化论坛、普洱茶制茶大赛和茶产业博览会，培育发展普洱茶文化，展示普洱茶文化成果。三是凸显一批绿色发展理论成果。举办普洱绿色发展论坛，总结普洱市及各县（区）绿色发展的经验，从理论上进行提炼和升华，形成一套以地方绿色发展实践经验为基础的理论成果。

第二，开展文学艺术作品的创作活动。丰富多彩的大自然和绚烂多

① 资料来源于《普洱市建设国家绿色经济试验示范区发展规划总体实施方案》，第60页。

彩的民族文化是各类文学艺术作品创作灵感的重要源泉。要通过文学艺术作品的创作活动，产出一批反映赞美大自然、亲近大自然、热爱大自然、人与自然和谐的主旋律和正能量的文学艺术作品。在绿色文学创作方面，争取创作出描写自然、歌颂自然、激发与引导人们向往自然与保护自然的系列文学作品。同时，继续做好反映普洱自然生态美、绿色发展的摄影、书法、美术大赛和征文比赛，广泛宣传绿色发展、人与自然的和谐。

第三，发展绿色生态文化产业。立足普洱区位、生态、人文的优势，打造一批以民族文化、生态文化、普洱茶文化为内涵的文化旅游、休闲养生、民间工艺、节庆会展，特色饮食的绿色生态文化产业，打造绿色生态文化品牌。

3. 建设绿色生态文化载体

众所周知，任何文化都有载体，它是以各种物质和组织的形式作为表达、表现、传播文化的媒介或工具，是文化得以形成和扩散的重要途径和手段。因此，在培育绿色生态文化中，建立适合的载体对绿色生态文化的普及是非常必要的。

第一，建立健全绿色生态文化教育基地。绿色生态文化教育基地既可为绿色生态知识、理论普及，提高全民的环保意识、生态意识提供平台，也可为绿色发展的科学研究提供平台。要依托国家级森林公园和国家级、省级、县级的自然保护区，建立不同类型的生态文化教育基地。到 2020 年，每个县（区）应建立 1—2 个绿色生态文化教育基地。同时，要提升普洱市、县（区）科技馆、文化馆、图书馆和各级学校等文化教育设施建设水平，发挥其在绿色生态文化教育中的作用。

第二，实施绿色发展示范创建工程。在机关，大力推进以绿色生态为主题，以美化环境、文明办公、勤俭节约为重点，以实现办公环境绿化净化、办公文明有序、管理节约降耗为目标的绿色机关创建活动，发挥行政机关的带头表率作用。在学校，在实现其基本教育功能的基础上，做好以绿色发展思想为指导，在学校全面的日常管理工作中纳入有益于环境的管理措施，并持续不断地改进，充分利用学校内外的一切资源和机会全面提高师生环境素养的绿色学校创建工作。在企业，开展以可持续发展为己任，将环境利益和对环境的管理纳入企业经营管理全过程的绿色企业创建工作。在社区，推进以人与自然和谐共生为主旨，从社区的开始设计到消费、管理始终贯彻绿色的理念，让社区成为既保护环境又有益于人们的身心健康，并与城市经济、社会、环境的协调发展的宜居环境。在乡村，继续大力推进美丽乡村建设，突出生态之美、乡土之美、体验之美，打造一批富有个性、彰显特色的魅力乡村。"到2020年底，成功创建8—10个省级绿色学校和30个左右市级绿色学校，100个左右绿色社区和乡村，100个左右绿色企业。"①

第三，加强民间环保团体建设。民间环保团体能够以自身的优势和独特的方式在环境保护、生态保护中发挥积极的作用。目前，普洱民间环保团体较少，作用不够突出，因此，在培育绿色生态文化中，要整合社会资源，成立半官方或者民间环境保护社会团体，从精神和物质上鼓励和支持民间环保社会团体积极参与绿色生态文化建设、绿色发展、生态文明建设，积极开展绿色、环保知识宣传教育活动，并为政府绿色发展决策献计献策。在各县（区）应鼓励和支持成立"环境保护协会"、"生物多样性保护协会"、"动物保护协会"等民间环保团体，鼓励民间环保团体和志愿者参与环境保护、绿色发展的行动，发挥其在环境保护、生态保护中的积极作用。

---

① 资料来源于《普洱市建设国家绿色经济试验示范区发展规划总体实施方案》，第61页。

第十一章

绿色金融与绿色发展

金融作为经济活动的血脉和资源配置的中枢，可有效引导社会资源分布，对推动绿色发展具有重要的导向、支撑与促进作用。金融在经济运行和经济发展中居于核心地位，突出表现为通过资金融通来引导社会资源的配置。现代市场经济运行表现为资金流导向实物流，货币资金运动导向物质资源运动。金融体系对资金等金融资源配置的引导和激励机制在社会资源配置中发挥着关键的作用。通过发展绿色金融来引导社会资金从污染性行业逐步退出，更多地投向绿色、环保行业，其他物质资源（包括土地、劳力）将随之优化配置。

一 绿色金融的含义

绿色金融在学术界并没有统一的界定，金融界和环境保护界运用各自的体系、语言、方法予以界定。比较有代表性的观点有四种，一是《美国传统词典》（第四版，2000年）的解释，将绿色金融称为"环境金融（Environmental Finance）"或"可持续融资（Sustainable Financing）"，其基本内涵是如何使用多样化的金融工具来保护生态环境，保护生物多样性。二是指金融业在贷款政策、贷款对象、贷款条件、贷款种类和方式上，将绿色产业作为重点扶持项目，从信贷投放、投量、期限及利率等方面给予优先和倾斜的政策（和秀星，1998）。三是指金融部门把环境保护作为基本国策，通过金融业务的运作来体现"可持续发展"战略，从而促进环境资源保护和经济协调发展，并以此来实现金融可持续发展的一种金融营运战略（高建良，1998）。四是将绿色金融作为环境经济政策中金融和资本市场手段，如绿色信贷、绿色保险（潘岳，2007）。Cowan 认为，绿色金融主要是探讨发展绿色经济资金融通问题，是绿色经济和金融学的交叉学科。① 尽管学者们对绿色金融的概念提出了不同的看法，但其核心没有偏离环境保护和可持续发展理念。从我国绿色金融的发展实践看，绿色金融的基本内涵就是遵循市场经济规律的要求，以绿色发展为导向，以信贷、保险、证券、产业基金以及其他金融衍生工具为手段，以促进节能减排和经济资源环境协调发展为目的的宏观调控政策。② "概括而言，绿色金融旨在通过最优金融工具和金融产品组合解决全球环境污染和气候变迁问题，实现经济、社会、环境的可持续发展。"③我们认为绿色金融是指金融部门投融资决策过程中，充分考虑环保、节能、低碳因素，通过金融产品和服务推动经济社会和金融业自身的可持续发展。绿色金融涵盖了以下两方面的内容：一是为有利于环保的企业提供的金融产品和服务。如"绿色信贷"、"绿色证券"、"绿色保险"等。二是利用金融市场及金融衍生工具来限制温室气体排放，表现为碳交易市场与碳金融产品和服务。

二 绿色金融的提出及实践

绿色金融提出的背景是环境保护和可持续发展。绿色金融的实践较早，1974 年，西德就设立了世界上第一家环境银行。1991 年波兰也成立了环保银行，重点支持促进环保的投资项目。1992 年联合国环境规划署与世界主要银行和保险公司成立了金融机构自律组织，其宗旨是可持续金融理念的推广和普及，督促金融机构可持续发展。1995 年联合

① 转引自邓翔《绿色金融研究评述》，《中南财经政法大学学报》2012 年第 6 期。Cowan, E., "Topical Issues In Environmental Finance", *Research Paper Was Commissioned by the Asia Branch of the Canadian Inrernational Devdlopment Agency* (CIDA), No. 1, 1999, pp. 1-20.

② 安伟：《绿色金融的内涵、机理和实践初探》，《经济经纬》2008 年第 5 期。

③ 转引自邓翔《绿色金融研究评述》，《中南财经政法大学学报》2012 年第 6 期；Scholtens, B., "Finance as a Driver of Corporate Social Responsibility", *Journal of Business Erhics*, Vol. 68, No. 1, 2006, pp. 19-33.

国环境规划署出台了《联合国环境署保险业环境举措》，1997 年发布《银行业、保险业关于环境可持续发展的声明》。《举措》与《声明》是国际金融机构开始系统实施环境管理体系的标志，也是签字银行或保险公司对环境和可持续发展的公开承诺。1998 年，在四川成都召开的"面向 21 世纪全球金融发展国际研讨会"上，首先提出了"金融可持续发展"概念，以金融的可持续促进经济社会的可持续发展。

2002 年 10 月，世界银行的附属机构——国际金融公司及包括荷兰银行在内的 10 家国际商业银行在伦敦召开会议，讨论项目融资中的环境和社会影响问题。随后，由花旗银行建议，荷兰银行、西德意志州立银行和巴克莱银行共同决定，根据世界银行和国际金融的环境和社会政策，创建了一套用于判断、评优和管理项目融资过程中可能造成的环境和社会影响的自愿性原则——《环境与社会风险的项目融资指南》，即"赤道原则"。2003 年 6 月 4 日，美国花旗银行、英国巴克莱银行、荷兰银行和西德意志州立银行等 7 个国家的 14 家国际商业银行承诺支付约 145 亿美元的项目贷款，并在美国华盛顿特区正式宣布采纳并实行"赤道原则"，自愿地将环境和社会因素纳入到自身的信贷管理和对企业的评估系统。随后，汇丰银行、JP 摩根、渣打银行和美洲银行等国际金融机构纷纷接受"赤道原则"，截至 2012 年年底，国际上接受"赤道原则"的金融机构共 77 家，其中，欧洲地区最多，有 32 家，其次是北美地区，有 14 家，亚洲地区只有 4 家，且 3 家是日本银行。[①]

2003 年 6 月，国际金融公司与世界著名金融企业共同发起的"赤道原则"，是商业银行在自愿原则的基础上，在项目融资方面全面地考虑环境因素的国际金融行业基准，并为项目融资中环境和社会风险评估提供了一个框架。

2006 年成员银行对"赤道原则"进行了重新修订，对原有内容进行扩充和提升，扩大了适用范围，该原则成功应用于融资实践，确立了项目融资环境与社会评审的最低行业基准，它已经成为国际银行间的公约。修订前的"赤道原则"规定适用对象为全球各行业项目资金在

---

① 杜莉：《低碳经济时代的碳金融机制与制度研究》，中国社会科学出版社 2014 年版，第 11—12 页。

5000 万美元以上的新项目融资和因扩建或改建对环境和社会造成重大影响的已有项目。由于发展中国家的大多数项目都是 5000 万美元以下，如果规定 5000 万美元以上的项目才适用"赤道原则"，则对发展中国家的社会与环境保护力度不够，所以修订后的"赤道原则"扩大了适用范围，将适用的项目融资规模从 5000 万美元降低到 1000 万美元，并且行为约束也从投资、贷款行为扩展到财务顾问的行为；在项目分类上，修订后的"赤道原则"更加明确区分社会和环境影响评价，规定赤道金融机构要根据国际金融的筛选标准，按照项目对环境与社会的影响程度的大小将需要融资的项目分为 A、B、C 三类（见表 11—1）。

表 11—1   "赤道原则"对贷款项目的划分①

类型	风险级别	"赤道原则"中的定义	影响
A	高风险	可能对环境和社会造成敏感、多样的、不可逆转的或前所未有的重大负面影响的项目	对地方社区有重大影响（比如土地征用、非自愿性迁移、土著居民等）；对生物多样性和自然栖息地有重大影响，对文化遗产有重大影响；狩猎和多样的实质性影响（即单独的某方面影响没有 A 类项目中那样严重，但是它们叠加在一起就可以和 A 类相提并论了）
B	中等风险	可能对环境或社会造成一定程度负面影响的项目，但这些影响数量较少，基本上只覆盖本地区，很大程度上可以逆转，并且通过缓解措施容易得到改善	潜在的影响没有 A 类项目那样严重；潜在的负面影响只覆盖本地区，可以制定出合理措施防治和控制污染
C	低风险	对环境和社会仅造成极为轻微的影响或根本没有影响的项目，除了筛选之外，对 C 类项目不需要采取其他措施	对社会或环境只造成最低程度的影响或没有影响的项目

---

① 杜莉：《低碳经济时代的碳金融机制与制度研究》，中国社会科学出版社 2014 年版，第 12—13 页。

"赤道原则"从环境和社会责任的角度，建立了金融机构新的行业基准，要求金融机构对于项目融资中的环境和社会问题履行审慎义务。

我国是较早关注信贷对环境影响的国家，1995 年发布了《关于贯彻信贷政策与加强环境保护有关问题的通知》，要求各级金融机构将信贷发放与保护环境资源、改善生态环境结合起来，银行发放贷款考虑环境保护和污染防治的影响。2001 年 3 月，中国证监会发布了《公开发行证券公司信息披露内容与标准格式第一号——招股说明书》，要求首次公开发行股票的公司，其编制招股说明书要具有环境保护的内容。2001 年 6 月，国家经贸委、中国人民银行等八部委联合发布了《关于加快发展环保产业的意见》，该意见指出发展环保产业是我国国家产业政策之一。2007 年 7 月，国家环保总局、中国人民银行和银监会三部门联合提出了《关于落实环境保护政策法规防范信贷风险的意见》，要求各金融机构依据国家环境政策和产业政策，鼓励对开发、利用新能源项目提供资金支持，对从事低碳经济生产、绿色制造和生态农业的企业或机构，提供优惠贷款，而对"三高"行业限制发放贷款。2007 年 12 月，环境保护部和中国保监会联合发布了《关于环境污染责任保险的指导意见》，标志着我国环境保险制度的建设已开始启动。

运用金融杠杆，推行"绿色金融"不仅是助力低碳经济的现实需要，而且是顺应国际潮流，实现中国金融业与国际接轨的必然选择。兴业银行在国内银行业中率先掀起了一股绿色金融创新之风，成为国内"绿色金融先行者"的一面旗帜，受到社会各界的广泛关注。2006 年 5 月 17 日兴业银行与国际金融公司签署《能源效率融资项目合作协议》，成为国际金融公司开展中国能效融资项目合作的首家中资银行。截至 2008 年 2 月 25 日，能效融资二期合作协议签订时，能效融资一期合作已取得显著成效：国际金融公司为兴业银行发放能效贷款提供了 2500 万美元的贷款本金风险分担；兴业银行为中国 46 个节能减排项目提供 9 亿元人民币的贷款，其中绝大多数贷款企业为中小企业。兴业银行与国际金融公司能效融资项目合作协议创造性地引入了国际金融公司贷款的本金损失分担机制，类似于伊斯兰金融模式的"收益共享、风险共担"原则。2008 年 10 月 31 日，兴业银行正式对外承诺采纳"赤道原则"，成为中国第一家本土赤道银行。这一举动传递出一个积极信号：

国内银行业已逐渐意识到其在促进经济社会可持续发展方面的责任与作用，开始利用先进的金融技术来管理面临的环境与社会风险。2009 年 1 月，兴业银行成立了国内首个可持续金融业务专门机构——可持续金融中心，希望能更有效地开展金融创新、规避项目风险，并聚集资源，做大做强可持续金融业务。2009 年 12 月 3 日，兴业银行在福建永安市宣布，其首笔适用"赤道原则"项目——福建华电永安发电 2×300MW 扩建项目正式落地，这也是我国银行业首笔适用"赤道原则"项目。2007 年以来，中国环保总局会同银监会、保监会、证监会等金融监管部门不断推出环保新政，相继出台绿色信贷、绿色保险、绿色证券等绿色金融产品，从而在中国掀起了一场绿色金融风暴。2008 年，北京市委、市政府正式下发《关于促进首都金融业发展的意见》，提到金融要推动节能减排环保产业发展。"大力支持和倡导绿色信贷、绿色保险、绿色证券。鼓励和引导金融机构支持循环经济、节能减排环保项目融资，支持节能服务产业发展。限制高耗能、高污染行业贷款和企业直接融资。选择环境危害大、最易发生污染事故和损失容易确定的行业、企业作为试点，研究建立环境污染责任保险制度。"这是自 2008 年年初国家环保总局出台"绿色信贷"、"绿色证券"的指导意见后，第一个由省、市级政府发布的该领域内的重要文件。2008 年，浦发银行在全国商业银行中率先推出首个针对低碳经济的整合服务方案——《绿色信贷综合服务方案》，具体包括国际金融公司能效融资方案、法国开发署能效融资方案、清洁发展机制财务顾问方案、绿色股权融资方案和专业支持方案，形成业内最全的覆盖绿色产业链上下游的金融产品体系。2009 年 10 月 25 日，浦发银行与天津中新生态城投资管理公司等在天津联合发起成立了中国第一个自愿减排联合组织——生态城绿色产业协会（Eco-City Green Industry Association，简称 EGIA）。浦发银行作为唯一的金融业代表成为十家发起单位之一，旨在通过推广低碳金融解决方案，助推低碳经济在中国的全面推行。2010 年 1 月，浦发银行发布了"建设低碳银行倡议书"，郑重宣告："浦发银行将致力于打造中国金融业的'低碳银行'，为促进低碳经济发展做出努力。我们倡导低碳生活，提升全员低碳实践力；我们倡导绿色金融，增强低碳产业竞争力；我们倡导绿色责任，成就低碳价值责任力。"在贷款方面，民生银行创新推出了基于 CDM（清洁开发机制）的节能减排融资项目。在理财产品方面，中国银行和深圳发展银行率先推出挂钩排放权交易的理财产品。国家开发银行等也探索出针对清洁技术开发和应用项目的各种创新融资方案。如节能服务商模式、金融租赁模式等。随着低碳经济成为全球关注的话题，绿色金融也从被动的社会责任层面，上升到了主动的可持续金融层面。金融机构应对研发生产环保设施、从事生态保护建设、开发利用新能源、从事循环经济、绿色制造和生态农业的企业提供倾斜信贷、保险等金融支持，而对污染企业进行金融限制的政策和制度，以达到有效引导资金向环境良好企业流动的效果。金融对于环境问题的介入导致"绿色金融"的产生，一方面会极大地促进和鼓励节能环保产业的兴起和发展；另一方面又会对企业的环境污染行为产生极大的制约效应和经济惩罚，从而带动起新一轮的"绿色革命"。①

三　金融服务在绿色发展中的作用

众所周知，在资源配置过程中，政府与市场是最基本的手段，政府机制与市场机制的适度作用是制度选择的关键。由于环境问题的复杂性和公共财产特点，市场手段所能适应的范围和规模将比政府干预更受限制。政府干预虽然在处理环境问题和环境物品产出方面，一直处于主导地位，但这不意味着它就是比市场力量更有效率的替代方法。所以说，政府与市场在解决环境问题中都没有绝对的优势可言。② 应该承认政府在解决环境问题中有着不可质疑的主导作用。不过，这种主导作用不是去取代市场的可能作用，而是为创造或培养市场创造条件。③ 绿色经济在我国的发展刚刚起步，环境的公共产品性往往使企业具有更多的搭便车心理，单纯地用"看不见的手"会阻碍绿色经济发展的速度。因此，在新经济发展的初期，应当更多地发挥政府机制的作用。绿色经济是代

---

① 陈柳钦：《低碳经济发展的金融支持研究》，《当代经济管理》2010 年第 8 期。

② 王金南：《环境经济学——理论·方法·政策》，清华大学出版社 1994 年版，第 12 页。

③ 夏光：《环境政策创新：环境政策的经济分析》，中国环境科学出版社 2001 年版，第 4 页。

表未来发展方向的新模式，它的顺利发展需要政府行政手段的调节，甚至进行行政的干预。但传统经济的发展有它强烈的惯性，绿色经济要成为主要的发展模式，必须有政府强大的推力。资金和技术是绿色经济发展的两大物质基础，而"资金缺乏、技术落后"是目前中国绿色经济发展的最大弱点。绿色经济要发展，资金是个瓶颈。马克思有句名言："货币是最大的推动力。"金融在资源配置上的强大功能使绿色经济的发展离不开金融的支持，因此，政府可以通过建立和完善绿色金融制度，实现对绿色经济的巨大推动作用。[①]

金融服务与绿色发展密切相关，不同类型的金融业以及不同类型的投融资行为与绿色发展的关系不尽相同。有的是直接的，有的是间接的；有的是短期的，有的是长期的。这种关系比起其他行业（如工业）与绿色发展的关系更为复杂和隐蔽。以银行业为例，它对环境的影响除了表现在自身废弃物、废水排放等直接影响以外，还可能通过信贷和投资支持污染企业或对环境有重大破坏的项目而引起间接污染，引发更为严重的环境问题；反之，环境问题也可以影响银行经营，一些引发严重环境问题或存在潜在环境风险的投资项目一旦遭到政策限制，就会给银行经营带来负面影响。如20世纪90年代初，以乡镇企业为代表的中小企业为经济增长（特别是农村地区）做出了很大贡献，因而得到政府的极大支持和鼓励。农业银行看准机会为这些企业提供了大量贷款，但中小企业的污染非常严重，使环境遭受到极大的破坏。结果在20世纪90年代中期遭到政策限制，有不少中小企业被政府关闭，为此，农业银行遭受了巨大损失。[②]

绿色发展强调经济发展与环境保护的统一与协调，这就要求通过各种途径和方法，以更少的资源投入实现更高的经济产出，同时减少环境污染。黄建欢等借鉴罗斯·莱文（Ross Levine）和白钦先等将金融体系的功能作为分析起始点的做法，分析金融发展如何影响经济发展和环境保护进而影响绿色发展的机理，提出金融发展影响绿色发展的机理至少有以下四个方面的理论。

---

① 剧宇宏：《绿色经济与绿色金融法律体系创新》，《求索》2009年第7期。
② 张文中：《绿色金融：现状、问题与趋势》，《新疆财经》2005年第2期。

（1）资本支持效应。

金融体系有改善风险、促进信息获取与资源配置、加强企业控制、动员储蓄等功能。金融中介和金融市场通过各类融资机制将资金转化为资本，满足具有市场竞争力的企业的资金需求，支持企业的创建、生产经营、投资、技术研发创新等活动，进而创造更多的国内生产总值（GDP）等产出。资本支持效应是指金融市场提供资金等生产要素，帮助企业在更大的规模上开展生产销售、技术创新等经营活动，进而促进经济增长和绿色发展。在资本实力相对雄厚的区域，微观主体可以获得相对更多的资本要素投入并实现规模经济，因而可能具有相对更高的经济产出和生产率。

（2）资本配置效应。

资本配置是指资金在不同区域、不同时期和不同主体之间的分配。白钦先等指出，中介和服务功能是金融的基础功能，资源配置是核心功能。在市场竞争力的作用下，资本从效率低的企业和部门流出，向效率高的企业和部门流入，即将资本分配到最有效率的地方。资本配置效应是指通过金融中介和金融市场对资本的重新配置，将有限的资源更多地投入具有更高生产率和更高产出增长率的区域或主体，进而提高整个社会和区域的资源利用效率和绿色发展水平。高效率的资本配置意味着资本从效率低和成长慢的地区或产业流出，向效率高和成长快的地区或产业流入，因而可能导致不同区域或产业在经济产出等方面出现显著差异。

（3）企业监督效应。

企业监督效应是指金融体系对平台内融资的企业具有监督、管理和控制作用，促使微观主体提高生产率和绩效，进而促进经济增长和环境保护。金融体系至少可以从两个方面对经济的微观主体——企业进行监督。一方面，证券市场不仅为企业提供直接的资金支持，而且通过规范化和强制性的信息披露，使更多外部投资者能够监督上市公司。这有助于改善公司治理，提高资金利用效率和公司经营绩效。另一方面，银行是企业债务融资的主要来源，在获取企业经营管理和财务状况等信息方面具有绝对优势，因此能更好地发挥其"大贷款人"的监督作用,[1] 促使企业将精力用于生产经营并提高经营效率。

（4）绿色金融效应。

绿色金融是金融中介支持低能耗、低排放、低污染、高效率的业务的行为。绿色金融效应强调金融因素直接或间接地作用于降低环境污染，例如，为环境污染治理提供资金支持、为环保生产技术提供研发资金、向环保产业和新能源产业提供优先扶持，等等。其作用机理在于，降低了环境污染等坏产出，同时也增加了经济效益等好产出。

上述四个效应中，资本支持效应侧重于通过增加资本要素投入规模来促进技术创新和提升经营规模，进而增加 GDP 等产出。资本配置效应则强调向资源利用效率高的区域提供更多资金支持，推动其技术创新和提升经营管理水平，进而影响经济产出和绿色发展。企业监督效应侧重于影响生产主体的经营效率和经济产出，同时降低环境污染等坏产出。绿色金融效应侧重于通过对绿色和环保产业、环境保护等提供资金等支持，降低环境污染等坏产出。需要指出的是，前述机理还可能存在空间溢出效应，即某个区域的金融发展可能对周边区域具有扩散或者回流效应，促进或削弱其绿色发展水平。[2]

一些国际组织、政府部门、学术机构和金融企业对适应可持续发展的金融业发展战略进行研究，其成果的实践意义值得借鉴（见表11—2）。

表 11—2   可持续发展与主要金融业务之间的关系[3]

功能	资产定价及买卖提供	金融支持	风险管理
业务	资产管理公司：选择股票、参与公司治理；投资银行：咨询研究、资产贸易。	商业银行：贷款、租赁；投资银行：资金筹措、新增项目、购买股权。	保险：再保险、非寿险业务。

---

① 转引自黄建欢、李海龙、王良健《金融发展影响区域绿色发展的机理——基于生态效率和空间计量的研究》，《地理研究》2014 年第 3 期；Diamond D. W., "Financial intermediation and delegated monitoring", *Review of Economic Studies*, Vol. 51, No. 3, 1984, pp. 393-414.

② 黄建欢、李海龙、王良健：《金融发展影响区域绿色发展的机理——基于生态效率和空间计量的研究》，《地理研究》2014 年第 3 期。

③ 张文中：《绿色金融：现状、问题与趋势》，《新疆财经》2005 年第 2 期。

续表

功能	资产定价及买卖提供	金融支持	风险管理
环境问题	权益或债务价格不反映环境价值；权益所有者没有被要求提高资产使用过程的环境可持续性。	贷款缺乏环境风险评估；对新技术或工艺的金融支持不足；对落后地方环境保护的金融支持不足。	气候变化引起的再保险偿付能力的威胁以及保险公司险种缺乏；不可预见的土地污染及开发风险。
对策	衡量公司环境表现及其对业务的影响；要求股东有环境可持续的表现；根据市场价值为环境资产或服务定价。	对贷款进行环境风险评估；项目财务分析中考虑到环境可持续性；对环境风险投资的（首次公开募股）IPO 放松要求；设立基金以投资环境技术业务。	运用新型的气象对冲金融工具，将自然风险转移到市场上来；鼓励那些购买气候灾害险的企业或业主搬迁；用保险金融工具减轻风险。
英国的措施	实施企业环境报告制度；鼓励 SRI 资产管理技术；开展排放权或废弃物交易。	要求银行对贷款做环境投资风险评估；放宽环境风险投资 IPO 额度；设立私人权益或风险投资基金。	提供环境责任险；拟推出法规或者教育项目，减轻气候灾害的风险，尤其是洪水灾害。

资料来源：Center for Sustainable Investment, Forum for the Future, the London Principles of Sustainable Finance, the contributionof UK - based financial institutions to sustainable development（Interim Report），2002.2.22.

四　普洱金融服务绿色发展的现状

（一）金融服务绿色发展取得的成效

1. 金融支持特色农业发展迅速，绿色农业品牌逐步树立

普洱是农业大市，加快传统农业向现代农业转变，发展生态、绿色的特色农业，是普洱建设国家绿色经济试验示范区的重要内容。截至2012 年年末，全市涉农贷款余额 158 亿元，同比增长 19.4%，新增涉农贷款 24.6 亿元，占全部新增贷款的 48.5%，全年累计向茶叶、咖啡、生物药、烟草、蔗糖、蚕桑、橡胶等特色农业发放贷款 38.6 亿元，

贷款余额 26.7 亿元, 有力地推动了农业产业结构调整, 支持了普洱优势特色产业的发展和绿色农业品牌的树立, 成功开发出了"帝泊洱"茶珍、"爱伲咖啡"、"佳浩茧丝"等一批在全省乃至全国具有一定知名度和影响力的绿色农业产品。以咖啡为例, 普洱市已成功注册了思茅咖啡地理标志证明商标, "思茅小粒种咖啡"已经成为国际公认的品质最好的咖啡, 通过金融机构"公司（合作社）+农户+信贷"金融服务模式的支持, 以及良好的市场发展前景, 农民种植咖啡的积极性空前高涨。2012 年全市金融机构累计向咖啡企业发放贷款 8.1 亿元, 有效解决咖啡种植、收购、加工、销售等各环节的资金需求, 为普洱咖啡走出普洱、走向世界打下坚实基础。[①]

2. 金融支持新型工业化进程, 工业园区建设成绩凸显

工业园区是产业链延伸的主要平台, 是招商引资的主战场, 也是加速工业化的主要载体和带动区域经济发展的重要增长极。普洱按照"布局优化、企业集群、产业成链、物质循环、集约发展"的要求, 推进新建、搬迁企业和项目园区化、聚集化发展, 推进各类园区实施循环化改造。普洱工业园区针对财政投入有限的情况, 不断推进园区投融资平台建设, 初步形成了以 BT 模式引资、银行贷款融资、民间资金参与的投融资格局, 解决园区建设资金不足的问题。全市金融机构选择能源消耗少、生态化、零排放、资源循环利用的工业, 坚持以支持新型工业化发展为核心, 推行扶优扶强策略, 努力做大做强支柱产业、骨干产业, 支持天士力生物茶科技、福通木业、爱伲农牧、大唐汉方制药、佳浩茧丝绸、澜沧江啤酒、康恩贝、英爵油业等入园重点企业、龙头企业发展, 助推普洱茶、林产加工、咖啡、生物制药、蚕桑、绿色食品等绿色产业集聚园区, 根据物质流和产业关联性, 构建循环经济产业链, 实现能源梯级利用、水资源循环利用、废物交换利用、环保基础设施共享、土地节约集约利用。截至 2012 年年末, 园区内已建成 4 个金融机构网点, 累计向园区发放贷款 3.48 亿元, 支持园区道路、绿化等基础设施和配套设施建设; 园区内企业贷款余额 29.4 亿元, 同比增加 8.3 亿元, 增

---

① 白韶红:《金融支持绿色经济发展存在的问题及建议——以普洱建设国家绿色经济试验示范区为例》,《时代金融》2013 年第 3 期中旬刊。

长 39.4%，高于各项贷款增幅 21 个百分点，支持园区工业发展结构更趋合理，产业链的辐射效能更加明显。2012 年前三季度，全市工业园区累计入园企业 255 户，完成工业总产值 63.9 亿元，占全部工业总产值的 42%，同比增长 103.8%，财政一般预算收入 2.4 亿元，同比增长52.5%，实现利润 0.94 亿元。① 普洱市工业园区建成全省 40 个重点工业园区之一，2010 年 12 月被云南省工业和信息化委员会命名为"第一批创建云南省新型工业化产业示范基地"，2012 年 2 月被云南省人民政府评为"云南省优秀工业园区"，2012 年 5 月被省总工会评为"云南省劳动关系和谐园区"。

3. 金融支持林业发展方式转变，"森林普洱"建设成效显著

2009 年以来，普洱市金融机构围绕建设"森林普洱"，构建西南生态安全屏障和生物基因库，打造现代林产业基地的发展目标，积极支持低效林改造、特色经济林种植和林下资源开发，形成了以"林纸为龙头，林板林化为两翼，林下资源开发为一体"的林产业新格局，森林产业体系更加巩固。截至 2012 年年末，全市林业及林产加工企业贷款余额 27.3 亿元，同比增长 20.1%，累计发放 24.8 亿元；林权抵押贷款余额 19.3 亿元，惠及 2281 户林农和林企，业务开办以来累计发放林权抵押贷款 51.1 亿元，余额和累放数稳居全省首位，有效缓解林业融资难题，使传统林业不断焕发出新的生机与活力。目前，全市森林覆盖率达 67%，森林生态总面积居全省第一，累计完成低效林改造面积 101 万亩，以茶叶、核桃、橡胶、咖啡为主的特色经济林种植 400 万亩，以石斛、砂仁、草果、茯苓等为主的林下资源开发 10 万亩，实现了林纸、林板、林化和林下资源利用的产业化开发。②

4. 金融支持文化旅游产业稳步发展，城市品牌效应初步显现

普洱市具有区位、气候、生态、资源、普洱茶文化和边疆多民族文化的比较优势，发展文化旅游产业潜力巨大。文化旅游产业已成为普洱经济新的增长点和支柱性产业。全市金融机构紧紧围绕把普洱建设成国际性旅游度假休闲养生基地的战略目标，不断加大对文化旅游产业和重

---

① 白韶红：《金融支持绿色经济发展存在的问题及建议——以普洱建设国家绿色经济试验示范区为例》，《时代金融》2013 年第 3 期中旬刊。

② 同上。

点旅游养生建设项目的支持。2012 年，发放文化旅游产业贷款 2.6 亿元，重点支持了景迈芒景、惠民柏联、景兰等一批景点景区、高端酒店以及广电网络等基础设施建设，成功打造了一批有效益、有知名度的旅游精品项目。2013 年全市接待国内外游客 1133.79 万人次，同比增长 37.68%。其中，接待海外旅游者 5.31 万人次，同比增长 18.31%；接待国内游客 1128.48 万人次，同比增长 37.78%；实现旅游总收入 71.09 亿元，同比增长 39.76%。接待国内游客人数和旅游总收入增幅分别居全省第一位、第三位，排位从第 11 位、第 12 位分别上升到第 9 位、第 10 位。[①]

5. 金融支持县域经济发展成效显著，政银企合作进一步深化

县域经济和中小微企业发展的质量在很大程度上影响着全市经济发展的大局，而融资难问题是长期以来制约县域经济和中小微企业发展的瓶颈，因此，深化银政企合作、全面提升金融服务水平是建设普洱国家绿色经济试验示范区的重要举措。通过积极探索和不断创新，普洱市建立起了"市级牵线搭桥、县级对接搭台、银行企业唱戏、合作共赢发展"的县域经济银政企合作新模式，2012 年在 4 个县（区）成功举办了银政企合作座谈会，共与 290 余户中小微企业及项目签订意向合作贷款 74.8 亿元，截至 2012 年年末，实际到位资金 65.3 亿元，履约率达 87.3%；全市中小微企业贷款余额达 138.3 亿元，同比增长 41.6%。另外，为推进普洱国家绿色经济试验示范区建设，普洱市政府还联合省政府金融办成功举办了"金融支持普洱行"系列活动，省、市两级银行业金融机构与普洱市政府签署了战略合作协议，未来五年，将为普洱发展投入信贷资金 822 亿元，为普洱绿色发展提供强有力的金融支撑。[②]

6. 金融管理机制不断完善，社会诚信体系初步形成

2011 年以来，为不断完善金融管理机制，普洱市政府及有关部门先后发出《关于建立林业金融服务联席会议制度的通知》、《关于建立普洱市农村金融产品和服务方式创新联席会议制度的通知》、《关于做

---

① 普洱市人民政府办公室、普洱市地方志编纂委员会：《普洱年鉴》（2014），云南人民出版社 2014 年版，第 291 页。

② 白韶红：《金融支持绿色经济发展存在的问题及建议——以普洱建设国家绿色经济试验示范区为例》，《时代金融》2013 年第 3 期中旬刊。

好企业一套表改革工作的通知》、《关于印发普洱市加快推进农村信用体系建设试点工作实施方案的通知》、《关于印发普洱市金融稳定工作协调制度的通知》、《关于印发〈普洱市鼓励创业促进就业小额担保贷款实施细则〉的通知》、《关于金融支持民营经济发展的意见》，努力构建政府、企业、社区、农村和公民"五位一体"的诚信体系。截至2013年年末，农村信用社建立农户经济档案44.61万户，占全市农户82.98%，评定信用户30.64万户、信用村266个，信用乡（镇）9个；核发贷款证及惠农金碧卡41.33万户，受信总额86.17亿元；全市农村信用社涉农贷款121.71余额亿元，比年初增加38.18亿元，增长20.38%。[①]

（二）金融服务普洱绿色发展存在的主要问题

普洱建设国家绿色经济试验示范区是一项巨大的系统工程，涉及区域、产业、生态、环境、社会的重新优化布局，需要金融资源的大量投入和优化配置。当前，普洱市金融业发展滞后，多元化的金融组织体系、多层次的金融市场体系、多功能的金融服务体系尚未建立；金融机构整体实力较弱，支持地方经济发展的能力还不够强，与发达地区相比投资收益低、风险大，金融支持普洱绿色经济发展还面临一系列问题亟待解决。

1. 金融支持绿色经济发展的政策体系不完善，绿色金融发展受到一定制约

首先，缺乏创新金融支持体系。绿色产业与低碳产业对资金的需求巨大，该产业所涵盖的节能环保、清洁发展机制（CDM）等产业的发展无不需要大量的资金投入，而且这些项目的回报期通常都比较长，与传统产业相比较绿色产业存在着较多的不确定性。显而易见，绿色产业的发展需要绿色金融的支持、需要一个全方位的创新金融支持体系。从中国当前的情况来看，全方位的创新金融支持体系的建立尚未提到议事日程。其次，绿色金融政策支持体系尚未建立。发达国家的经验表明，

---

① 普洱市人民政府办公室、普洱市地方志编纂委员会：《普洱年鉴》（2014），云南人民出版社2014年版，第308—309页。

强有力的政策支持是绿色金融发展的重要保障。然而，当前中国的现状是绿色金融政策支持体系尚未建立，政策比较零散且滞后于市场的发展，主要表现在以下几个方面：一是 CDM 项目审核缺乏一套专业性和可操作性较强的具体执行标准；二是中国发展自愿减排市场的相关管理办法仍处于拟定之中，自愿减排市场政策缺位；三是绿色信贷推进尚无切实可行的环境评估标准、行业指导目录、信贷披露机制和信息共享机制；四是国家对绿色产业的贷款没有相应的政策支持和政策激励，对金融部门支持绿色产业发展可能出现的风险缺乏相应的财政贴息等补偿政策，影响了金融部门支持绿色经济发展的积极性，容易形成在绿色经济发展支持上的商业信贷缺位。五是国家针对绿色金融尚未制定相应的人才培育计划和人才支持政策，金融从业人员在环保和绿色信贷方面的经验与能力相对欠缺。另外，更为重要的是，在国家和省级层面支持普洱建设国家绿色经济试验示范区的涵盖银行、证券、保险等综合性的金融扶持政策缺位，试验示范区建设亟须各级政府和有关部门在信贷审批、发行债券、企业上市、政策性保险、金融创新、人才培育等多个方面给予更多的倾斜和支持。①

2. 金融组织体系不够合理，支持绿色经济发展的能力不强

当前，普洱市的金融组织体系仍然是一个典型的以银行为主导的体系，全市共设立 18 家银行业金融机构（含 11 家地方法人机构），8 家寿险公司、9 家财险公司、2 家证券公司以及 21 家小额贷款公司。总体上看，一是各银行机构的信贷市场份额分配不均，存在"一社独大"的局面。如 2012 年年末，农村信用社存、贷款市场份额均位居全市首位，分别占全市 44.4% 和 38.4%，4 家国有银行占 46% 和 51.9%，其余仅占 9.6% 和 9.7%；二是银行业存贷比较低，资金利用率不高。2012 年年末，全市银行业存贷比为 66.2%，低于全省 10.9 个百分点、全国 2.5 个百分点，存款占比较高的农信社、农行、邮储银行其存贷比均低于全市平均水平，资金利用明显不足，闲置或外流现象突出。三是保险业发展不平衡，保险市场滞后。尽管保险机构众多，但发展差距较大，仅中国人寿

① 白韶红：《金融支持绿色经济发展存在的问题及建议——以普洱建设国家绿色经济试验示范区为例》，《时代金融》2013 年第 3 期中旬刊。

和中国人保两家机构就占据了保险市场50%以上的份额，且存在保险险种较少、涉农保险覆盖面较窄、保险保障功能不强的情况。四是小额贷款公司资本金普遍较低，融资难、税赋重、利率高、信息不对称等弱化了小额贷款公司对"三农"和小微企业的支持作用。[①]

3. 金融结构调整步伐缓慢，银行信贷支持绿色经济发展的动力不足

一是现行信贷管理体制约束，基层金融机构支持力度屡弱。由于金融机构总分行制定的各项信贷政策，在客户的选择评估上处于一个较高的起点，未能充分考虑各区域发展的不平衡性，这样使得经济落后地区的商业银行分支机构在当前的信贷产品营销中可操作性空间较小。如商业银行的贷款审批权主要集中在省级，市级授信额度小，县级除抵质押贷款外，普遍没有贷款权，每发放一笔贷款以及收回再贷款需报市行、省行乃至总行审批，环节多、程序繁、效率低。二是创新的绿色金融产品缺失，产品同质化倾向明显。据调查，普洱市金融机构并未针对绿色产业开发新的创新形式的产品，也很少开辟金融绿色通道，对于绿色经济项目融资的业务及服务还停留在一般企业的信贷产品上，绿色信贷产品较少，结构较为单一，且存在明显的同质化倾向，特别是中间业务方面的产品开发滞后，无法满足市场和企业多样化的产品需求。由于绿色信贷产品对于银行业绩的贡献尚小，因而银行在绿色信贷研发方面的投入不足，导致绿色信贷的产品创新迟缓，这一新的业务领域蕴藏着的业务发展机会和市场潜力没有充分挖掘和有效利用。在绿色信贷的管理上，银行很大程度上依然照搬传统信贷的那一套做法，没有体现出节能环保企业与项目的特点和差异性。[②]

4. 金融市场发展滞后，企业直接融资规模较小

从国际经验来看，绿色产业融资主要依靠风险投资、企业内部融资、创业板股票市场和债券市场等融资管道，特别在技术转化阶段、产业化初期和企业成长期更是如此，而传统的银行间接融资模式多是上述融资方式的补充。当前，普洱市经济市场化程度较低，大多数企业不具备上市融资、发行债券的条件，难以从货币市场和资本市场筹集资金。同时

---

① 白韶红：《金融支持绿色经济发展存在的问题及建议——以普洱建设国家绿色经济试验示范区为例》，《时代金融》2013年第3期中旬刊。

② 同上。

由于绿色化企业商业信用不畅，融资租赁、商业票据、投资基金等间接融资工具使用量小面窄，甚至处于空白。据调查，截至 2012 年年末，普洱市仅有 1 家上市公司通过资本市场融资；仅发行了 1 支金额为 8 亿元的公司债券和 2 支总金额为 20 亿元的信托投资产品；票据融资规模 3.1 亿元，仅占银行贷款的 0.9%；风险投资基金、产业投资基金处于空白；除银行贷款外，绝大多数项目和产业基本没有其他融资渠道。①

5. 中介服务体系不健全，金融生态环境有待进一步改善

一是中介服务机构不健全。如房产评估费用未按房产评估价值的不同档次区别征收，而按统一比例进行征收；林权评估机构资质较低，专业的资产评估人才稀缺；抵押登记机构分散，登记手续时间长、收费标准高；信用评级机构、会计事务所、第三方核证单位、碳交易结算登记机构等专业性中介服务机构处于空白。二是中小企业担保机构支持功能孱弱。一方面，担保机构注册资金规模小，业务开展难。普洱市现有 16 家担保公司，注册资本 5.3 亿元，其中 56% 的担保机构注册资本低于 2000 万元，注册资本上亿元的只有 2 家机构，多数机构难以达到与国有商业银行进行融资担保业务合作的要求，只能与农村信用社或小额贷款公司开展业务合作，但仍有 4 家民营担保机构自设立起至今未发生一笔业务。另一方面，担保机构资金利用率不高，目前普洱市融资性担保业务在保贷款余额仅为其净资产的 0.95 倍，远低于政策规定的 10 倍上限，担保基金的杠杆效应没有得到充分发挥。三是银行抵押物权难以得到有效保障，造成部分抵押贷款风险加大。以林权抵押贷款为例，截至 2012 年年末，全市林权抵押贷款不良率达 9.36%，农行和建行高达 39% 和 53.4%，由此带来的后果便是农行和建行的林权抵押贷款审批权限被上收到总行和省行，影响了全市林权抵押贷款业务的可持续发展。②

6. 碳交易市场缺失，资源优势难以发挥

作为最大的碳排放国，我国有潜力在可持续能源、绿色科技等方面领导世界。但我国碳交易市场发展相对滞后，缺乏全国统一有效的碳交

---

① 白韶红：《金融支持绿色经济发展存在的问题及建议——以普洱建设国家绿色经济试验示范区为例》，《时代金融》2013 年第 3 期中旬刊。

② 同上。

易市场，在碳金融服务上国内金融机构参与不足，缺乏碳期货、期权等各种金融衍生品和金融服务支持。普洱森林覆盖率高，拥有巨大碳汇能力，但因碳汇市场缺失，资源优势还难以完全转化为经济优势。

五 构建绿色金融体系的对策

普洱建设国家绿色经济试验示范区中金融服务绿色发展存在的问题和我国未来绿色金融体系的构建主要有以下方面的建议。

第一，要加强绿色金融的立法、执法与监管。一是要加快建立健全"绿色金融"法律框架。目前，我国绿色金融方面法律法规尚不完善，未来应参照"赤道原则"和国际银行的普遍做法，制定并完善"绿色信贷"、"绿色保险"、"绿色证券"、碳交易市场的业务实施细则，从法律法规层面对企业信息披露等进行硬性约束，转变绿色金融产品的自愿性，促使环境保护与绿色金融相互融合，相互协调，确保绿色金融业务规范有序发展。二是建立相关信息披露制度，完善绿色金融监管制度，构建多层级监管体系。建立统一的、透明的企业环境污染与金融机构绿色金融开展情况的信息披露制度，加强各部委间的信息交流与共享。对于非金融企业，全程监督并适时披露企业生产经营环节中的相关重要信息，同时，加大对企业环境污染违法处置的执法力度。对于金融企业，对绿色金融运行过程实施有效监管，加强环保部门与"一行三会"等各监管部门之间的协调配合，发挥民间 NGO 组织、舆论媒体等第三方监督职能，打造"纵向监管、横向监督"的多层级监管体系。

第二，加大政府对绿色金融的扶持力度。绿色金融具有公共产品的特性，需要政府公共资金和政策性资金的介入，也需要政府给予一定的政策扶持。一是可组建政策性绿色银行，注册资金可部分来自政府公共资金投入，也可动用部分外汇储备注资或从社保基金、保险公司和具有长期投资意愿的机构投资者等处筹集。二是可通过设立环境税或通过政府财政资金划拨，或向央行申请再贷款等方式成立绿色产业投资基金，对绿色企业产品开发进行直接投资，或用投资控股的方式，对与生态环境密切相关的企业进行积极的资金渗透，促进这些企业加强对节能技术与绿色技术的开发和应用。三是中央和地方政府共同建立绿色信贷担保制度，通过财政资金担保杠杆，放大环保信贷的投入规模。四是综合运用财政贴息、费用补贴、税收优惠等多种政策方式，合理分散金融机构加大对环境保护项目融资支持的信贷风险，引导和撬动大量社会资金进入绿色投资与绿色产业领域。

第三，督促和引导银行业金融机构切实开展绿色信贷业务。目前已有的鼓励绿色信贷的规定和政策意见许多还停留在原则层面，实际操作仍未到位。这些绿色信贷政策主要针对遏制"高污染、高能耗"企业的贷款，却较少提到为环保行业或环境友好型企业提供贷款等措施。"赤道原则"尚未在我国商业银行中普及。未来促使银行业金融机构积极拓展绿色信贷业务，需要在提升其促进绿色发展的资金保障能力的同时，通过监管政策和信贷政策积极引导和推动银行开展绿色信贷业务。一是允许银行发行绿色债券，以为绿色贷款提供较长期限、较低成本的资金来源。二是加强金融政策与产业政策的协调配合，继续严格控制对高耗能高污染行业、环境违法企业的资金支持，引导银行创新绿色金融产品和服务，加大对绿色产业、节能环保等领域的贷款支持力度。三是要根据国家产业政策和环保产业发展的要求，不断完善绿色信贷指导目录，提供贷款贴息等优惠政策，并以"赤道原则"的国际规范为依据，制定商业银行的信贷环境风险评级标准，对执行绿色信贷成效显著的银行在差别存款准备金率制定、再贷款、抵押补充贷款（PSL）、存贷比监管以及贷款风险权重等方面给予扶持政策，从而调动并确保银行推行绿色信贷的积极性。四是引导和鼓励商业银行和国家开发银行建立专门的绿色金融的事业部，提高专业化服务水平。目前，我国赤道银行只有兴业银行一家，未来可鼓励更多银行采纳"赤道原则"，成为赤道银行。

第四，积极发展绿色直接融资。绿色债券方面，支持符合条件的环保企业或项目发行企业债、公司债、短期融资券、中期票据、资产支持票据等债务融资工具来筹集发展资金。可以考虑通过对债券投资人免除所得税等方式，来提高投资者的积极性。在绿色债券的界定和发行规则制定上，监管部门应加快出台更为具体的政策或指引。加快推行绿色评级制度，绿色评级好的企业和项目可降低融资成本，绿色评级差的则会提高融资成本。通过绿色评级使更多的资金进入绿色行业，减少对污染型的投资。发行股票方面，建立健全"环保审查"机制，加快推动具有较高环境标准公司的首次公开募股（IPO）审批程序。明确绿色产业和企业的认定标准，简化绿色企业 IPO 审核程序，对于环境友好型和资源节约型项目，可优先考虑上市融资，或适度放宽其股票发行资格限制，建立环保企业上市的绿色通道，对符合条件的新三板绿色企业优先开展专板试点。可提高环保企业发行绿色债券及 IPO 所募集资金投资项目的灵活性，适度放宽所募集的资金用于补充绿色企业流动资金或偿还银行贷款的金额比例。

第五，稳步推进全国碳交易市场的发展，鼓励绿色金融创新。按照发改委的规划，全国碳市场建设大致可以分为三个阶段：一是 2014—2016 年，前期准备阶段。二是 2016—2019 年，全国碳市场正式启动阶段。三是 2019 年以后，全国碳市场快速运转阶段，届时全国碳市场将逐步走向成熟，在温室气体减排中承担核心作用。未来应稳步推进全国碳市场建设，在加强立法和顶层设计的基础上，合理规划配额和交易机制，提高市场流动性。在发展碳市场的同时，鼓励金融机构创新绿色金融服务，研究推进碳期权期货、绿色金融租赁、节能环保资产证券化、与碳资产相关的理财、信托和基金产品、节能减排收益权和排污权质押融资等。鼓励绿色保险的创新，拓展绿色保险品种。

我国进入了经济结构调整和发展方式转变的关键时期，绿色产业的发展和传统产业绿色改造对金融的需求日益强劲，这使得"绿色金融"成为金融机构，特别是银行业发展的新的趋势和潮流。普洱建设国家绿色经济试验示范区，把绿色金融创新作为支持绿色发展的切入点，从理念、制度机制、产品和方式、碳金融规则和标准制定等方面进行创新，特别是为防范产品创新、信贷结构调整等可能带来的风险，普洱金融机构根据新产品和业务运作特点，分析风险隐患和薄弱环节，有针对性地制定风险控制措施和办法，建立完善风险控制机制。普洱始终坚持绿色发展，金融部门和产业科技相结合，走出了一条具有自身特色的绿色发展之路，促进生态技术、生态产业、生态金融、生态环境的有机融合。

为有效推进普洱绿色发展，在《普洱市建设国家绿色经济试验示范区发展规划》中提出：深化地方银行金融改革，加快引进金融机构，筹建"普洱绿色发展"银行和民营银行，培育发展小额贷款、融资登记服务、交配管理和投资资金等新兴金融业态。鼓励金融机构开展绿色信贷，对绿色经济项目重点给予信贷支持，创新金融产品服务方式，探索开展节能量、排污权、碳指标质押贷款，以宅基地使用权、林权、土地承包经营权等抵押贷款为重点，开展"三农"金融服务改革创新试点，完善农村信用体系和中小企业融资担保体系。积极推进沿边金融综合改革实验区建设。到2020年，初步建成与普洱经济发展和产业结构升级相适应的现代金融体系，普洱打造大湄公河次区域金融开放合作中心的目标初步实现，金融为绿色经济服务的功能显著增强。

第十二章

基础设施建设与绿色发展

　　基础设施是指以保证社会经济活动、改善生存环境、克服自然障碍、实现资源共享等为目的而建立的公共服务设施，包括交通运输、信息、能源、水利、生态、环保、防灾、仓储等基础设施和医疗卫生、教育、社会福利、公共管理等社会性基础设施。[①] 基础设施范围广泛，不同种类的基础设施在促进经济发展的作用方式和程度等方面各有差异。基础设施具有投资规模大、建设周期长、功能覆盖面广的特点，且兼具网络效应、准公共品和"拉选票"等特殊性质，基础设施与经济发展的关系受到政府、社会和学界的广泛关注。

一　基础设施在绿色发展中的作用

　　由基础设施构筑的生产和生活条件，是人类自己营造的基础物质环境之一，是支撑人类活动得以实现和延续的必要条件，离开基础设施，人类利用和改造自然的能力就会受到限制，生存的安全感就会降低。基础设施是联系人与自然的纽带。人类作为自然界的一分子，离不开自然，需要从自然界中获取所需的物质，而这种获取又必须符合人—地关系协调发展的基本规律。基础设施在这一过程中是不可或缺的，其完善与否直接影响着人类对自然的利用及其自然观、空间观和时间观的变

　　[①]　金凤君：《基础设施与人类生存环境之关系研究》，《地理科学进展》2001 年第 3 期。

化，以及自然环境与社会环境协调发展的关系。[①]

基础设施是"直接或间接地有助于提高产出水平和生产效率的经济活动，其基本要素是交通运输、动力生产、通信和银行业、教育和卫生设施等系统，以及一个秩序井然的政府和政治结构"（Greenwald，1982）。WorldBank（1994）将基础设施分为经济性基础设施与社会性基础设施。其中，交通运输、邮电通信、能源供给等经济性基础设施作为物质资本，直接参与生产过程，有益于提高社会生产能力进而加快经济增长速度；科教文卫、环境保护等社会性基础设施水平的提高，有利于形成人力资本、社会资本、文化资本等，是调整和优化经济结构、改善投资环境、推动经济发展的基础。[②]

基础性是区域基础设施的一个特征，主要体现在两个方面：一是基础设施所提供的产品和服务是其他生产部门活动的基础和条件，二是基础设施所提供的产品和服务价格构成了其他生产部门提供的产品和服务的成本，正因为如此，基础设施又被称为社会先行资本，它所提供的产品和服务性能及价格的变化，必然会对其他部门产生连锁反应（占金艳、鲁奇，2003）。[③] 基础设施不仅对经济增长有重要影响，同时，由于基础设施水平的高低往往决定了一个地区贸易成本的大小，各地区内以及地区间贸易成本的不同又决定了产业的空间分布，进而影响各地福利水平与社会总效率（金祥荣、永亮、朱希伟，2012）。[④]

基础设施发展水平是城市化进程的重要推动力。基础设施不仅是一项"投资"，通过需求拉动及资本积累在短期直接影响经济增长，而且还是具有"外部性"的准公共物品，能间接对经济增长产生长期影响。基础设施投资作为国民经济的一项要素投入不仅能引起总产出直接增加，还会通过乘数效应影响资本积累，带动几倍于投资额的社会总需求进而提高国民收入，加速社会经济活动。基础设施建设被视为经济发展

---

① 金凤君：《基础设施与人类生存环境之关系研究》，《地理科学进展》2001 年第 3 期。
② 李平、王春晖、于国才：《基础设施与经济发展的文献综述》，《世界经济》2011 年第 5 期。
③ 占金艳、鲁奇：《中国基础设施与城乡一体化的关联发展》，《地理学报》2003 年第 4 期。
④ 金祥荣、永亮、朱希伟：《基础设施、产业集聚与区域协调》，《浙江大学学报》（人文社会科学版）2012 年第 2 期。

的前提条件。内生经济增长理论认为企业研发、人力资本以及基础设施投资等活动的外部性是经济长期增长的根本源泉。内生经济增长理论认识到经济性基础设施的生产性，其作为中间投入品能够降低其他生产要素的生产成本、提升生产率，避免要素边际生产力下降，还有利于深化劳动分工、促进社会化大生产，随着分工和中间投入品数量的拓展，经济获得内生增长动力（Bougheasetal，2000）。经济发展的最终目标是提升民生福利水平，基础设施作为最终消费品是影响一国或地区社会福利和居民实际收入水平及生活质量的重要因素。提高居民福利基础设施质量的提升明显改善了居民的健康状况及受教育水平。发展经济学家的"大推进论"（Rosenstein-Rodan，1943）和"贫困恶性循环"（Nurkse，1953）理论，提倡政府通过大规模的公共基础设施投资来摆脱贫困。基础设施建设是实现地区经济起飞的关键条件（Rostow，1959）。良好的基础设施投资计划有利于城镇化水平的提高，降低城市贫困人口数量，确保在城镇化膨胀的环境下实现经济、社会和环境的可持续发展（Henderson，2002）。基础设施的普及也是推动农村经济发展、降低农村贫困人口的有力保障。①

　　绿色发展是在环境保护、科学发展和绿色生态的理论基础上，在发展过程中，以绿色为核心，以环保、生态、循环、低碳、健康和持续为主线，以人与自然包容性增长为模式，通过资源的合理有效配置与创造，形成环境友好和绿色生态型发展。基础设施在绿色发展中起着支撑、保障作用。绿色发展要求基础设施水平改善尤其强调生态服务供给和保护相关的基础设施水平的改善。②

二　普洱基础设施建设的现状

　　普洱地处云贵高原西南边陲，东南与越南、老挝接壤，西南与缅甸

---

　　①　李平、王春晖、于国才：《基础设施与经济发展的文献综述》，《世界经济》2011年第5期。
　　②　刘记远、邓祥征、刘卫东、李海英：《中国西部绿色发展概念框架》，《绿色经济》2014年第2期。

毗邻，具有"一市连三国，一江通五邻"的对外开放区位优势，是我国通向东南亚国际大通道的重要枢纽。普洱与南亚、东南亚国家历史渊源深厚，友好往来历史悠久，经贸关系密切，文化同脉，民心相通，在融入和服务国家"一带一路"发展战略上具有无可比拟的比较优势和不可替代的重要地位。普洱民族众多，文化多元，地域辽阔、资源富集，从安全、规模、资源、战略、影响力等方面，"既拱卫着国家的核心区域，为其提供安全屏障和战略纵深，也是国家进一步发展的地理空间，对国家的发展和稳定具有根本性的影响"。普洱生态环境优越，自然资源丰富，为有效推进普洱绿色发展，普洱市委、市政府立足实际，抢抓机遇，强力推进基础设施建设。

（一）基础设施建设成绩斐然

2015 年年末，完成综合交通投资 66.3 亿元，普洱大道建成通车，硬化农村公路 2073.6 公里，景东至文东高速、恩乐至景谷等公路建设进展顺利，澜沧机场完成年度计划投资的 2.2 倍，玉磨铁路、玉临高速等项目开工，普洱机场迁建工作启动。9 个项目进入全省综合交通一年大会战盘子，投资总额占全省的 10.6%，居全省之首。①

1. 交通运输基础设施

（1）公路网络建设。

"十二五"期间，普洱不断加快推进高速公路、干线公路和农村公路改造、运输场站、水运设施等交通基础设施建设，到 2015 年年末，全市公路通车里程达 20380.1 公里，比 2010 年增加 1307.8 公里。全市二级以上高等级公路总里程 1101 公里，比 2010 年增加 815 公里。公路密度达到 44.9 公里/百平方公里，比 2010 年增加 2.61 公里/百平方公里，新增国道 5 条。

高速公路网结构逐步完善，2011 年建成磨思高速公路 65 公里，总里程达到 200 公里，普洱境内昆曼大通道全线贯通。景东至文东高速公路建设顺利推进，墨江至临沧高速公路试验段开工建设。

---

① 杨照辉：《2016 年 2 月 26 日在普洱市第三届人民代表大会第四次会议上政府工作报告》，《普洱日报》2016 年 3 月 7 日第 1 版。

干线公路技术水平和通行能力明显提高。续建完成思茅—江城、宁洱—景谷、澜沧—西盟、小黑江—澜沧、景谷—临沧、普洱市旅游环线6条二级公路。澜沧—孟连—勐阿二级公路建设顺利推进。

大规模展开农村公路升级改造，农村公路建设总投资突破90亿元，实现通乡油路建设427公里，乡镇通达率99%，实施建制村通达工程5685.2公里，建制村通畅率达87%。① 实施了一批县乡道改造、国有农场、路网结构改造等农村公路项目，农村交通基础设施不断改善。

（2）铁路网络规划建设。

泛亚铁路建设纳入《国家中长期规划》，云南省政府、铁道部安排中国境内泛亚铁路中道于2015年实施。普洱市结合总体规划、经济区规划、城镇建设规划、产业发展规划、绿色发展规划和交通建设规划，积极推进普洱市铁路网规划研究，以规划铁路通道布局为基础，综合考虑铁路建设时序选择的因素，按照"统筹规划、适度超前、突出重点"的原则，从区域的运输需求出发，制定了优先推进国家战略规划项目，跨地区的干线铁路项目，再围绕城镇体系布局和产业布局，建设繁忙运输走廊铁路，在此基础上进一步优化路网布局近期、远期、远景铁路规划目标，并于2015年开工建设泛亚铁路中通道昆明—磨憨铁路普洱界段。

（3）水运基础设施建设。

水运基础设施建设稳步推进。重点实施漫湾电站库区、糯扎渡电站库区航运基础设施建设项目、糯扎渡翻坝转运基础设施建设项目、糯扎渡翻坝转运码头建设项目、李仙江流域航运基础设施建设项目。内河航道通航里程达到951.02公里，拥有规模以上港口及码头3个，渡口52道，在建码头12个，停靠点74个，通航条件、港口及码头设施得到改善，库区航运发展进入黄金时期。

全市拥有航运公司2家，经营户62户，运输船舶98艘，总吨位873吨，核定载客2097人，持证船员933人，2015年完成水路运输客运量97万人，客运周转量13002.5万人公里，货运量9.9万吨，货运

周转量 1734.4 万吨/公里，比 2010 年分别增长 34.7%、21.5%、7.5%、9%。①

2. 水利基础设施建设

"十二五"期间，普洱加快各种水利基础设施建设，调节和改善水利分布情况和区域水利条件，有效提高抵御自然灾害的能力，促进生态环境的良性循环，进一步提高农业生产力。一是加快推进中小河流治理工程。普洱共有 25 件中小河流治理项目纳入《总体规划》，其中 6 件已经进行验收，14 件开工建设，新建堤防 67.9 公里，护坡护岸 56.3 公里，疏浚河道 30.9 公里。二是加快推进李仙江景东县治理工程、李仙江镇沅县段治理工程、阿墨江景东大街乡段治理工程。三是推进孟连界河（二期）和江城南纳河跨界河流治理工程。四是加快墨江县常林河引堤调水工程及应急备用井工程建设。五是实施山洪灾害防治项目。

发挥重点水源工程对拉投资、增灌溉、促产业发展的撬动和牵引作用，加快重点水源工程建设工程。加快推进景东县青龙水库、思茅区五里河水库、澜沧县南丙河水库、孟连县东密水库、西盟县永不落水库、江城县么等水库、墨江县中叶水库、镇沅新江水库建设。完成思茅区团山水库、西盟县班岳水库、澜沧县月亮湖水库、墨江县京平水库、墨江县小返迫水库、宁洱县中寨水库、宁洱县曼巴箐水库、江城县抱木冲水库、澜沧县南掌河水库、思茅区大中河水库调水工程。

3. 环保基础设施建设

"十二五"期间普洱市不断加大环保基础设施建设力度，污水和生活垃圾处理能力和设施运行管理水平显著提升。所辖县（区）的城市污水处理厂及处理配套管网建设完成，思茅区污水处理厂污泥处置项目和再生水利设施项目启动，思茅河东岸管网完善工程，前期投资项目完成，建成 3 座工作井及 3 座接收井、安装水泥管道 300 米。各县（区）的垃圾渗滤处理站建成运行，全市各县（区）垃圾处理场渗滤液实现 100%无害化处理，县城生活垃圾处理率达 98%。

---

① 徐瑞：《加快构建综合交通运输体系　畅通普洱经济社会发展脉络》，《普洱日报》2016 年 2 月 24 日第 4 版。

（二）　基础设施建设存在的问题和困难

近年来，普洱市委、市政府高度重视基础设施建设，并取得了显著成效，但由于普洱集边疆、民族、山区、贫困四位一体，经济社会发展滞后，农业产业化程度低，服务业比较落后，地方财政困难，配套资金不足，投入十分有限，项目建设资金筹措难度大，欠账多，建设资金异常紧张，共建共享的机制尚未形成，基础设施落后的局面还没有根本改变，基础设施支撑能力薄弱，支持地方经济社会发展的引擎作用没有得到充分发挥，基础设施短板成为制约普洱绿色发展的一大瓶颈。

1. 路网规模和技术等级不能满足经济社会发展需要

近年来，普洱公路建设取得了较大发展。在既有国道 G213 与 G214 的基础上，建成了思磨高速公路，以及思茅—江城、宁洱—景谷、澜沧—西盟、小黑江—澜沧、景谷—临沧、思茅—澜沧普洱市旅游环线等多条二级公路，公路通车里程达 20380.1 公里，但高速和高等级公路里程少，高速公路通车里程只有 200 公里，二级以上高等级公路通车里程只有 1101 公里。公路网络不完善，路面等级水平整体较低，路面铺装率仅为 21.3%。[①] 有的县未通高等级公路，乡镇公路油路化质量水平低，村镇公路硬化尚未完成，部分村组路为便道，旱季通、雨季堵的现象仍然存在。铁路建设处于起步阶段，铁路运输里程仍为空白。

2. 水运基础设施滞后

普洱结合电站建设，以库区航运为主，加快水运基础设施建设，发展适航船舶，形成以澜沧江、李仙江为主的新的库区水运体系。但澜沧江—湄公河、李仙江的国际江流航道没有得到有效开发利用，普洱的水运优势不凸显，与云南"两出省三出境"水运通道建设要求存在较大差距。现有航道狭窄，浅滩、暗礁密布，旱季水位低，航运能力不强，不能很好地满足普洱绿色发展的需要。

3. 航空运输尚未形成规模

普洱机场 1961 年开通至昆明的航线以来，经过两次改造和扩建，

---

① 省政府普洱专题会议前期综合调研组：《省人民政府普洱专题工作会议前期调研综合报告》，《绿色经济》创刊号。

建成了适应全天候大型客机起降的航空港，但航班少，客运量低，营运成本高，澜沧机场尚未建成，空中运输能力不能适应普洱绿色发展的需要。

4. 水资源开发利用率低

普洱江河纵横，水利资源丰富，但水资源开发利用率仅为 4.7%，不到全省平均水平的 1/2，不足全国平均水平的 1/6，近 4/5 的耕地靠天吃饭。蓄引水比例不合理，供水保证率低，人均和亩均蓄水库容低于全省、全国的平均水平。

5. 基础设施建设资金投入不足

"十二五"期间，普洱市完成综合交通基础设施固定资产投资 257 亿元，超额完成 200 亿元计划目标 57 亿元，累计争取上级补助资金 87.5 亿元。经过五轮艰辛努力，财政部驻云南专员办认可锁定二级公路债务中央确认部分 91.7 亿元。市级财政投入 5.3 亿元。成立普洱市交通投资集团有限责任公司，在全市重点交通项目的前期工作、履行项目业主和建设管理主体责任、开展交通建设筹融资中发挥了积极作用。但普洱市整体经济发展水平低，财政收入少，市级财政投入困难，融资渠道单一，社会融资困难，基础设施建设资金缺口大。

三　基础设施建设的目标和任务

（一）加快综合交通运输体系建设

从云南与普洱市综合交通现状及规划分析，普洱是滇南综合交通中的重要枢纽，同时又是我国通向东南亚国际大通道上的"重要桥头堡"。昆曼国际大通道是中国陆路连接东南亚国家的一条重要交通大动脉，是亚洲公路网的重要组成部分，也是"一带一路"战略框架下中国云南连接境外的四条重点公路之一；泛亚铁路中通道为昆明—磨憨—万象—曼谷—吉隆坡，是中国西南、西北等地区通往老挝、泰国、马来西亚、新加坡等东南亚核心地区最近的通道。从国际大通道建设及普洱市自身发展看，普洱将成为云南省乃至中国与东南亚各国经济交融对接的重要地带，成为辐射东南亚的中心。

公路交通网络全面融入全省及邻国的公路交通体系，形成一体化的交通网络；铁路骨干网络进一步完善，覆盖范围逐步扩大；航运形成以普洱机场为中心的民航运输网络；内河航运体系更加完善，与其他交通方式相互衔接更加便利，建成面向南亚东南亚的黄金水道和区域港口。

1. 推进公路建设

"十三五"期间，普洱实施"综合交通建设五年大会战"，每年开工一条高速公路，新建成高速公路 400 公里，在建 200 公里，加原有 200 公里，共计 800 公里，实现 70%县（区）通高速公路；10 县（区）全通高等级公路；改造国道、省道 1000 公里，其中国道 360 公里，省道 640 公里，实现沿边公路高等级化；改造或新建农村公路 8000 公里，全市实现高等级公路县（区）节点 100%覆盖，通乡油路、建制村硬化路 100%覆盖，10 县区全面建成二级以上客运站，建成镇沅县、澜沧县、思茅区、墨江县物流中心，宁洱县交通枢纽和江城、孟连物流园区。

公路建设重点项目：墨江—临沧高速公路、景东—文东高速公路、思茅—澜沧高速公路、景东—南涧高速公路普洱段、墨江—江城—勐康—富龙高速公路。争取将国道 G227 澜沧—孟连—勐阿二级公路改造为一级公路。争取改造省道 S248 景东县文井镇清凉至大朝山电站公路。农村公路建设，2017 年提前全面实现 994 个建制村 100%通畅，2018 年启动农村公路网延伸改造工程。

完善主干线、次干线、农村三大公路网络，加快规划的高速公路建设，开展低碳效能运输体系建设，形成以高速等级公路为骨架、以国省道二级公路为干线、以县乡公路和农村公路为支线的公路网，构造层次分明、协调优化的（普洱下属自治县区域内任意一点相互通达时间在 2 小时之内，普洱中心城区到相邻地级市中心区时间在 6 小时之内，普洱中心城区到相邻省份首府或者泛珠三角区时间在一天之内）四大区域内外交通时空圈。提高边防公路的交通综合保障能力。完善现有客货场站建设，提升场站的综合服务水平，实现其与公共交通、水路交通、航空运输的有效衔接。

积极推进低碳交通运输体系建设试点工程，G8511 昆磨高速公路普洱段公路养护中实现沥青再生利用和综合利用，到 2020 年年底，隧道照明全部使用绿色 LED 照明技术，各高速公路出口使用 ETC 电子不停车收费技术。逐步在农村公路通乡油路养护中推广沥青再生利用和综合利用技术。

2. 加快建设高效快速的铁路网

开辟连接东南亚，密切联系滇中城市群，西连滇西和滇西北城市群，东联滇东南城市群，辐射北部湾和珠三角的铁路通道，实现外部通达，内部便捷，布局合理的铁路网，大力提升普洱市在区域交通中的战略地位，将普洱市建设成我国连接东南亚地区的铁路桥头堡，滇西南地区重要的铁路枢纽，使铁路在综合交通运输网络的骨干作用和经济发展中的先行作用得以真正发挥。

（1）国际铁路通道建设。

泛亚铁路通道体系是联系中国与东南亚地区之间重要的基础设施，对普洱绿色发展具有重要支撑作用。泛亚铁路是马来西亚前总统马哈蒂尔在 1995 年东盟第五届首脑会议上倡议，我国与东南亚国家协商形成的共识，即建设超越湄公河流域范围，从马来半岛南端的新加坡，经马来西亚、泰国等国家到中国昆明的铁路，实现国际铁路联运。泛亚铁路分东、中、西线三个路径，其中东线昆明—河内—胡志明市—金边—曼谷—吉隆坡—新加坡；中线昆明—玉溪—磨憨—万象—曼谷—吉隆坡—新加坡；西线为昆明—瑞丽—仰光—曼谷—吉隆坡—新加坡。

泛亚铁路通道中线南北贯穿普洱市，途经墨江、宁洱、思茅三县（区），形成普洱向北经玉溪可抵昆明，通过昆明向全国各地辐射，向南经西双版纳通往老挝、泰国等东南亚国家。泛亚铁路列入国家中长期发展规划，玉磨铁路于 2015 年开工建设，预计 2020 年可以投入使用。

（2）对接省域经济区通道建设。

玉溪—磨憨铁路建设，不仅能够满足普洱运输需求，还能利用昆明—玉溪铁路、昆明—曲靖铁路，实现普洱同滇中城市群中昆明、曲靖和玉溪三个中心城市间的联系。

普洱—楚雄铁路建设，可以缩短普洱同昆明、玉溪等滇中核心城市的距离，有效促进普洱绿色经济发展。

大理—临沧—景谷—普洱铁路，大理—临沧—澜沧—景洪铁路规划建设，是连接旅游、矿产资源富集、区域产业发展迅速、少数民族风情多样的滇西、滇西南地区的大通道。本线分别与拟建的祥云—临沧铁路、玉溪—磨憨、临沧—清水河铁路相接，是泛亚铁路中道与泛亚铁路西道的连接线，是滇西南和滇南两个旅游区最便捷的铁路通道。

普洱—蒙自铁路，是构建普洱联系滇东南城镇群核心城市——蒙自的大能力运输通道，有利于改善沿线交通条件，增进滇东南、滇西南两地经贸交流。

清水河—临沧—镇沅—新平铁路规划建设，将泛亚铁路东线与中线有机连接，形成云南横向通道。

普洱铁路规划布局，依托普洱独特的区位优势形成以玉溪—磨憨、大理—普洱铁路为主线，承担沿线及出入境客货运输需求的"Y"字型骨架网，并辅以连通昆明、楚雄、景洪和蒙自等省内重要经济据点的四条铁路干线网，以及一条口岸支线的铁路网格局，即"两主四辅一支"的路网布局。①

（3）市域口岸开发通道建设。

规划普洱到孟连勐阿铁路，形成普洱对外辅助国际通道，向东与玉磨铁路相接，向西抵达勐阿口岸，形成昆明经普洱至中缅边境的又一条快捷便道，对促进"绿三角"的发展具有积极意义。

3. 合理布局支线及通用机场建设

迁建普洱机场，结合国家"一带一路"发展战略，争取普洱机场按国际航空港的标准进行建设。加快澜沧机场的建设进度，争取2016年建成投入营运；规划建设景东机场和镇沅、江城等通用机场。增辟国内外航线，增开普洱至国内重点城市的航线，增开普洱至曼谷、河内、金边、仰光、万象等国际航线。在市内形成以普洱机场为基地，澜沧机场、景东机场为两翼，覆盖整个普洱地区的航空体系和救援网络；在国内连接重点中心城市，在国外辐射南亚东南亚的航空体系，发展空港经济。

4. 加快建设内联外接、通江达海的水运通道

加快推进澜沧江、李仙江流域航运基础设施建设，进一步改善澜沧

① 普洱市铁路建设协调领导小组办公室：《关于征求〈普洱市铁路网规划研究〉意见的函》，2015年4月30日。

江、李仙江出境水运通道的航道条件，配套建设港口和航道支持保障系统。水路运输实现500吨级船舶可以从景洪港直抵糯扎渡，实现300吨级船舶由李仙江出境直航越南，内河运输船型化率达到50%。构建以澜沧江、李仙江出境水运通道为骨干，其他一般航道为补充，构建内联外接、通江达海的内河航道体系。推进澜沧江—湄公河国际航道建设。重点发展澜沧江的思茅港、普洱港等重要港口，规划位于李仙江土卡河附近的江城港等一般港口为补充，满足物资储运、中转需要和大中小结合的港口布局。

（二）加快水利基础设施建设

规划建设一批骨干水源工程，新建、续建水库165座，新增库容3.2亿立方米，水利化程度提高到40.9%，水安全保障体系基本形成。优化提升水电站发电能力，电力装机规模达960万千瓦。[①]

加快水利建设步伐，灌区节水改造有序推进，到2020年，中型骨干灌区工程配套与节水改造全部完成，小型灌溉工程配套与节水改造完成50%以上，新增有效灌溉面积43万亩，农村饮用水安全得到有力保障，基本实现村村通自来水。农村水土保持治理和小流域综合治理稳步推进，农村水环境整治工程步伐明显加快，2020年农村河道整治保洁率达95%以上，植物护坡长度占岸坡整治长度的60%以上。

加强防汛抗旱减灾体系建设，到2020年，防洪抗旱减灾能力得到显著增强，全市10县（区）城市防洪改造全部完成，重点城市和重点经济区防洪减灾体系建设基本完成，非工程措施与工程措施相结合的山洪灾害综合防御体系构建完成。[②]

1. 加强水资源调蓄基础设施建设

加强已经建成水利基础设施的保护，加快实施骨干水源工程建设，完成水源工程。推进黄草坝大型水库建设，建设跨流域水资源配置工程，完成大中河水库思茅坝区引水工程建设，提高重点缺水地区水资源承载能力，基本满足城市及农村生产、生活、生态用水需求。加快完成

---

① 杨照辉：《2016年2月26日在普洱市第三届人民代表大会第四次会议上政府工作报告》，《普洱日报》2016年3月7日第2版。

② 资料来源于《普洱市建设国家绿色经济试验示范区发展规划总体实施方案》。

景东县青龙、思茅区五里河、澜沧县南掌河、墨江县京平等中、小型水库建设。加快孟连县东密、澜沧县南丙河、景东县金鸡林水库等水源工程建设。

2. 加快农村水利建设

大力促进高效节水灌溉，实施灌区节水改造工程，力争建成人均一亩以上高稳产基本口粮田。加快推进农村水土保持治理，加强村组周围水土保持林和水源涵养林建设，全面完成坡耕地和小流域综合治理。大力推进生态清洁型小流域建设，加快农村水环境整治工程建设。实施重点中型灌溉区骨干工程的续建配套和节水改造，到 2020 年，力争完成"五小水利"工程 25 万件，建设干支渠防渗工程 1200 公里。

重点解决农村人畜饮用水安全，特别是少数民族聚集区、水库移民安置区和农村学校等区域严重缺水、水质不达标等问题，切实提高农村饮用水安全水平。加快农村集中供水工程建设，以自流引水工程为主，解决普洱 9 县 1 区，103 个乡镇，776 个村委会，5742 个村民小组 23.06 万户 108 万人饮用水问题。到 2020 年农村生活供水保证率达 90%以上，农村饮用水卫生合格率达到 90%以上，农村饮用水安全人口达到 100%。

3. 加强防汛抗旱减灾体系建设

推进重要江河干流及中心河流治理，开展中小河流治理工程，加强重点城市和重点经济区防洪减灾体系建设，加快干旱易发区、粮食主产区的抗旱应急备用水源及配套设施建设。构建山洪灾害综合防御体系，实施重点山区河道治理工程。积极推进跨国界河流国土防护，开展跨界河流治理工程。

在"十二五"期间已经完成思茅区思茅坝子南部片、宁洱大河宁洱镇段、牛洛河江城县城段、西盟县南康河勐梭坝段、孟连县南垒河孟连坝段、澜沧县南朗河勐朗坝段、景谷县勐嘎河永平镇集镇段等 24 条中小河流治理工程的基础上，加快阿墨江景东县大街乡段、阿墨江镇沅县段、威远江镇沅县勐大段、李仙江（川河）景东县城段、李仙江（恩乐江）镇沅县城段、江城县补远江段、景谷威远江县城段 7 条主要支流治理工程。开展全市 9 县 1 区的重点山区河道治理工程，完成跨越界河江城县南纳河流防洪、中缅界河孟连县界河（一、二期）治理工程，争取把西盟县界河项目列入国家规划项目建设。

(三) 加快城乡环保基础设施建设

1. 加快污水处理设施建设

加强对各县（区）污水处理厂及配套管网建设力度，推进普洱中心城区污水处理厂污泥处置项目和再生水利用设施项目、普洱主城区雨水管网改造工程及普洱老城区污水管网改造工程。启动全市 39 个特色小镇、建制镇污水处理建设项目，加快镇沅县九甲镇特色小污水处理厂项目建设，在有条件的县开展再生水利用设施项目建设，建设城镇生活污水脱氮除磷深度处理示范工程，使全市的污水处理能力和设施运行管理水平显著提升，污泥处理与处置水平明显提高，配套管网建设逐步完善。到 2020 年，各县（区）污水处理厂污泥处置项目全面建成，39 个特色小镇、建制镇实现污水处理实施全面覆盖，城乡污水处理率达到 90%。

2. 加快生活垃圾处理设施建设

推进分类收集，健全收运体系，加快完善生活垃圾处理设施附属工程建设，提高生活垃圾无害化处理能力。制定出台生活垃圾法规、政策及运行管理制度，建立垃圾分类制度保障。在全市各县（区）全面建成垃圾处理场渗滤液处理站，在思茅区建设一座处理规模 300 吨/日，占地面积 100 亩，总投资 15000 万元的综合利用生活垃圾处理场。到 2020 年，完成 50 个生活垃圾分类收集点建设，基本完善管理运营和激励政策制度长效机制，使主城区生活垃圾分类收集达 50% 以上，全市县城以上生活垃圾处理率达 99%，生活垃圾处理场渗滤液实现 100% 无害化处理。

实施乡镇农村生活垃圾资源化无害化处理工程，通过农村生活垃圾处理设施建设，小型垃圾车投入使用，垃圾转动站建设，到 2020 年，乡镇垃圾无害化处理率达到 90%。

四 加强基础设施建设的路径和措施

2015 年 1 月 19 日至 21 日，习近平总书记在云南考察指导工作时，要求云南"在加快基础设施建设上"下功夫。习近平总书记指出"基础设施建设特别是交通设施建设滞后，是制约云南发展的重要因素。要以改革的思路，多渠道建设资金，着力推进路网、航空网、能源保障网、水网、互联网等设施网络建设，加快国际大通道建设步伐，形成有效支持云南发展、更好服务国家战略的综合基础设施体系，从根本上改变基础设施落后状况"。云南省委、省政府深入贯彻落实习近平总书记重要讲话精神，主动融入和服务于国家"一带一路"发展战略，加快推进五大基础设施网络和滇中高速公路网建设，为普洱加强基础设施建设，建设国家绿色经济实验示范区提供了良好机遇。

（一）抢抓机遇，加快基础设施建设

普洱作为国家战略交汇叠加之地和参与"一带一路"建设前沿之地，"十三五"时期是普洱加快基础设施建设的最好时期。普洱要抢抓国家"一带一路"发展战略、澜沧江经济带建设和普洱建设国家绿色经济试验示范区、打赢脱贫攻坚战和"五网"建设五年大会战的际遇，把基础设施建设作为头等大事来抓，加快速度，打基础、破瓶颈、强支撑，在更高层次、更广范围、更大空间发挥基础设施对普洱绿色发展的支撑作用。把普洱打造成对外开放新高地，面向南亚东南亚辐射中心；重视生态环境保护、坚定不移走绿色发展之路，确保生态文明建设走在全国前列；重视转变经济发展方式，提升发展的质量和效益，牢固树立创新、协调、绿色、开放、共享五大发展理念，主动适应和引领经济发展新常态，推动转型发展、提速发展，闯出一条跨越发展的路子，与全国同步全面建成小康社会。

（二）多方筹措资金，加大基础设施建设投入力度

1. 积极争取国家和省级财政支持

建立以财政投入为中心的资金体制，增加政府财政的投入力度，建立多元化的投资体系，积极扩展投资渠道。

2. 构建和完善多元投资主体投融资机制

通过改革和完善投融资体制，吸引了大量的投资主体，形成多元化投资格局，在多元投资主体之间建立起一整套较为完整的、建立在产权基础上的基础设施成本收益分摊机制。这种机制通过市场化运营和政府

增信，明确投资方、运营方、管理方在基础设施建设、运营和管理环节的主体责任，建立起各方权责利对等的激励约束机制，提高基础设施运营效率和收益，防范由于基础设施长期投资所产生的信贷风险，形成良性循环的体制机制。①

3. 积极推广政府与社会资本合作模式（PPP）

政府与社会资本合作的投融资建设模式，日益受到国家的重视。在中央全面推进改革的总体战略中，财政投资建设模式的机制创新和 PPP（Public Private Partnership）模式已经被明确提出。2014 年以来，中央加快了财政及预算体制改革的步伐，出台了一系列重要文件，并修订了《预算法》，这些法规政策从预算管理的角度限制了地方政府通过 BT 模式进行融资的规模。如新《预算法》第三十五条规定："地方各级预算按照量入为出、收支平衡的原则编制，除本法另有规定外，不列赤字。"2014 年 6 月，中央政治局审议通过的《深化财税体制改革总体方案》，将改进预算管理制度明确作为财税体制改革的三大战略任务之一，强调要"强化预算约束、规范政府行为、实现有效监督"。2015 年1 月 1 日起施行的新《预算法》结束了财政资金采用 BT 模式建设投资项目的可能，即没有纳入预算、没有落实回购资金计划的 BT 项目不能实施。2014 年财政部发出了《关于推广运用政府和社会资本合作模式有关问题的通知》，由此可以预见，PPP 模式将成为未来投资建设模式的主流。

从政府角度来看，PPP 模式缓解了财政支出压力。政府通过项目未来运营收入和适当补贴，"撬动"社会资本参与项目"全生命周期"，不仅可以减轻当期财政支出压力，而且可以平滑年度间财政支出波动。从企业角度看，PPP 模式通过授予特许经营权，使社会资本可以进入电力电信、供水道路、医院、学校等基础设施领域，大幅拓宽了社会资本的发展空间。从社会角度看，PPP 模式提高了公共产品供给效率。通过构建公共产品新产权关系，整合了公私部门各自的优势，把政府的政策意图、社会目标和私人部门的运营效率、竞争压力结合起来，充分提高

① 姜安印：《"一带一路"建设中中国发展经验的互鉴性——以基础设施建设为例》，《中国流通经济》2015 年第 12 期。

了公共产品供给效率。因此，PPP 模式是一种能使"政府、企业、社会"多方共赢的公共产品方式。①

（三）基础设施建设必须服务于国家战略和普洱绿色发展

基础设施建设具有投资大、工期长、影响持久的特点。在基础设施建设过程中，要强化规划的统筹和引领作用，必须服务于国家发展战略和普洱绿色发展。要进一步强化规划的权威性、指导性和约束力，做到不合规划的项目不上，坚持有序推进基础设施建设，避免基础设施建设的盲目性。

基础设施建设在有效促进绿色发展的同时，在征用的土地上进行填筑和开挖，破坏地表植被，对周边局部生态环境会造成一定的破坏。如修筑公路、铁路、水库的过程中，要进行挖方、填方，架设桥梁或涵洞，修筑隧道，修筑大坝，铺筑各种坚硬材料，坝区蓄水等，必然对周边环境造成不同程度的破坏。基础设施建成营运后，周围开发引起人类活动的增加，也将成为局部地区生态环境失调的新的诱发因素。所以，在加强基础设施建设过程中，要坚持可持续发展，构建和谐社会理念，从"既满足当代人的需求又不影响后代人的利益"的思想出发，从代际公平、代内公平、物种公平的生态伦理出发，在满足社会发展对其更高要求的同时（包括适度超前），既能满足基础设施建设的协调发展，又能使基础设施建设与经济、环境和社会各系统长期动态协调发展。

---

① 李志勇：《PPP 模式的作用与运用要点——基于〈基础设施和公用事业特许经营法（征求意见稿）〉的分析》，《建筑经济》2014 年第 12 期。

第十三章

人才支撑与绿色发展

人才是指具有一定的专业知识或专门技能，进行创造性劳动并对社会做出贡献的人，是人力资源中能力和素质较高的劳动者，是竞争的核心，是先进生产力和先进文化的重要创造者和传播者。人才既是推动绿色产业的实施主体，同时也是推动绿色产业的核心要素。人才作为创新活动中最活跃、最能动的生产要素，是推动科技进步和技术创新的主导力量，是绿色发展、循环发展、低碳发展的驱动者，在转型升级、推动绿色发展中具有基础性、决定性和无限可开发性的作用。

一 人才在绿色发展中的作用

人才是具有一定的专业知识或专门技能，进行创造性劳动并对社会做出贡献的人，是人力资源中能力和素质较高的劳动者。人才改变世界，人才引领发展。科学技术是第一生产力，人才资源是第一资源。国以才兴，业以才旺。人才是当今世界竞争的核心，是一个国家，一个地方发展的核心竞争力。人才是先进生产力和先进文化的重要创造者和传播者，是社会发展的宝贵资源，离开人才培养，社会就不会进步。

随着经济社会的快速发展，普洱社会生产力、综合实力、科技实力迈上了一个新的台阶，但发展中的矛盾和问题依然突出，资源、环境压力空前巨大，转型升级、走绿色发展之路成为必然。全面深化改革、推动绿色发展是一项系统工程，内容涉及方方面面，但都离不开人才的支撑作用。

人才作为创新活动中最活跃、最能动的生产要素，是推动科技进步和技术创新的主导力量，是绿色发展、循环发展、低碳发展的驱动者，是推动绿色产业的实施主体。一方面，资源、技术、资金、管理等要素需要借助人才方能充分发挥作用；另一方面，人才本身的能动性可以使资源、技术、资金、管理等要素的潜力更好地释放。也就是说，人才资源在转型升级、推动绿色发展中具有基础性、战略性和决定性的作用，不仅决定其他要素的开发和利用程度，而且具有其他要素无法比拟的无限可开发性。物质资源必然越用越少，而科技和人才却会越用越多，就是指人才所具有的无限可开发性。人才资源的这种基础性、战略性和决定性作用及无限可开发性，使其在推动绿色发展中占据着无可比拟的核心要素地位。

二 普洱人才发展中存在的问题

普洱市委、市政府历来高度重视人才工作。特别是"十一五"和"十二五"以来，制定了一系列加强人才工作的措施，全市各类人才培养规模不断壮大，人才机制不断创新，人才效能明显提高，党管人才工作新格局逐步形成。加快科技创新，建立人才培养机制。积极创造条件，建立绿色产业研发机构，不断开发拥有自主知识产权和高新技术含量的绿色产品；对一些重大的科研项目，聘请市内外专家，组织联合攻关；进一步完善科技推广服务体系，重点推广生物技术、环保技术、绿色产品的生产标准和技术；鼓励市内外科技人员创办、领办企业，充分发挥在绿色建设中的积极作用；在开发区加快建设高新技术和绿色产业园区、孵化企业，促进绿色产业发展。实施绿色人才工程，认真研究制定更加优惠灵活的人才政策，广泛引进绿色产业人才，促进现有科技管理人才知识结构更新，提高科研、开发、创新水平，做到人尽其才，才尽其用。对有突出贡献的专家和科技人才实行重奖，通过大专院校定向培养绿色产业方面的专门人才，加速新兴产业发展，努力创造一个能使优秀人才脱颖而出的机制和良好环境。进入21世纪以来，普洱人才培养建设取得了很大的成绩。2010年，普洱市公务员和专业人才培养总量 14.1 万人，每万名劳动力中研发人员 5.4 人，高技能人才占技能劳动者的比例为 6%，人力资本投资占 GDP 比例为 5.6%，人力资本贡献率为 10%，其中人才对全市经济社会发展的贡献率为 8.6%。各系列专业职务正高 40 人、副高 1838 人、中级 7187 人，获得"国贴" 2 人、"省贴" 14 人、"省突" 8 人、科技兴乡贡献奖 17 人、"市突"、"市贴"各 20 人。2010 年以来共引进专业技术人才 857 人，培养高技能人才 1.04 万人次，培训公务员 4.7 万人次，培训专业技术人员和企事业单位管理人员 12.5 万人次，培训村干部 1446 人，选送 154 人到上海进行培训；引进 16 名上海医疗专家开展支医服务；组织"万名专家服务基层——走进普洱活动"和留学人员到基层服务工作。

但是，普洱市人才发展的总体水平与发达地区相比仍有较大差距，与全市经济社会发展需要还有许多不适应的地方，主要表现为：一是人才总量不足，高层次人才缺乏，人才创新创业能力不强，存在与经济发展需要不相适应的问题。二是人才分布失衡，结构性矛盾突出。全市的技能人才主要集中在教育、医疗行业，在工农业企业尤其是高新技术产业和新兴产业中则严重缺乏。三是技能型人才培养对产业转型升级的推动力不足。四是人才培养建设投入不足。

普洱产业转型升级正面临严重的人才资源制约。加快绿色发展、产业转型升级，就是要实现经济增长方式由粗放型向集约型转变，由劳动密集型、资源密集型向知识密集型、人才密集型转变。普洱经济发展已经进入攻坚阶段，要转变经济发展方式，推动产业转型升级，必须高度重视人才工作，进一步加大人才投入，促进经济发展由资源消耗转移到主要依靠科技进步、管理创新和劳动者素质提高上来。

一是创新人才严重缺乏，农科技术人员难以满足绿色农业发展需求。科技自主创新能力欠缺，高层次创新型科技人才和优秀青年科技人才紧缺，特别是缺少在国内外有一定影响力的科技领军人才和创新创业团队，科技研究开发人员总量、创新创业人才总量较少，特色产业和重大项目高端人才短缺。目前广大农村和大部分企业具备大专以上学历的劳动力占总人数的比例不到 3%。高学历、高职称和高技能人才稀缺，尤其是缺少高层次领军人才和实用技术型人才。此外，科研人员大多集中在教育、医疗等领域内，传统产业和中小型企业科技人才严重缺乏，大多没有科技研发人员。人才成为制约企业技术创新的关键因素,严重影响了产业的转型升级和企业科技创新整体水平的提高。

农业发展人才培养整体层次较低,总量偏少。农业科技人员大多数是40岁以上;大多数农业科技人员属于初级人员,技术能力不够强,专业素质较强的只占少数,农业从业人员总量偏小,层次较低,素质不高,影响生态农业发展的速度。农业发展人才培养结构失衡,流失严重。从总体上来说,普洱农业技术使用水平的差异较大,全市大部分农村仍使用传统的劳动密集型农业技术。尽管现代农业技术已有一定的发展,但并未得到普及。知识密集型农业技术目前只在部分科研单位和示范村组农业项目中进行研究,少量的高新技术得到使用,但未得到推广。科技进步对农业经济增长的贡献率较低,科技成果转化率低于全省水平。当前农业发展急需的人才是农业科技人才、经营管理人才、服务型人才以及实用操作型人才。普洱农村劳动力资源丰富,但文化水平、知识水平、技术水平普遍偏低,农业科技人才和经营管理人才严重不足。对农业发展人才的认识和重视程度不够,经费投入不足。面对日趋发展的新形势,加快建立一支规模大、科研能力强的农业人才培养,对今后生态农业发展至关重要。但由于传统观念和社会上实用主义观念的影响,部分政府部门对人才作为农业发展第一资源的战略意义认识不够,看不到他们在农业发展和社会发展中的长远推动作用,对影响本区域农业人才发展的制约因素了解不够。再加上地方政府财政困难,对人才引进和培养的经费投入不足,对农业科技人员的培训基本处于低层次状态,延缓了当地农业人才培养建设的步伐,而现有农业技术人员素质难以适应新形势发展的需要,阻碍新农业技术的研究开发与推广。

二是创新意识较为薄弱,对人才和科技的投入不足。经济发展依靠科技,科技发展依靠创新,而人才则引领创新,是推动产业转型升级的主要力量和核心要素。2010年,全市人力资本投资占GDP比例为5.6%,人力资本贡献率为10%,其中人才对全市经济社会发展的贡献率仅为8.6%。科技人才培养自身素质不高,科技人才的发明创造及技术革新能力不强,科研成果的市场转化率较低,科技经费投入不足和有的政府部门和乡镇满足现状,小进则满、小富则安等原因,不愿创新,因循守旧,满足于萧规曹随,不能跳出圈子看问题,面对新情况、新问题，不能以开拓的精神面对、分析和寻找解决问题的最佳方案，而没有将创新工作真正落到实处。由于财政困难，科技、人才经费短缺，用于科研创新、人才引进的经费较少，导致传统思想中的消极观念影响了创新氛围，科技投入不足影响了创新积累，科技奖励力度弱小和评价机制欠缺影响了创新热情，创新教育不够导致了创新人才培养恶性循环。从经济发展中人才发挥的作用来看，作为现有人才不足、缺乏培养人才后劲，要想从根本上改变绿色产业发展中存在的人才问题，迅速壮大产业规模，促进产业转型升级，最快捷而又最有效的途径就是加快产业发展紧缺急需人才、高技能人才和领军型人才等各层面人才的引进和培育，同时，注重发挥引进人才的桥梁纽带作用，推进与高校院所的科技合作，从而为普洱经济发展提供强有力的人才支撑。

三是农村劳动力资源状况不容乐观。普洱市辖 9 县 1 区、103 个乡镇、995 个村委会。2012 年全市常住人口为 257.5 万人，其中城镇人口89.37 万人，乡村人口 168.13 万人，城镇化率 34.7%。全市有乡村户数 56.46 万户，乡村人口 213.57 万人，占总人口数的 82.94%；乡村劳动力资源 135.24 万人，乡村从业人员 127.62 万人，其中农业从业人员 109.4 万人，占劳动力总数的 80.9%，农民人均纯收入 5020 元；全社会劳动者就业 171.35 万人，比 2011 年增长 3.3%。在农村劳动力中，小学以下文化占 49%；初中文化占 40.9%；高中（含中专、职技）占 7.3%；大专及以上文化占 2.8%。

总体看，普洱市农村劳动力资源整体素质不高，掌握技能人数不多，整体素质偏低，从事产业分布不够合理。外出务工者由于基本素质低，只能选择简单、脏苦累、低收入行业就业，无法进入专业性强收入高的行业就业。由于劳动者素质不高，接受农业新知识、新成果（产品）、新技术能力低，直接影响农业科技推广及培训难度。当前，农村劳动力培训仍然主要采取传统单一的培训班形式，没有建立科学合理的培训体系，培训效果不佳。农民参与式、互动式、实作培训没有落实到位，这些因素导致劳动力培训提高速度慢、效果差，农民在建设现代农业发展中的主体地位作用发挥不充分，不能满足新农村建设的实际需求。

三　普洱人才发展目标与任务

（一）普洱人才发展目标

深入贯彻落实科学发展观，加快普洱绿色发展、产业转型升级，实现经济又好又快发展，迫切需要我们更好地实施人才强市战略，加快培养造就一支宏大的创业创新人才队伍，为开创普洱科学发展新局面提供强有力的人才支撑。

1. 普洱人才发展总目标

普洱人才发展的总体目标是：到 2020 年，以绿色产业聚才为中心，引进若干在国内有影响力的拔尖人才，培养数十名在省内有竞争力的领军人才，壮大一批在市内有创造力的优秀人才，造就一支数量充足、结构合理、素质优良、适应发展需要的人才队伍，实现建设人才强市的目标。

2. 普洱人才发展的具体目标

（1）数量增长、队伍壮大。到 2020 年，全市人才资源总量在现有 14.1 万人基础上增长 58%，达到 22.3 万人，人力资本投资占全市 GDP 比例达到 8%，人才资源总量占人力资源总量的 9% 左右。

（2）质量提高、结构合理。到 2020 年，全市各类人才培养素质不断提高，重点产业、重点领域高层次人才实现"倍增"目标，结构更加合理，地区、城乡、行业之间人才培养"均衡"发展。

（3）优势显现、效益突出。到 2020 年，每万名劳动力中研发人员达到 11 人，高技能人才占技能劳动者的比例达到 15%，人力资本投资占 GDP 比例达到 8% 左右，人力资本贡献率达到 18%，其中人才对全市经济社会发展的贡献率达到 16.5%（见表 13—1）。

表 13—1　　　　　　　　　普洱市人才发展主要指标

指　标	单位	2010 年	2020 年
人才资源总量	万人	14.1	22.3

续表

指 标	单位	2010 年	2020 年
每万名劳动力中研发人员	人年/万人	5.4	11
高技能人才占技能劳动者比例	%	6	15
人力资本投资占 GDP 比例	%	5.6	8
人力资本贡献率	%	10	18
人才贡献率	%	8.6	16.5

（二）普洱人才发展的主要任务

1. 壮大创新创业人才队伍

以提高科技自主创新能力为核心，以高层次创新型科技人才和优秀青年科技人才为重点，造就一批在国内外有一定影响力的科技领军人才和创新创业团队，实现出成果、出标准、出规则。到 2020 年，研究开发人员总量、创新创业人才总量有明显增长，特色产业和重大项目高端人才短缺问题有所缓解。加强对优秀科技人才的发现、培养、使用和资助力度，加大高层次领军人才的培养和引进力度，择优扶持拥有核心技术和创业管理团队创业。加强科技创新研发基地建设，建立具有较高研发和成果转化能力的国家级企业技术研究中心 1 个、省级 6 个、市级 15 个，充分发挥高层次创新人才的主导作用。建立普洱高新科技园区，吸引、培育和扶持一批具有自主知识产权的高新技术企业落户和知名产品的研发。

2. 提高党政人才质量

按照加强党的执政能力建设和先进性建设的要求，以坚定理想信念、增强执政本领、提高引领科学发展能力为核心，继续深化干部人事制度改革，着力培养造就政治坚定、勇于创新、勤政廉政、求真务实、奋发有为、善于推动科学发展的高素质党政人才培养。到 2020 年，全市公务员中大学本科及以上学历达到 80% 以上，素质明显提高，结构更加合理，总量从严控制。着力推进党政人才素质能力提升计划，构建理论教育、知识教育、党性教育和实践锻炼"四位一体"的干部教育培训体系。加大竞争性选拔党政领导干部工作力度，注重从生产一线和基层选拔党政人才。加强妇女干部和少数民族干部选拔培养工作，大力推进党外代表人士队伍建设。实施促进科学发展的干部综合考核评价办法。加大党政人才跨部门、跨地区流动，促进与专业技术人才、企业经营管理人才之间的流动。进一步创新党政人才监督管理、激励保障和进转留退机制，完善公务员管理，提高公务员队伍整体素质。

3. 壮大专业技术人才队伍

着眼于以提高专业水平和创新能力为核心，以高层次人才和紧缺人才为重点，培养和聚集适应普洱经济社会发展需要的高素质专业技术人才。到2020年，专业技术人才总量达到5万人左右。其中，具有中、高级资格的专业技术人才达到3万人。围绕全市支柱产业、重点行业、重大科技项目工程，培养造就20个以上市级创新团队，在工业、农业、林业、水利等行业选拔500名以上专业技术带头人。不断提高教师队伍素质，全市小学教师大学专科化、初中教师大学本科化和高中教师研究生化的比例分别达95%、90%和5%。积极发展学前教育，努力构建覆盖城乡、布局合理的学前教育公共服务体系。加强农村医疗卫生建设，使全市每千人口拥有卫生技术人员3人以上，社区每万居民有1名全科医师，每个乡镇有2名全科医生。进一步完善体制机制，发挥用人单位的主体作用，引导党政机关、科研院所、城镇学校、医疗卫生人才向企业、社会组织和基层一线流动，促进专业技术人才合理分布，有效配置，发挥作用。继续深化职称改革，完善符合不同行业、不同系列（专业）特点的专业技术职称评价标准。

4. 壮大企业经营管理人才队伍

适应转变经济发展方式和产业结构优化升级的需要，以提高现代经营管理水平和企业竞争力为核心，以优秀企业家和职业经理人为重点，加快推进企业经营管理人才职业化、市场化、专业化和国际化，培养一批具有战略眼光、市场开拓精神、管理创新能力和社会责任感的优秀企业家和一支高水平的企业经营管理人才培养。到2020年，企业经营管理人才达到3万人左右。实施优秀企业家培养工程，积极落实国家"企业经营管理人才素质提升工程"和"中小企业银河培训工程"，完善定期派出培训、请进来传帮带等培养措施。加强企业家的培养和开发工作，提高企业家的科学决策能力、市场应变能力、组织协调能力和经营管理能力。加强与世界著名跨国公司的合作，聘请国（境）外企业家来普洱开展咨询培训等工作，大力引进国内外、省内外优秀经营管理人才。加大民营企业家培养力度，建立健全促进企业家成长的财税政策、风险投资机制。加快现代企业制度建设，完善公司法人治理结构，依法落实董事会和经营管理者的选人用人权。

5. 壮大宣传思想文化人才队伍

围绕推动普洱走向世界、融入世界的目标，以"四个一批"人才、文化经营管理人才、文化创意人才、新兴媒体人才培养建设为重点，紧密结合宣传思想文化工作实际，全面加强宣传文化人才培养建设。到2020年，省级"四个一批"人才达到 20 名，民族民间文化人才超过500 名。健全完善分类科学、程序公平、运作规范的宣传文化人才政策体系。继续实施"四个一批"工程，大力培养高层次宣传文化人才。建立和完善分级分类、分工负责的干部教育培训体系，进一步提高宣传文化人才培养的思想理论素质和创新能力，进一步充实力量和优化结构，不断提高队伍建设科学化水平。引进培养一批创新、创意、创业等文化产业急需人才，发现造就一批民族民间文化人才和非物质文化遗产传承人等特色人才。稳定充实基层宣传文化人才，促进全市各级各类宣传文化人才协调发展。

6. 加强少数民族人才培养

按照各民族"共同团结奋斗，共同繁荣发展"的主题，以推动民族地区经济发展和社会进步为目标，大力培养造就一批少数民族骨干人才。到 2020 年，全市少数民族人才总量达 7 万人。主要措施：采取特殊措施加大通晓本民族语言的少数民族干部和专业技术人员的培养力度。根据少数民族和民族地区特殊性，培养少数民族本土人才、民族文化传承人。完善少数民族干部选拔使用机制，建立促进少数民族人才合理配置的流动机制，健全少数民族人才评价发现政策体系。充分利用跨境民族人才资源，积极与东南亚国家开展经济社会文化交流与合作，培养涉外经济技术合作和跨文化交流外向型少数民族人才。

7. 壮大社会工作人才队伍

围绕服务民生、构建和谐的要求，建设一支规模适中、有较高职业素质和社会责任心强的社会工作人才培养。到 2020 年，全市社会工作人才总量达 2000 人。研究制定关于加强社会工作人才培养建设的实施意见。加强舆论宣传，努力在全社会形成重视社会工作人才的良好氛围。加强对社会工作人才的教育培训，将社会工作人才培养建设纳入全市各级党校主体班培训对象。健全完善社会工作者职业水平评价制度，引导、鼓励城镇社会工作者服务新农村建设需要，特别是引导和鼓励大中专毕业生从事社会工作。建立完善的社会工作人才使用机制，拓宽社会工作人才的就业范围。广泛开展社会工作岗位设置，实施社会工作岗位持证准入制度，促进民办社会服务机构的发展。建立有效的社会工作人才激励机制，激发社会工作人才的创造活力。

8. 壮大技能型人才队伍

以提升职业素质和职业技能为核心，以技师和高级技师为重点，建设一支门类齐全、数量充足、技艺精湛的高技能人才培养，逐步形成与我市新型工业化和产业结构优化升级相匹配的技能人才大军。到2020年，全市高技能人才总量达到2.5万人左右。落实国家"高技能人才振兴计划"、云南省"高技能人才振兴工程"，组织实施"高技能人才开发工程"。整合利用普洱现有各类职业教育资源，加快建立高技能人才培养基地和公共实训基地。完善以企业、行业为主体，职业院校为基础，校企合作为纽带，政府推动与社会参与的社会化、开放式高技能人才培养体系。积极开展"首席技师"、"青年骨干技能人才"选拔培养工作，实施"名师带徒"计划，广泛开展各种形式的职业技能竞赛和岗位练兵活动。加大对高技能人才的投入力度，完善职业培训和鉴定补贴政策。加大优秀高技能人才宣传表彰力度，进一步提高高技能人才经济待遇和社会地位。

9. 促进农村实用人才培养

以促进农村实用人才创业创新为出发点，形成一支以农业科技人员、生产能手、经营能人、能工巧匠为主体，适应我市现代农业发展和新农村建设要求的实用技术型、生产经营型农村实用人才队伍。到2020年，农村实用人才总量达到10万人左右，实现每个行政村至少有5名致富能力强、示范效益好的带头人，每个乡（镇）有农村实用人才聚集的专业化农民合作社。落实国家"现代农业支撑计划"、云南省"农村实用人才创业培训工程"，继续实施"绿色证书培训工程"、"新型农民培训工程"、"阳光工程"和"星火技术培训工程"。充分发挥农村现代远程教育网络、各级农业技术推广机构等培训载体的作用,加大农村实用人才培训力度。制定鼓励农村实用人才创业兴业的支持政策,在创业培训、项目审批、信贷发放等方面给予政策支持。深入开展农业科技入户直通车等活动,为农村实用人才创业兴业提供科技、信息等支持服务。鼓励、引导农村实用人才按区域、行业和产业组建各种协会,开展自我服务。加大对农村实用人才的表彰奖励、宣传力度和城乡人才对口扶持力度。

10. 壮大国际交流人才队伍

以服务普洱发展外向型经济为目标,多渠道、多方式引进和培养各类外向型人才,奠定普洱与世界各国合作交流的坚实人才基础。到2020年,全市外向型人才总量达到5000人左右。以优惠政策、优良环境、优质服务和重大项目,吸引一批具有国际商贸物流实战经验的外向型高层次人才到普洱创业发展。通过各类高等院校,培养一批通晓国际经济、WTO规则、了解世界其他国家商业规则、法律、贸易和技术标准方面的综合型人才。通过外派交流学习,培养一批熟悉国际规则、具备跨文化沟通力、国际交流与合作能力、较强创新能力的外向型人才。

四 普洱人才发展的路径选择

(一) 转变人才观念,树立科学的人才观

推动普洱绿色发展,必须以改革精神推动人才工作创新,通过改革创新,充分释放人力资源的巨大能量。要以现代人才理念指导人才工作的创新实践,在指导思想上要做到:在坚持人才为经济发展服务的同时更加关注人才本身,实现人才与经济社会发展的良性互动;更加注重人才创新能力建设,以人才创新能力提高实现绿色发展、循环发展、低碳发展;树立大人才观,积极引进高层次人才,以弥补普洱本土人才资源不足,突破传统思维定式,理清创新发展思路,始终坚持人才工作服从和服务于经济社会发展大局的核心宗旨,为普洱全面深化改革、推动绿色发展提供人才智力支持。

科教兴国、人才强国、依法治国是我国的基本国策,中央对新时期

人才队伍建设进行了总体谋划，明确了当前和今后一个时期人才培养建设的指导方针、目标任务和主要政策措施。国以才立，政以才治，业以才兴，人才作为第一资源对促进经济腾飞、加快转型发展的引擎作用日益明显。《国家中长期人才发展规划纲要》制定了人才优先发展战略、人才强国战略。《国家中长期人才发展规划纲要》突出了党管人才原则，就是加强党对人才工作的集中统一领导，统筹、搞活、用好社会各类人才资源，为全面建设小康社会提供智力支持和人才保证。党管人才，主要是管宏观、管政策、管协调、管服务，绝不是党委包揽人才工作的方方面面，也不能简单照搬党管干部的所有方式。人才工作是一项系统工程、长期战略、常效工作。树立和落实党管人才的观念，党管人才，就是从宏观、从协调、从政策、从服务上进行管理；就是遵循人才发展规律、社会主义市场经济规律、人才资源建设利用规律，来制定好政策、整合好力量、创造好条件、营造好环境；就是按照管好管活的要求，把各类各级人才的积极性和创造性引导好、保护好、发挥好。

重点做好制定政策、整合力量、营造环境、提供服务的工作，努力做到用事业造就人才、用环境凝聚人才、用机制激励人才、用法制保障人才，为一切有志成才的人提供更多发展机遇和更大发展空间。制定政策，就是要在准确把握人才情况和认真总结人才工作规律的基础上，把握人才工作的正确方向，完善人才工作的大政方针，明确发展目标，坚持分类指导，研究制定人才工作的发展规划，推进人才制度建设。整合力量，就是要形成党委统一领导，组织部门牵头抓总，人事、财政、教育、科技等相关部门各司其职、密切配合，社会力量广泛参与的人才工作新格局，充分发挥人才工作各相关部门的职能作用，整合开展人才工作的各种积极因素，形成开展人才工作的强大合力。营造环境，就是要动员全社会高度重视人才工作，努力营造"尊重劳动，尊重知识，尊重人才，尊重创造"、有利于优秀人才脱颖而出的舆论氛围，形成鼓励人才干事业、支持人才干成事业、激发人才干大事业的良好环境。提供服务，就是各级党组织和领导干部要以爱才之心、识才之智、容才之量、用才之艺，把人才工作的重点放到搞好服务上来，积极主动、满腔热情地吸引、培养和凝聚人才，通过诚心诚意办实事，尽心竭力解难事，坚持不懈做好事，去感召和凝聚各类人才。

营造人才发展良好环境。以科学人才观的要求确立新的人才标准，就是要在坚持德才兼备的原则下，把品德、知识、能力和业绩作为衡量人才的重要标准，克服唯资历、唯学历、唯职称、唯论文倾向，做到不拘一格选人才。解放思想，大胆探索，不断完善，努力建立一个科学合理、充满活力的用人机制，形成一个人尽其才、人才辈出的良好局面。人才是发展的主体和关键，用科学的人才观加强干部队伍的革命化、年轻化、知识化、专业化建设。人才是推动经济社会发展的第一资源。树立人人都可以成才的观念，打破对人才的狭隘理解。本地人才的使用成本较低，用活、用好当地人才是第一步，其次才是吸引外部人才，但一些组织只重视引进的人才，而忽视了对本地人才的培养和使用，导致招来了姑爷，冷落了儿子。深入贯彻落实科学发展观，推动富裕文明、生态和谐普洱建设，全面建设小康社会，必须大力提高国民素质，培养造就大批素质能力较高的劳动者和大量创新创业人才。

坚持在实践中发现人才、使用人才、锻炼人才和培养人才，把实践作为检验和评判人才的根本标准。要尊重人才，为人才服务。要充分尊重人才的个性，按照各类人才的成长规律和不同特点去识别、选拔和使用人才，使各类人才都有充分发挥自己聪明才智的空间和舞台。倡导以能力和业绩为导向的现代人才理念，坚决破除在人才选拔中以性别、年龄、学历为划分标准的简单做法，建立一个充满生机和活力的人才选拔任用机制。要使人才培养成长壮大，必须有一个好的环境，保证各类人才健康成长，脱颖而出，做到人尽其才、才尽其用。大力宣传人才强国战略，努力在全社会形成尊重劳动、尊重知识、尊重人才、尊重创造的舆论环境。

要注重更新教育观念，把促进人的全面发展和适应社会需要作为衡量人才培养水平的根本标准，树立多样化人才观念和人人成才观念，树立终身学习和系统培养观念，造就信念执着、品德优良、知识丰富、本领过硬的高素质人才。要注重培养拔尖创新人才，积极营造鼓励独立思考、自由探索、勇于创新的良好环境，使人才创新智慧竞相迸发，努力为培养造就更多新知识的创造者、新技术的发明者、新学科的创建者做出积极贡献。

（二）继续实施"绿色发展千人聚才行动计划"

2012年以来，普洱全面组织实施"绿色发展千人聚才行动计划"，宽领域、高层次吸引高端人才，以高端人才来引领和推动普洱又好又快发展。实施"绿色发展千人聚才行动计划"是加快绿色经济试验示范区建设的需要。当前，普洱建设国家绿色经济试验示范区，核心就是转变经济发展方式、实现绿色低碳可持续发展。这迫切需要聚集一批掌握前沿知识、具备自主创新能力的国内外人才。通过实施"绿色发展千人聚才行动计划"，可以为各类人才的聚集提供良好发展平台和政策保障，形成人才流动的"洼地"，加快人才聚集，为普洱提升产业结构层次、创新绿色经济发展模式提供强有力的智力支持。

实施"绿色发展千人聚才行动计划"是实现率先跨越发展的需要。人才是提高科技创新运用能力的核心因素，普洱要实现在全省率先跨越发展的宏伟目标，就必须拥有大批高素质的人才，尤其是要聚集一批高新技术、高级管理、创意人才以及学科领军人才、产业领军人才，才能实现普洱科技创新与运用的新优势。实施"绿色发展千人聚才行动计划"，不仅能够有效创新人才聚集的体制机制，而且将使普洱在激烈的人才竞争中取得主动权，充分聚集和利用各方面人才资源，形成强有力的人才比较优势，为我市实现率先跨越发展赢得先机。

实施"绿色发展千人聚才行动计划"是构建科学合理人才体系的需要。由于历史的原因，普洱高层次人才严重匮乏，尤其缺乏绿色食品深加工、企业管理、金融投资、城市建设、对外贸易、生物药业、文化卫生等领域的专门人才。通过实施"绿色发展千人聚才行动计划"，可以较好地吸引各领域的人才到普洱干事创业，形成人才辈出、活力迸发的生动局面，为全面落实"生态立市、绿色发展"理念奠定坚实的人才基础。

实施"绿色发展千人聚才行动计划"，紧紧围绕国家绿色经济试验示范区建设、实现率先跨越发展的目标。工作中坚持不求所有、但求所用的原则，突出特色优势产业、战略性新兴产业和重大项目、重点学科、重要科研平台、重点企业的人才需求，以市场配置人才资源为基础，以体制改革和机制创新为动力，通过资源聚才、产业聚才、项目聚才、企业聚才、平台聚才、园区聚才、以才聚才，努力形成"人才跟着项目走，项目跟着资金走，资金跟着技术走，技术跟着人才走"的良性聚才机制，实现人才总量增长、人才结构进一步优化、人才投入不断加大、人才发展硬件设施明显改善、人才软环境进一步优化，聚集一批绿色发展急需的紧缺的各种类型人才，建设一支高层次、高技能人才队伍。

聚才聚力是推进普洱率先跨越发展的关键。全市各级各部门围绕"生态立市、绿色发展"战略目标，以"绿色发展千人聚才行动计划"为抓手，坚持在思路上求变、政策上求新、机制上求活、工作上求实，通过强化领导、跟踪服务、树立典型等形式，努力营造拴心留人、人尽其才、才尽其用的人才环境，积极打造特色产业人才高地，扎实推进人才强市战略，为推动普洱率先跨越发展提供坚强的智力保障。

（三）实施人才发展重点工程

1. 创新创业人才推进工程

制定出台《普洱市人才引进办法》、《普洱市引进智力办法》、《普洱市加强高层次人才培养建设的若干意见》。建立普洱市创新创业人才引进培养联席会议制度，定期通报各类高层次人才引进情况，指导和协调各类人才的培养工作，适时调整各类创新创业人才培养目标任务。抓紧优势产业企业"博士科研工作站"申报建站工作，扎实推进本土培养与外地引进相结合的培养计划。加强高层次人才培养方式创新，推行人才培养的个性化定制方案，增强高层次人才培养的针对性和有效性。加大投入力度，进一步明确人才经费投入比例，实行严格专款专用。

2. 柔性人才引进工程

围绕普洱重要工程、重大项目、重点产业和战略新兴产业对高端人才的需求，积极探索"不求所有，但求所用；不求所在，但求所为"的用人新思路，利用国际国内两个市场，面向国内外、省内外实施高层次创新创业人才引进计划，针对国内外各类人才实施柔性特聘人才计划。力争用5—10年时间，引进并重点支持50名左右能突破关键技术、发展高新产业、带动新兴学科的国内外高层次人才来普洱创新创业；选拔50名左右有较强技术研发和经营管理能力，敢于创业、勇于创新的高层次创新创业人才进行重点扶持培养；柔性引进 100 名左右具有国内外领先水平的高层次人才为普洱提供服务。对高层次人才、特殊人才、急需人才，打破地域、户籍、身份、人事关系等限制，采取兼职挂职、人才租赁、技术合作、项目开发等办法柔性引进，开启聚才引智的"绿色通道"。

3. 特色优势产业聚才工程

立足全市产业发展规划和重点项目，围绕茶、林、电、矿、文化旅游五大支柱产业和烟草、咖啡、蚕桑、橡胶、生物药业、牧渔业六大骨干产业，整合市内外研究机构、专家人才资源，开展普洱特色产业市场化、品牌化研究，培育与特色资源产业链、产业带、产业群发展相适应的人才团队，为普洱优势特色产业实现大发展提供坚强的人才支撑。力争到 2020 年，建立 5 个普洱特色产业高层次人才创新创业基地，有重点地支持 5 名左右特色产业高层次人才创新创业，聚集 5 个左右由科技领军人才领衔的高科技创业团队。

4. 企业经营管理人才培训工程

着眼于提高企业现代经营管理水平和国际竞争力，每年选拔 100 名企业中高层经营管理人员进行培养，其中择优选拔 30 名左右有发展潜力的高级经营管理人才，分别安排到国内外知名高校、职业经理学院、国际机构进行教育培训，到沿海发达地区考察学习，到中央国有骨干企业挂职锻炼，更新知识、开阔视野、增强才干，全面提高战略规划、资本运作、人力资源管理、金融、物流、国际贸易、国际法律等专业知识水平和运作能力。到 2020 年，培养造就 500 名左右具有世界眼光、战略思维、创新精神和经营能力的优秀企业家。

5. 专业技术人才帮带工程

在全市范围内选拔一批名教师、名医生、名工程师等专业技术人才，通过师带徒、老带青、熟带生等方式帮带行业技术新手。把全市各类优秀专业人才以专业技术为类别编制成小组，明确帮带对象，通过交压担子、个别指导、经验交流、集中培训等方式，提高帮带对象的专业技术水平。通过定期举行技能比赛和综合考核，对取得实效的师徒进行表彰，使帮带对象学有目标、赶有标准、努力有方向，促使全市各类专业技术人才业务素质的提高。

6. 农村实用技术人才带培工程

按照现代农业发展和新农村建设要求，实施"农村实用人才带头人培养计划"，培养培训一批专业技能高、经营管理能力强、示范带动作用明显的农村实用人才带头人。加强对农业专业大户、农民经纪人和农民专业合作社、专业技术协会、产业化龙头企业负责人的培养，支持他们成为企业家和各领域专家。选拔有培养潜力的农村实用人才带头人培养对象，与省、市、县涉农专家和农技人员结对，增强培养的实效性。加快农村实用人才带头人培养基地建设，发挥好各类农业科技园区、科技示范场、农业产业化龙头企业、专业合作经济组织和技术协会等的作用，指导和支持农村实用人才开展各种农技和经营活动。

7. 技能型人才提升工程

适应我市经济发展和产业发展需要，实施紧缺技能人才培养、青年技能人才培养、首席技师、技能大师工作室和技工院校实训基地建设等计划。依托普洱职业院校每年确定 10 个左右紧缺职业（工种），培养 500 名左右青年技能人才。到 2020 年，全市高技能人才达到 2.5 万人以上，形成 100 名左右有突出贡献的高技能领军人才队伍。

8. 外向型人才培养工程

抓住云南建设面向南亚、东南亚辐射中心和融入孟中印缅经济走廊的机遇，以建立全方位、多层次、宽领域的对外开放格局为战略目标，以扩大对东南亚开放为战略重点，以扩大对南亚开放为战略延伸，以扩大对发达国家开放为关键。引进和培养网络信息服务、企业出入境服务、货物进出口服务、金融保险服务、提供法律服务等方面的人才。到 2020 年，引进外向型高层次人才 100 名，培养综合型外向型人才 5000 名。

9. 民间文化人才培育工程

广泛吸引知名艺术家、文化经纪人、文化企业家来普洱创业。重点培养一批懂经营、善管理的经营管理人才，一批掌握现代传媒技术的民族文化领军人才，多层次、多途径培养民族民间文化的传承人。加强文化载体和基础设施建设投入，积极搭建民族民间文化人才发挥作用的平台。到 2020 年，国家级民族民间文化传承人达到 20 名，省级民族民间文化传承人达到 200 名，市级民族民间文化传承人达到 300 名。

五　普洱人才发展的保障措施

人才培养措施。建立政府指导下以企业为主体、市场为导向、多种形式的产学研战略联盟，通过共建科技创新平台、开展合作教育、共同实施重大项目等方式，培养高层次人才和创新团队。建立高等学校、科研院所、企业高层次人才双向交流制度。建立多元化的投入渠道，发挥高等学校、科研院所和企业的主体作用，实行"人才+项目"的培养模式，依托国家重大人才计划以及云南省重大科研、工程、产业攻关等项目，重视发挥企业作用，在实践中集聚和培养创新人才。

人才流动措施。完善党政人才、企业经营管理人才、专业技术人才交流和挂职锻炼制度，扩大党政机关和国有企事业单位领导人员跨地区跨部门交流任职范围，完善从企事业单位和社会组织中选拔人才制度。提高艰苦边远地区津贴标准，引导高校毕业生到农村和中小企业就业。逐步提高党政机关从基层招录公务员的比例。实施公职人员到基层服务和锻炼的派遣办法。完善科技特派员到农村和企业服务的政策措施。实施城市带农村的人才对口支持措施，引导人才向基层流动。实施高校毕业生基层培养计划，继续做好"三支一扶"和农村义务教育阶段学校教师特设岗位计划等工作。加强少数民族科技骨干和少数民族地区小学"双语"教师特殊培养等工作，为边远少数民族地区提供人才和智力支持。

人才创业措施。促进知识产权质押融资、创业贷款等业务的规范发展，完善支持人才创业的金融政策。完善知识产权、技术等作为资本参股的措施。加大财政贴息力度，扶持创业风险投资基金，支持创办科技型企业，促进科技成果转化和技术转移。加强创业技能培训和创业服务指导，提高创业成功率。继续加大对创业孵化器等基础设施的投入，创建创业服务网络，探索多种组织形式，为人才创业提供服务。制定科研机构、科技人员创办科技型企业的激励保障办法。

人才服务措施。完善政府人才公共服务体系，建立同全国一体化的服务网络。健全人事代理、社会保险代理、企业用工登记、劳动人事争议调解仲裁、人事档案管理、就业服务等公共服务平台，满足人才多样化需求。创新政府提供人才公共服务的方式，建立政府购买公共服务制度，为各类人才安心工作和家庭幸福创造条件。加强对人才公共服务产品的标准化管理，大力开发公共服务产品。支持人才创新创业的资金、项目、信息等公共资源，向非公有制经济组织、新社会组织人才平等开放。

完善培养人才评价机制。充分发挥教育在培养人才方面的基础性、战略性作用。巩固和扩大"两基"攻坚成果，全面提高义务教育普及水平，积极发展职业教育、大力扶持民办教育，提高全市人口受教育的水平。鼓励学校、企业、研究机构之间开展多种组合方式培养人才，相互共建重点实验室、研究基地、工程中心、研发中心，促进产学研人才双向流动。构建以科学合理的人才标准、完善准确的人才评价指标、严密规范的人才评价程序、简便适用的人才评价方法为主要内容的人才评价体系。坚持在实践和群众中识别人才、使用人才，在重大科研、工程项目实施和急难险重工作中发现人才、重用人才的机制，建立举才荐才的社会化机制。

完善人才选拔配置机制。改革人才选拔方式，科学合理配置人才，促进人岗相适、用当其时、人尽其才、才尽其用，形成有利于优秀人才脱颖而出、充分施展才能的选拔配置机制。加快人才市场体系建设，完善市场服务功能，畅通人才流动渠道，建立和完善以政府部门宏观调控、市场主体公平竞争、中介组织提供服务、人才自主择业的人才整合配置机制。逐步打破人才流动的城乡、区域、所有制限制，建立社会化的人才档案公共管理服务系统。加强政府对人才流动的政策引导和宏观调控，建立人才供需预测和调控机制，建立人才需求信息定期发布制度，建立和完善柔性引才机制。制定和完善向重点产业、急需紧缺人才倾斜的人才流动政策，促进人才合理分布、高效配置。

完善人才激励机制。完善分配、激励、保障制度，建立健全与业绩、能力相适应、鼓励人才创新创造、有利于保障人才合法权益的分配激励机制，实现以价值体现价值，用财富回报财富。积极推进收入分配制度改革，逐步提高劳动者报酬占初次分配的比例，对有重大贡献的特殊人才试行年薪制、协议工资制和项目工资制，建立人才资本及科研成果有偿转移制度。健全完善"振兴普洱人才奖"、"市政府特殊津贴专家"等奖励制度，加大对我市经济社会发展做出重大贡献的各类优秀人才及团队的表彰奖励力度。研究制定人才补充保险制度，支持用人单位为人才建立补充养老、医疗保险。扩大对农村、非公有制经济组织人才的社会保障覆盖面。

加大人才培养经费投入。加大对人才发展的投入，将人才发展经费纳入财政预算，确保教育、科技支出增长幅度高于财政经常性收入增长幅度。建立人才开发专项资金，确保人才发展重大项目的实施和高层次人才、急需紧缺人才的培养、引进。建立重大建设项目人才保证制度，提高项目建设中人才开发经费提取比例。扩大财政担保基金规模，完善小额贷款政策，保持大中专毕业生创业基金适度增长。积极引导和推动企业加大对人才开发的投入，督促企事业单位按规定足额提取职工教育培训经费。充分调动各方的积极性，形成政府、社会、用人单位和个人多元投入机制。

营造人才培养良好氛围。大力宣传党和国家人才工作的重大战略思想和方针政策，宣传实施规划的重大意义、目标任务和重大举措，营造全社会关心、支持人才发展的良好社会氛围，创造鼓励人才干事业、支持人才干成事业、帮助人才干好事业的良好环境。

第十四章

科技支撑与绿色发展

推动绿色发展，科技支撑是关键。技术创新和应用有利于资源节约、环境保护，并促进经济、资源、环境和社会系统向良性循环的方向发展，是绿色发展的必然要求。没有技术创新和应用，绿色发展就难以持续健康发展。

一 科技是推动普洱绿色发展的重要支撑

绿色发展就是要改变那种以高资源消耗、过度消费、高污染排放为主要特征的传统的发展方式，实现以合理消费、低消耗、低排放、生态资本不断增加为主要特征的可持续发展，最终实现人与人、人与自然之间的和谐。实现这种发展方式的转变，推动绿色发展，必然要涉及经济结构的调整、产业转型升级、节能减排、环境保护以及绿色经济、低碳经济、循环经济发展、推动经济增长等一系列问题。所有这些问题的解决，都离不开科技创新。科技创新不仅有助于减低能耗、保护环境、维持生态、推动经济增长，而且还作用于经济、社会、环境生态构成的大系统，通过系统内各个部分的相互影响而对绿色、可持续发展产生更为根本的推动作用。因此，推动绿色发展，科技支撑是关键。

从国际上看，无论是发达国家还是新兴经济体，都依靠科技创新来推动绿色发展。以新技术突破为基础的绿色产业变革呈现加速态势，节能环保、清洁生产、新材料等新兴产业已成为世界主要国家积极抢占的制高点。依靠科技创新实现绿色发展，已成为全人类的共同选择。

　　我国政府高度重视科技创新对绿色发展的支撑作用。《国家中长期科学和技术发展规划纲要（2006—2020年）》把"在重点行业和重点城市建立循环经济的技术发展模式，为建设资源节约型和环境友好型社会提供科技支持"作为科学技术发展目标之一。《中共中央国务院关于加快推进生态文明建设的意见》提出要推动科技创新，"加强重大科学技术问题研究，开展能源节约、资源循环利用、新能源开发、污染治理、生态修复等领域关键技术攻关，在基础研究和前沿技术研发方面取得突破"。

　　在普洱绿色发展中，发挥科技的支撑作用显得尤为迫切。普洱是一个欠发达的边疆民族地区，是典型的资源型经济，其产业基本上是一种原料型、资源型产业。长期以来，普洱依赖自然资源开发建立起的经济体系，因科技水平低、技术装备落后，生产经营粗放，资源利用率和加工度低，能耗和生产成本高，对资源的消耗高、浪费大。近几年，普洱市加快了工业化进程，但因历史等客观原因，一时还难以完全改变资源消耗型、粗放型的发展方式，这对自然资源的永续利用带来了巨大压力。因此，转变发展方式是普洱绿色发展的重要任务。

　　应该肯定，普洱在推动绿色发展中，重视绿色发展的技术开发与应用，并取得了积极的成效。特别是华能、天士力、康恩贝、星巴克等中外知名企业陆续进入普洱，增强了普洱科技创新的实力，为普洱绿色发展的崛起奠定了良好的科技基础。

　　但同时也应该看到，普洱市科技投入不足、投入渠道比较单一，研究机构、研究人员不足。据2009年普洱市第二次全国科学研究与试验发展（R&D）资源清查数字：2009年全市有各类研究开发机构18个，有R&D（科学研究与实验发展）人员237人，R&D人员全时当量149人·年，位居全省13位，R&D总经费1116万元，位居全省14位，R&D经费与GDP之比为0.05%，位居全省第15位。[1] 统计数字表明，普洱科学技术研究开发的机构、人员、投入，在全省16个市州中处在后列。这使普洱的科技支撑基础条件薄弱、技术研究开发能力不强，科技在支撑经济和社会发展中的作用尚未得到充分发挥。

---

　　[1]　普洱市统计局：《普洱统计年鉴》（2010），第19页。

在这种情况下，普洱要完全改变传统的发展方式，实现绿色发展、可持续发展，就更加需要重视、发挥科技支撑的作用。依靠科技的力量，将生态资源优势转化为产业优势和经济优势，以科技支撑产业发展、以产业发展带动经济增长，实现科技兴市、工业强市。

二 科技支撑绿色发展的路径选择

在科技支撑绿色发展的路径上，主要有两种选择：一种是选择采用已有的比较成熟的国内外绿色技术推动绿色发展；一种是从地方绿色产业发展需要出发，开展科技的自主创新与研发并加以应用，推动绿色发展。这两种路径选择应该交相并用，共同发挥作用。在节能减排、环境保护方面，可以更多地采用已有的绿色技术，在产业发展方面，应更多地考虑自主研发与创新。

（一）加快成熟适用的绿色技术的选择和推广

绿色技术是指根据环境价值，利用现代科学技术以减少污染、降低消耗和改善生态的技术体系。绿色技术负载着一种新型的人与自然关系，强调防止、治理环境污染，维护自然生态平衡为目的。这种绿色技术在绿色发展中被广泛采用。

一般而言，经济欠发达地区的发展重视发挥后发优势的作用，利用发达地区的发展经验和技术，推动自身发展。普洱是欠发达地区，在经济发展滞后、资金不足、人才缺乏的条件下，选择和应用国内外比较成熟的绿色技术，是推动普洱绿色发展最便捷、最有效的路径选择。重视成熟适用技术引进和推广，积极引进和转化实施一批能快速推动普洱节能减排、环境保护、绿色产业发展的技术，加速科学技术向现实生产力转化。

在绿色技术的选择和应用中，选择是基础，应用是关键。在选择中，一定要做好可行性论证，充分考虑那些既符合普洱节能减排、环境保护、绿色产业发展需要，又符合普洱资金、人才承受能力的技术，避免不必要的浪费。只有这样的技术，才有利于普洱的绿色发展。

（二）开展科技创新

在实施绿色发展中，要结合普洱生态资源优势和产业发展趋向，围绕茶叶、林业、咖啡、烟草、生物药、能源等绿色产业，实施应用研究、重大产业技术攻关、重点新产品研发，大幅提升产业科技水平，推动产业优化升级。在这些方面，近几年，普洱已开展了许多研究与攻关，取得了可喜的成果，科技支撑作用日益明显。

在普洱茶研究方面，通过大力引进人才，增加资金投入，不断加强茶叶科技创新，推动"科学普洱"发展，取得丰硕的普洱茶研究成果。如"普洱茶降糖功能的研究"成果已通过云南省科技厅成果鉴定，被专家鉴定为"达到同类研究的国内领先、国际先进水平"[①]。普洱茶研究开发的重要产品"帝泊洱"即速溶普洱茶珍、普洱茶健康软饮料和普洱因子健康饮品系列产品已出口韩国、日本、美国以及南非等国，已成为普洱茶叶走向世界的重量级品牌，备受国内外消费者青睐。

在咖啡研究方面，普洱茶研究院与长春理工大学合作，开发出咖啡果清洗、筛选、发酵脱胶一体的成套设备，在思茅北归咖啡有限公司进行成果转化，南岛河北归公司生产基地建成 2000 吨鲜果/年咖啡豆标准化、自动化、清洁化初加工生产线。普洱茶研究院与普洱东方生物有限公司合作，对咖啡系列日化用品进行产品产业化生产，取得很好的效益。普洱市制定下发了《普洱市咖啡初加工管理办法（试行）》，组织修订了《云南省高原特色农业普洱咖啡地方标准》，全力推进普洱咖啡的标准化建设，不断提高咖啡质量。2013 年，全市建成 22 个市级标准咖啡初加工厂。

在生物药业研究方面，铁皮石斛的研究取得重大突破。2013 年，普洱茶研究院联合云南农业大学，在中国科学院昆明动物研究所的技术支持下，在国际上首次完成铁皮石斛全基因组测序工作，绘制铁皮石斛的全基因精细图谱。铁皮石斛基因组精细图谱的绘制完成，标志着铁皮石斛研究进入基因时代，同时也开启了我国药用植物基因组研究的新纪

[①]　普洱市人民政府办公室、普洱市地方志编纂委员会：《普洱年鉴》（2014），云南人民出版社 2014 年版，第 249 页。

元。此外，石斛在抗衰老、伤口愈合等方面的研究取得新进展，为石斛
产品开发迈出了坚实步伐；铁皮石斛品种选育取得进展，普洱一号、普
洱二号获得命名，其优良性状反映较好，为良种推广打下了坚实基
础。[1]

众所周知，近几年普洱的绿色产业发展十分迅速，规模不断扩大，
产值不断攀升，绿色产业产值在全市生产总值的比重逐年增大，呈现出
绿色产业发展的良好态势。这一方面得益于绿色产业种植规模的不断扩
大而产生的规模效应；另一方面得益于围绕绿色产业开展的科技创新而
产生的科技效应。不过，可以预见的是，在今后普洱绿色产业发展中，
随着"生态立市、绿色发展"战略的进一步实施，生态保护的强力推
进，绿色产业种植规模的约束性会有所加强，种植达到一定规模后将会
得到适度控制。普洱产业的发展将从规模拓展与科技创新并进推动产业
发展到以科技创新为主推动产业升级发展的转变，在科技研发创新的基
础上发展精加工、深加工产业，增强产品的科技含量和附加值，推动绿
色产业持续发展。在这种条件下，围绕普洱绿色产业，加快应用研究、
重大产业技术攻关、新产品研发，推动产业优化升级就显得更为重要、
更为迫切，也是最佳的选择。要通过科技创新，突破一批对茶产业、林
产业、水电产业、矿产业、咖啡产业、烟草产业、生物药业等重点产
业、重点企业发展有重大支撑作用的核心技术和关键技术，形成一批具
有地方特色和优势的高新技术产业，应用高新技术改造提升传统产业取
得更大的进展，以科技进步和技术创新引领支柱产业、骨干产业和新兴
产业发展，为实现普洱绿色发展提供科技支撑。

三 实现科技支撑绿色发展的保障措施

发挥科技在绿色发展中的支撑作用，要靠政府引导和市场调节，发
挥企业、研究机构、高等院校在技术创新中的作用，建立健全科技创新

---

[1] 普洱市人民政府办公室、普洱市地方志编纂委员会：《普洱年鉴》(2014)，云南人民出版
社 2014 年版，第 249 页。

保障体系。

（一）发挥政府在科技创新与应用中的主导作用

1. 完善科技创新的政策环境

良好的政策环境对于开展技术攻关、新产品研发及促进成果转换具有积极作用。普洱市通过研究制定一系列科技政策措施，为技术攻关、新产品研发及促进成果转换营造了良好的创新创业环境。近几年，普洱市制定了《中共普洱市委普洱市人民政府贯彻落实〈中共云南省委、云南省人民政府关于加快实施创新驱动发展战略的意见〉的实施意见》、《中共普洱市委普洱市人民政府关于实施建设创新型普洱行动计划（2013—2017年）的决定》等文件，规划、引导实施创新驱动发展战略，建设创新型普洱。制定了《普洱市科技计划项目管理办法（暂行）》，重新修改完善《普洱市科学技术奖励办法》、《普洱市科学技术奖励办法实施细则》，提高科技进步奖励金额，增加科技奖励项目数量，扩大奖励面，由两年奖励一次改为一年奖励一次。还制定了《普洱市科技创新贷款贴息资金管理办法》，鼓励企业科技创新和银行资金投入到科技创新中。这些文件和政策的制定，为普洱科技创新提供了良好的政策保障。今后需要进一步健全和完善科技创新的风险投资、税收、协作创新、产学研一体化等方面的政策体系。

2. 搭建科技创新服务平台

科技创新服务平台既是聚集、培养、发展绿色科技创新人才的基地，也是进行绿色技术的研发创新基地。要根据绿色发展的需要，在组建普洱茶产业技术创新战略联盟的基础上，应尽快成立林业、生物医药等产学研的技术创新战略联盟，支持企业设立院士工作站和专家工作站，建立国家、省级绿色发展相关重点实验室、工程技术中心、科技实验基地和科技企业孵化器，以此为平台开展绿色产业的重大产业技术攻关、新产品研发，推进科技成果转化。加强科技信息与科技服务体系建设，建立普洱市和县（区）科技信息和科技服务中心，健全和完善基层科技推广服务机构，加快数字科技信息平台和网络科技服务平台建设，打造科技创新、推广服务体系。

3. 发挥政府在科技投入中的引导作用

加快建立科技投入稳定增长机制，确保财政科技投入的增幅高于同级财政经常性收入的增幅且不低于 10%。进一步发挥政府科技投入在全社会科技投入中的引导作用，加强对企业技术创新、科技创业的补助、贴息、奖励、创业投资引导、风险补偿等，引导带动更多企业、金融机构和社会资金投入科技研发创新。

4. 加大实用技术培训

发展绿色产业，需要大批具有科技素质和技能的劳动者。开展使用技术培训，让越来越多的劳动者掌握绿色产业发展的实用技术，提高科技素质和技能，是推动绿色产业发展的一项基础性的工作。结合普洱市"5+6"产业集群，组织各类实用技术培训，提高种养殖户的种养技术，为普洱绿色产业的持续发展提供技术支撑。近几年，普洱市认真做好各类实用技术培训工作，培训规模不断扩大，参训人员不断增多。今后各类实用技术培训，要增加培训的针对性和有效性，要把课堂教学、现场培训、视频录像等多种教学形式结合起来，充分利用电视、计算机网络、多媒体等现代教学手段，对适合当地产业发展的新技术、新品种进行培训推广，努力做到培训一批人员，推广一项技术，发展一项产业，振兴一方经济。

5. 加强科技知识的宣传普及

科技知识的宣传普及是提升全民科学素质的有效形式。普洱高度重视科技知识的宣传普及工作，积极探索科技知识的宣传普及工作形式，开展"三下乡"、"科技活动周"、"知识产权宣传周"等活动，采取媒体宣传、橱窗宣传、科普展览、科技入校园等多种形式，在全社会大力弘扬科学精神，宣传科学思想，推广科学方法，普及科学知识，不断提高全民科学素质。发挥非政府组织在科技知识宣传普及中的作用。2013年普洱市有市直科技学会、协会 35 个，会员 25000 人，占全市科技人员总数的 66.09%，在学术交流、决策咨询、科学普及等方面发挥着积极作用。① 更为重要的是，2013 年普洱市有农村专业技术协会 230 个，

---

① 普洱市人民政府办公室、普洱市地方志编纂委员会：《普洱年鉴》(2014)，云南人民出版社 2014 年版，第 136 页。

会员人数 31310 人，在科技推广与普及方面发挥了积极作用。① 这说明各类科技学会、协会已成为科技推广、科学知识普及的一支重要力量。普洱要继续鼓励、支持各类科技学会、协会加强科技知识的宣传普及，为提高公民的科学素质，营造良好的社会氛围做出更大的贡献。

（二）发挥企业、高校、科研院所的作用

企业是科技创新与应用的主体，在科技创新与应用中占有重要的地位。在普洱茶产业、咖啡产业、林产业等产业发展中，企业的科技创新起到非常大的推动作用。产业发展中大多数重要技术攻关、突破，新产品的研发，是以企业为主体实现的。今后普洱的绿色产业发展，企业的科技创新依然是推动发展的最重要的因素。积极采用新工艺、新技术、新装备、新材料，推进企业技术改造，提升企业技术装备水平。严格执行云南省确定的"对新设立科技型企业，实施'非禁即入'的市场准入政策，鼓励以专利、非专利技术等出资，最高可占到注册资本的70%。我省科技人员创办科技型企业，注册资本在 10 万元以下，按照工商登记管理有关规定可实行'自主首付'办理注册等级的，其余出资 2 年内缴足"② 等鼓励创办科技型企业的有关政策，鼓励创办科技型企业。采取优惠政策吸引符合普洱产业技术发展方向、有利于推动普洱绿色发展的并拥有自主知识产权、创新能力强的省内外科技型中小企业落户普洱。鼓励企业结合产业发展开展科技研发创新，不断提高自主创新的能力。加大科技型企业培育发展力度，扶持普洱市已认定的高新技术企业和创新型试点企业加快发展，发挥它们在科技创新中的骨干作用和引领作用；切实做好高新技术企业认定和创新型试点企业的培育、申报、认定工作，不断扩大高新技术企业和创新型企业，发挥企业科技创新的集群效应。

高校作为科技的创造、传播和应用者，已成为科技创新体系的一支重要力量，在科技创新中起着越来越重要的作用。普洱要利用高校人才

---

① 普洱市人民政府办公室、普洱市地方志编纂委员会：《普洱年鉴》（2014），云南人民出版社 2014 年版，第 136 页。

② 《中共云南省委、云南省人民政府关于加快实施创新驱动发展战略的意见》 （云发〔2013〕8 号）。

资源丰富，学科门类齐全的优势，发挥高校在绿色发展基础性研究中的作用，为绿色发展、可持续发展夯实基础，同时，高校作为人才培养重要基地，能为提升绿色科技创新提供人才支撑。今后，普洱要进一步加强与高校的合作，以科技攻关、科技人才培养为主线，拓展合作方式，扩大合作范围，为普洱绿色发展提供知识、科技、人才支撑，推动普洱绿色发展。

发挥科研院所在推动绿色发展中的作用。近几年，普洱根据产业发展的需要，不断调整科研院所，2013 年，全市有独立科研与技术开发机构 6 个，从业人员 231 人，其中专业技术人员 181 人。① 虽然普洱科学研究机构、从业人员相对较少，但围绕普洱"5+6"绿色产业发展的技术创新和产品研发方面做出了重要贡献。如普洱茶研究院在普洱茶、咖啡、石斛等应用基础研究、新技术、新产品研发上取得重要成果，为普洱绿色产业发展，推动普洱绿色发展做出了重要贡献。因此，科研院所的科技创新是科技支撑普洱绿色发展的重要力量。

发挥企业、高校、科研院所的科技创新力量、科技创新成果对普洱绿色发展的支撑作用，关键是要围绕普洱"5+6"产业群，构建产业技术创新战略联盟，建立企业为主体，高校、科研院所参加的产学研相结合的技术创新合力机制，整合企业、高校、科研院所的资源，形成合力，推动科技创新及成果转化。

（三）加强对外科技合作与交流

加强对外交流合作，是推动科技创新发展，发挥科技支撑绿色发展的需要。普洱根据本地自然资源丰富而科技力量薄弱的实际，实施"走出去，请进来"的战略，采取多种形式引进技术、引进人才，不断加强同科研机构、高等院校、发达地区及国际的多层次、多领域的科技交流与合作，促进科技与经济的结合。首先，深化与上海的合作，设立普洱上海科技服务中心。普洱上海科技服务中心是上海市科委和普洱市政府共建的科技事业单位，是上海市人民政府对口帮扶云南省普洱市的重要

---

① 《2013 年普洱市国民经济和社会发展统计公报》，《普洱统计年鉴》（2013），云南人民出版社 2012 年版，第 13 页。

援建项目之一，是滇沪科技合作交流的产物，是普洱市与上海、国内其他地区以及周边国家进行科技合作交流的一个平台。其次，加大与省内外高校的合作，与吉林大学、清华大学、长春理工大学、云南农业大学等省内外大学建立科技合作，开展技术攻关和产品研发。再次，加大国外科技合作与交流，2011 年，普洱上海科技服务中心在老挝琅勃拉邦省设立"老挝琅勃拉邦技术转移服务中心"，通过"老挝琅勃拉邦技术转移服务中心"项目的实施，内引外联、组织专家考察论证、提供咨询服务，积极引导和推动相关企业到老挝开展农、林、牧、水电、矿等产业的开发及境外罂粟替代种植，促进中老双方人才、信息、技术、经贸等方面的合作与交流，为中方人员、科技单位、企业出入境、境外罂粟替代种植项目申报、在老方注册公司提供配套服务。① 2013 年，在老挝琅勃拉邦省设立"普洱上海科技服务中心驻老挝琅勃拉邦省办事处"，在万象省设立"万象省农业和服务园区科技合作项目部"，组建"普洱上海科技服务中心驻老挝万象市办事处"② 在与周边国家的合作中发挥了桥梁纽带作用。此外，一些企业也与老挝万象省、乌多姆赛省在农业、林业方面开展交流与合作。这些交流与合作，为普洱绿色发展奠定了良好的基础。

（四）加强专利申请与知识产权保护

近几年来，普洱市在专利申请方面做了许多工作，取得可喜的成绩，获准专利授权项逐年增多。2010 年普洱市获准专利授权 44 项，2011 年获准专利授权 52 项，2012 年获准专利授权 92 项，2013 年获准专利授权 119 项。在专利申请与知识产权保护方面，普洱已形成了很好的工作模式，这种模式主要表现在：一是把专利纳入科技奖励范围给予奖励，提高专利在评奖中的权重，较好地调动了企业和科技人员科技创新的积极性，进一步提高了专利申报的数量和质量。二是大力开展知识产权培训和宣传。组织各相关单位、企业参加全国、全省知识产权、专

---

① 普洱市人民政府办公室、普洱市地方志编纂委员会：《普洱年鉴》（2012），云南人民出版社 2012 年版，第 296 页。

② 普洱市人民政府办公室、普洱市地方志编纂委员会：《普洱年鉴》（2014），云南人民出版社 2014 年版，第 370 页。

利申报等培训，充分利用知识产权宣传周、科技活动周及知识产权进校园活动，广泛开展知识产权的宣传，营造尊重知识、尊重创新的氛围。三是积极主动地做好专利申报工作，使申报的数量及获得专利授权项逐年增多。四是开展专项执法，查处专利侵权行为，切实保护专利权人的合法权益，维护市场经济秩序。五是以提高企业竞争力为切入点，多层次开展企业知识产权和专利资助等工作。六是建立健全知识产权工作制度，制定出台了《普洱市贯彻〈国家知识产权战略纲要〉实施意见》、《普洱市科学技术局（知识产权局）行政处罚自由裁量基准制度》，保障知识产权保护工作的有序发展。这些对科技创新发展起到积极作用，有利于发挥科技对普洱绿色发展的支撑作用。今后，需要坚持这些做法，并不断创新，推动专利申请与知识产权保护工作的开展，为普洱科技创新及科技支撑绿色发展发挥更大的作用。

（五）加快科技创新成果转化

科技成果转化是指对科学研究与技术开发所产生的具有实用价值的科技成果所进行的后续的试验、开发、应用、推广直至形成新产品、新工艺、新材料，发展新产业等活动。科技成果转化是科技成果转变为现实生产力的重要途径，是科技与经济结合的最好形式，对推动产业发展，进而推动经济发展具有重要作用。

发挥科技对普洱绿色发展的支撑作用，开展科学研究，取得科技成果固然重要，但科技成果的开发、应用、推广同样重要。前者是发挥科技对普洱绿色发展支撑作用的前提与基础，没有科学研究及成果，支撑的作用就无法发挥；后者是发挥科技对普洱绿色发展支撑作用的必然要求，没用科技成果的开发、应用、推广，再好的科技成果也难以发挥支撑作用。因此，加快科技创新成果的转化，对于发挥科技对普洱绿色发展的支撑作用十分重要。

对如何加快科技创新成果的转化，《中共云南省委、云南省人民政府关于加快实施创新驱动发展战略的意见》做出了明确规定：第一，设立规模不低于10亿元云南省科技成果转化与创业投基金。省财政每年安排3亿元的引导基金，吸引风险投资公司、商业银行以及其他社会资金为转化科技成果的企业提供股权投资。第二，促进企业为主体实施科技成果转化。支持企业与科研院所、高校联合建立科技成果转化基地，实施重大科技成果产业化等，对我省企业经技术合同登记购买省内外科研院所、高校重大科技成果，在省内转化成功且取得明显经济社会效益的，按照实际技术交易额的 10% 给予资金补助，补助金额最高可达 500 万元。支持企业开发新产品，对拥有省级以上认定重点新产品的企业，按其新产品销售收入对地方财政的贡献给予相应额度的专项资金扶持，用于企业加大研发投入。第三，促进拥有自主知识产权的成果转化。鼓励优先采购我省具有自主知识产权的产品、设备等，对首购首用我省科技型企业创制的高新技术新产品的，实行首购首用风险补偿，经认定，按照购置金额的 10% 给予一次性风险补偿，补助金额最高可达 500 万元。第四，鼓励科技人员实施科技成果转化。科研院所、高校等单位对其持有的科技成果进行转化、创办企业，其知识产权等无形资产所占的技术股份可按至少 50%、最多 70% 的比例折算，奖励给参与研发的科技人员持有，或按相应比例参与分红，奖励的股权按规定暂不征收个人所得税。这些规定，为普洱加速科技成果转化，发挥科技对绿色发展的支撑作用提供了政策保障。普洱要用好这些政策，并结合普洱实际，采取更加有力的措施，加速科技创新成果的转化，有力地推动普洱绿色发展。

第十五章

法治建设与绿色发展

普洱绿色发展不仅需要国家的政策支持、资金的扶持、产业支撑，更需要法治的保障，需要高效、公正的法治环境。从法治意识的培养、立法权的合理配置、使用，严格执法、公正司法出发，为普洱绿色发展保驾护航，对普洱的绿色发展、科学发展和跨越发展有重要的促进作用。

一　做好普法工作，培养法治意识

（一）做好普法工作，建设法治普洱

普法特指国家司法行政机关、社会组织、个人向社会公众宣扬和传播法律知识，以提高社会法治意识的行为。从普法主体上看，对普法工作负有国家确定的职责的单位主要是国家司法行政机关，也就是各级司法局。其次，是其他国家机关就所涉及的行业部门法进行传播，各级社会组织包括律师协会、消费者协会以及高等法学院校，虽然没有法定职责，但是基于其所处行业的特殊性，也是国家普法宣传的重要力量。此外，随着新兴媒体的发展，电视、网络为了提高自己的知名度也会在特定时间（"3·15"、"12·4"、"6·26"）宣传法律，近年来中央电视台"今日说法"栏目采用以案说法的形式获得了民众的高度认可，在普法工作中具有不可或缺的地位。另外，任何具备一定法律知识的个人都可以通过自己特有的方式向社会普及法律知识。至于普法的内容既包括法的基本原则、理念、价值，也包括宪法、民法、刑法、商法等具体

的部门法，从法的效力层次来看，既包括根本大法宪法，也包括地方性法律。普法的目的则是统一的，即通过法律知识的传播，培养公民的法律意识，树立公平正义的法治观念。

市场经济是法治经济，没有完善的法治体系就不可能建立起充满活力的市场经济，市场经济中需要依法办事。但依法办事的前提是公民具有一定的法治意识。现实中，在普洱广大民族贫困地区，基层群众由于缺乏法律意识，不懂法律，甚至经常被一些投机分子欺骗，在市场竞争中处于劣势。法治意识的缺乏削弱了普洱边疆少数民族地区在市场中的竞争力，影响了民族地区的长远发展。大量贫困人口的存在影响了中国全面建成小康社会的步伐。可以说没有各民族的共同发展，就无法实现中华民族全面复兴的中国梦，也不可能建成国家绿色经济试验示范区。而这一切都需要从树立法治意识、学习法律知识做起，边疆民族地方需要全面开展普法宣传，需要以法治的武器为群众保驾护航。

在市场经济浪潮中，要促进广大少数民族地区发展，首先必须让广大民众懂得市场经济运行的基本规则（法律），让他们在依法行为的过程中，维护自己的利益，保证自己和社会各界在竞争中处于平等的地位，在市场竞争中获得自己的生存空间。在广大民族地区全面开展普法运动是一件迫在眉睫的大事。

（二）抓住重点，扎实开展普法活动

要全面培养公民法治理念，树立法律意识，掌握市场经济的运行规则需要在全市范围内开展扎实有效的普法活动。通过普法，传播法的精神、价值、理念，通过普法使人民群众知法、守法，把法律作为行为的准则。

加大监督考核力度，确保普法工作实效。要促进普洱绿色发展，加强普法机关普法工作实效，需要充分发挥各级司法行政机关的普法主渠道作用。要保证普法工作实效，需要加大对司法行政机关普法工作成效的监督考核，根据工作成效对普法机关进行奖惩。

国家各级司法行政机关是法定的承担普法工作的行政机关，司法行政机关有专门的普法经费、人员和物资，应该在国家建设过程中充分发挥主导作用。国家司法行政机关在中央设有司法部，在省、自治区、直

辖市设有司法厅，在地级市和县一级政府设有司法局，在乡镇设有司法所，为了推进普法工作和矛盾化解，现在乡镇司法所所长都按副科行政级别设立，从中央到乡镇的健全组织机构有利于司法行政机关开展好普法工作。

基于法律的规定和法治国家建设的需要，司法行政机关一直以来将普法工作纳入自己的中心工作，积极开展法治宣传与普及。然而各地司法行政机关由于条件和人员构成不同，在普法工作中的成效也相差较大，尤其是在普洱这样的边疆民族地区，部分地方司法行政机关深入民众，用心化解基层矛盾纠纷，认真向群众普及法律常识，促进了公民法律意识的增强，得到了基层民族的高度认可，成了地方经济社会发展的重要保障力量。而部分司法行政机关，由于经济条件的限制、人员的限制以及国家缺乏对普洱工作成效考核的有力措施，普法工作流于形式，普法工作主要表现为在每年的"12·4"和"3·15"写标语、发传单，普法活动既未考虑民众的真实需要，也未进行合理的设计，普法活动成效不明显，社会认可度不高。

中国共产党十八届四中全会专门就加强国家法治建设进行了专门研究，并发布了公告和决定，根据公告和决定要进一步加强法治教育，要从小学生开始加强法治教育，要求小学、中学都配备法治课教师，专门负责开展法治教育，引导中小学生从小树立法治意识、公民意识，但是因师资缺乏等种种原因，中小学的法治教育未能广泛开展起来，法治课也没有列入相应的考核体系。

要避免普法工作流于形式，加强普法工作的实效，必须制定行之有效的考核标准，每一年度对普法工作实效以及学校的法治教育成果进行检查考核，凡是普法实效达不到标准的，普法部门工作人员年终考核不合格，而且必须返工重新来做，凡是学校法治教育工作达不到考核要求的，学校领导要受到惩处。普洱国家绿色试验示范区的建设不是一件长期的久久为功的工作，我们要通过长期的努力培养知法、守法的新公民。

（三）注重普法方式和内容，增强普法工作实效

不同的普法对象对法律知识的掌握不同，接受方式也不同，需要我们予以区别对待。要做好普法工作，需要我们研究普法的对象，根据不同的对象采用不同的方法和方式，根据普法对象的不同进行内容设计，不断提高普法工作的效力。

针对普洱广大的少数民族聚居区，很多村民不会写汉字、不会说汉语，对于法律更是一无所知，用常规的方法去普法根本无法开展。在众多少数民族山寨，日常矛盾纠纷主要依靠村组干部，村组干部自身对法律知识的知晓程度直接决定了法律在少数民族村寨中被运用和遵守的情况。在少数民族村寨普法需要我们抓住重点，将有一定文化基础懂汉语的村组干部作为普法的重点。通过少数民族精英将法治意识、法律知识植入少数民族地区民众的日常生活中。所以县级司法行政部门在普法过程中一定要对村组干部予以特别重视，将村组干部集中起来进行民事、刑事和婚姻家庭法律知识的培训，并对学习效果好，运用法律解决纠纷成效明显的村组干部予以特别奖励，通过村组干部这个重点，将现代法治意识带入少数民族村寨，同时也通过村组干部学习法律知识，增强少数民族村寨在市场经济中的自我保护能力，增强少数民族群众的权利意识，更好地适应市场经济发展的需要。

中小学生是国家的未来、民族的未来，更是普洱未来的建设者和生力军，中小学生对法律的认知程度决定着未来若干年普洱的法治建设水平，他们是普法工作的重点对象。普洱市应该积极按照中央的要求在中小学开设法治课，让中小学生从小就知道法律的规定，树立守法意识，自觉把国家的法律作为自己行为的标准，从小形成知法守法的好习惯。当然要在所有学校全部配齐法治课教师在短期内是不可能的，中小学校可以对法治课教师的聘任采取灵活方式，可以聘请司法行政机关工作人员、司法机关工作人员、律师作为中小学法治课教师，采用灵活的授课方式，学习法律知识，培养法律意识。

不同的人群对于法律有不同的要求，对于公司企业高级管理人员不仅要遵守一般的民事、刑事法律，还要学会商事法律、遵守商事行为规则，不得滥用权力损害他人利益，对于他们来讲需要举办一些研修班、沙龙，甚至可以采用有偿的方式要求他们来学习；对于国家机关领导干部，则要学好宪法、行政法，严格按照行政法律规定行使职权，禁止滥用职权，对于他们的学习既要提供条件，更要加强考核，凡是考核不合格的要重新学习，甚至可以进行行政处分；对于进城务工男女青年则要强调基本民事、刑事以及劳动法律的学习，通过学习使之树立法律意识，增强权利意识；对于农村尤其是民族聚居区的村组干部要进行全方位的培训，他们对法律的认可和运用程度，将直接决定民族地区对法律的接受和运用程度。

（四）积极运用现代新媒体，推动法律知识的传播

随着新型媒体的发展，普法的形式也变得更加多样和生动，中央电视台的"今日说法"栏目就因采用以案说法的形式，得到了民众的普遍认同，在普法工作中起到了重要促进作用。随着互联网的日益普及，用互联网方式传播普及法律知识也变得更加便捷和有效，部分司法行政机关采用微博、微信公众平台宣传法律知识，既有利于群众通过便捷的方式获得法律知识，也有利于司法行政机关与民众之间进行良好的沟通，取得了较好的普法效果。普洱电视台法治栏目虽然起步晚，但因为从普洱人身边发生的案例出发，也取得了很大的成效，获得了一定的认可。另外一些地方通过网络课堂的方式向民众开放法律课堂也为民众学习法律知识提供了方便，取得了一定的成效。有些地方采用地方剧的形式讲述案件，传播法律知识也获得了一些效果。

二 完善绿色发展的地方立法体系

党的十八届四中全会赋予了设区市以立法权，普洱市获得了地方性法规的立法权，同时普洱市下辖九县一区，9 个县都属于少数民族自治县，具有制定自治条例和单行条例的权力，普洱市可以在建立与国家绿色经济试验示范区相适应的地方立法上大有作为，能够制定适合普洱地方经济社会发展的地方性法规。对于普洱市的立法可以从以下几个方面予以加强。

（一）制定森林植被保护的法律法规，保护普洱的生物多样性

普洱市之所以被国务院批准建设国家绿色经济试验示范区，一个重

要的原因在于普洱有傲视全国的绿水青山，普洱的森林覆盖面积较高，森林资源较为丰富，具有一定的示范作用。普洱森林资源之所以保存相对完好，一方面是少数民族传统的观念里面对森林资源的珍视，认为森林是生命的起源，有森林保护的传统，另外一个重要的原因是普洱经济发展水平落后，交通设施不发达，原始森林受到破坏相对较小。如今随着国家战略的变化，特别随着国家"一带一路"战略的实施、孟中印缅经济走廊建设、大湄公河次区域经济区建设，普洱从改革开放的后方，变成了国家对外开放的黄金前沿，是云南省建设面向南亚、东南亚辐射中心的前沿阵地。经济建设也取得了一定的成绩，加之橡胶、咖啡、茶叶等产业优势的凸显，森林资源开发利用加剧，农民想通过毁林开荒种植橡胶、咖啡、茶叶、香蕉等经济作物，商人想通过砍伐森林中珍贵树木获利，一些地方种植烤烟需要大量砍伐树木作为燃料烘烤烟叶，工业的发展也有向森林要地的趋势，森林资源的保护面临着各种挑战。而普洱之所以能够被国家批准成为唯一的绿色经济试验示范区，一个重要的原因就是因为普洱有保护得相对完好的森林植被，如果森林植被被破坏，普洱绿色发展的基础被动摇，普洱的国家绿色经济试验示范区建设就不可能取得成功，保护好普洱的绿水青山是普洱建成国家绿色经济试验示范区的本质要求。

保护森林资源有森林法、草法、水法等法律的规定，按理说只要严格执行国家制定的法律就能保护好普洱的森林植被，但事实上在各种利益的争夺下，与森林有关的利益相关人总会通过各种方法进行变通，想方设法绕过国家法律，通过破坏森林资源获取利益。现在对森林资源破坏最为严重的几种行为主要表现为：通过割松香毁坏森林；以发展林下经济为由，在森林中种植茶树、咖啡树、橡胶树，然后通过各种方法将林木弄死，最后将森林变成咖啡地、橡胶地、茶地；通过少批多砍、未批先砍方式毁坏林业资源；通过套种桉树这种速生林方式砍伐森林；通过蚕食的方式毁坏森林，将森林改为耕地；矿山开采过程中缺少对森林资源保护，因矿毁林的现象在一定程度上存在。在利益的驱使下，上述各种毁林的手段对森林资源造成了重大破坏，大片原始森林面临着被毁的危险，一些原本古树参天的林区已经变成了橡胶地和咖啡地。

要保护好普洱的森林资源除了遵守国家制定的法律外，普洱市可以利用自己的立法权，在林业资源利用、林下种植以及林地保持方面制定地方性法规，以保护好普洱的森林资源。在立法时从普洱的实际出发，对于林地的标准进行明确的界定，防止毁林开荒，对森林的砍伐、间伐和采伐进一步厘清，防止少批多砍、未批先砍，对于林下种植必须是在保证森林存在的基础上种植，防止以林下种植之名，行毁林开荒之实，对于烤烟等需要大量薪柴的行业，进行严格的监控，防止为了一时的经济利益造成森林的毁坏，最终毁坏森林资源。

在农业发展中，严格规定剧毒农药的使用，防止大量农药的使用对土壤和水流造成污染，防止剧毒农药对土地、水流的污染。同时，积极引导农民减少对化肥的使用，积极发展高原特色生态农业，发挥资源优势，生产优质、绿色农产品，促进社会发展。

（二）工业发展方面的立法保护

世界经济的发展都有自己的规律，普洱市作为一个边疆民族地区，在经济发展的阶段上来说，尚未完成工业化的历程，虽然我们提出了绿色发展，并被批准为建设国家绿色经济试验示范区，但是工业化这一发展的重要步骤，我们无法逾越。在经济落后的地方如何在保护好绿水青山的同时，促进地方经济社会的发展，是一个难题，也是国家批准普洱成为国家唯一一个绿色经济试验示范区必须要去探索的内容。

要发展绿色经济，我们必须杜绝高污染、高能耗企业的成立和发展，同时对于地方经济发展所必要的产业，地方必须严格监管，根据普洱国家绿色经济试验示范区建设的需要，直接以地方立法的形式拒绝高污染企业的成立，对于一般类型的企业实施严于国家的排污标准，凡是不具备污染性废水、废气、废渣处理能力的企业一律关停，对于企业购买工业污染物处理设备和技术的给予资金和政策支持，并在建设用地审批、金融支持、项目审批上进行优先支持。对于损坏环境、恶意排污的企业依法进行严厉查处。

以地方性立法促进旅游、生物制药、水电、计算机软件等对环境污染较少行业的发展。普洱市环境污染较大的重工业相对较少，得益于此，普洱市的生态环境相对较好，但是对环境污染较小的现代信息产业和第三产业发展相对滞后，这既是我们的弱势也是我们的后发优势，我们可以以地方立法的形势，对旅游业、电子信息产业和通信业相关企业进行倾斜性支持，吸引更多企业到普洱落地生根，既促进普洱经济发展，也避免普洱市的环境污染。

（三）民众生活中的立法引导

国家绿色经济试验示范区的建设，不仅要求普洱市要建立与绿色经济发展相适应的产业体系，还需要普洱全体人民养成绿色生活的习惯，培养有现代生态文明意识的公民。普洱市可以立法引导民众形成良好的生活习性。

制定关于生活垃圾处理的地方性法规。普洱市虽然生态环境保持较好，但是随着普洱市市区人口的增加和生活水平提高带来的物质消费的增加，普洱市目前的生活垃圾已经开始对生态环境造成了影响。生活垃圾不可能杜绝，但是对于生活垃圾的分类处理却是现实可行的，但目前普洱市并没有专门的可回收垃圾的处理企业，这一方面使大量原本可以对人民生活发生积极作用的可回收垃圾白白浪费掉，同时可回收垃圾和不可回收垃圾一并处理，还增加了垃圾处理的成本，浪费了能源。普洱市立法机构可以制定相应的法律，从政策上对于可回收垃圾处理的企业予以税费减免和相应资金支持，确保有人愿意做垃圾回收处理的事。同时对于民众生活消费习惯进行引导，引导民众形成垃圾分类的习惯，可以在地方性立法中，通过立法方式对于垃圾进行分类的民众给予一定的物质奖励。通过奖励引领社会风气，形成自觉将垃圾进行分类的良好生活习惯。

制定法律法规支持绿色环保出行，降低尾气排放对空气造成的污染。随着经济的发展和人民生活水平的提高，轿车已经进入了寻常百姓家。生活在市区的家庭基本上都有了轿车，随着轿车数量的急剧增加，轿车尾气对空气的污染也日益严重，人们明显感到道路两旁尾气对空气的污染。作为小城市虽然还没有必要和北京、上海一样实施摇号限行政策，但是通过立法鼓励市民能步行上班尽量不开车上班，能够骑自行车环保出行的就不启用轿车，不仅会降低汽车尾气对环境的污染，还能提高市民的健康水平。

（四）发挥民族自治地方的自治权，制定适宜地方发展需要的自治法规

普洱地处边疆，少数民族人口众多，下辖的九县一区，9 个县为少数民族自治县。为充分尊重各民族的自治权，根据宪法规定各民族自治县有权根据民族自治的需要制定在自治地方施行的自治条例和单行条例。

国家之所以在民族自治地方赋予自治地方自治条例和单行条例的制定权，原因在于民族自治地方在长期的历史发展过程中形成了本地区特有的生活规则，此类规则和少数民族的生活习惯密切相连，需要予以保留。普洱的 9 个民族自治县居住的大多属于直接从原始社会过渡到社会主义的直过民族，虽然经济、文化、教育落后，但是在长期的发展过程中有自己特有的规则，改变这些规则不仅会对民族的生产生活造成影响，甚至还会影响民族文化的保护和传承。而且很多规则虽然是朴实的一些道理，却和现代法治精神是一致的，我们要想促进民族地区的发展，可以对在少数民族生活中一直为人民所认同并遵守的规则进行整理，以自治条例或者单行条例的形式确定其效力。通过制定自治法规，一方面可以减少和降低法律实施的成本，另一方面有利于获得少数民族对法律的认同，提高守法的自觉性和积极性。同时也对各少数民族一直以来确信的善良规则给予法律的地位，促进少数民族地区法治意识的提高。

三　加强行政执法，护航绿色发展

行政执法是指建立在近代国家权力的立法、执法、司法三分立的基础上的国家行政机关和法律委托的组织及其公职人员依照法定职权和程序行使行政管理权，贯彻实施国家立法机关所制定的法律的活动。执法主体具有法定性和国家代表性，执法具有主动性、单方意志性和极大的自由裁量性。国家机关及法律法规授权组织通过行政执法能实施法律的功能、实现政府管理的职能、保障公民权利的功能。行政执法以合法、合理性、正当程序、效率、诚实守信为基本原则。行政执法的好坏决定着一个地方法治环境的好坏和法治水平的高低，普洱目前正处于改革发展和建立法治社会的攻坚期，严格执法、公正执法，创造良好的执法环境，对于普洱国家绿色经济试验示范区建设有重大影响。我们要从普洱市地处边疆民族地区的实际不断提高行政执法水平，为普洱市绿色生态发展提供支持。

（一）行政执法过程中，充分遵守国家民族政策

我国从新中国成立开始就实行民族区域自治，在中华人民共和国范围内，在中央人民政府的统一领导下，以少数民族聚居区为基础，建立相应的自治地方，设立自治机关，行使宪法和法律授予的自治权的政治制度。普洱市九县一区中，9 个县是民族自治县，思茅区也有大量的少数民族。259 万人口中，有 61％是少数民族。民族政策的基本原则是我们在处理民族事务、制定民族政策时所依据的根本准则，在民族区域自治制度中具有重要的地位。在行政执法中，我们要结合民族地方实际，要从民族团结大局出发，维护民族团结。

民族地区行政执法过程中要遵守民族平等和民族团结的原则。民族平等是民族团结的前提和基础，没有民族平等就不会实现民族团结；民族团结则是民族平等的必然结果，是促进各民族真正平等的保障。在中华人民共和国领域范围内，不论地域、习惯以及经济水平，所有的民族一律平等。所有民族都是中华民族的重要组成部分，对光辉灿烂的中华文明的形成，都起到了重要的推动作用。在中华人民共和国内部，各个民族之间是兄弟姐妹的关系，各民族之间相互团结，为建设富强、民主文明的社会主义现代化强国而不断奋斗。在行政执法过程中我们必须要做到从大局出发，公平公正地处理一切事务。

民族地区行政执法过程中要尽可能保证各民族平等参与国家事务管理的原则。中华人民共和国是由各民族人民共同当家做主，共同管理国家事务的现代民主共和国。在中华人民共和国主权所及范围内，所有重大事务必须由各民族共同决定。各民族不论人口多少，都有管理国家社会事务的权利。对于人口数量相对较少的少数民族，国家在社会管理方面给予相关扶持，保证每个民族都有自己的全国人大代表，代表各民族行使管理国家事务的权利。

在行政执法过程中要尊重少数民族使用自己的语言文字。中华民族是由汉族和 55 个少数民族一起创造的。各民族对中华文明的形成都起到了重要的推动作用。少数民族特有文化是中华文化的重要组成部分。为了保证中华文化的延续，保持文化发展的多样性，促进各民族在融合中不断发展，我们对于各少数民族的语言文字给予特别的保护。我们在展开各种行政执法活动中要尽可能地支持少数民族同胞使用本民族的语言文字，如果他们不懂汉字，必须要配备翻译人员，充分保障少数民族同胞的知情权和意见表达权。

行政执法过程中要充分尊重少数民族宗教信仰自由。我国有 56 个民族，各民族在自己的发展过程中不仅创造了自己独特的民族文化，大多数少数民族还有自己独特的宗教信仰。宗教信仰成了民族文化的一个重要组成部分。我国除了保护各民族的民族文化，还保护各民族的宗教信仰。各民族同胞有充分的宗教信仰自由权。行政执法过程中我们不得侵犯各民族宗教信仰自由，同时不允许任何人以宗教信仰为借口来分离祖国，更不允许用歪理邪说来蛊惑人心，破坏国家稳定，危害民族团结。

在行政执法中要尽量保护少数民族文化遗产。各少数民族在其长期的发展过程中，创造了大量的优秀文化。这些优秀文化以遗产的形式遗留下来。对于中华文化组成部分的少数民族文化遗产，国家实施特别的保护政策。政府各部门在行政执法活动中要充分考虑各种少数民族的传统文化，能尽早保护的一定要尽早保护。

在行政执法中要尽量保护少数民族风俗习惯。在我国各民族都有一些自己所特有的民族风俗习惯，这些风俗习惯是民族之间可以进行区分的标志，也是各民族人民生活习惯的重要组成部分。少数民族地方风俗习惯的形成有着长期的过程，一经形成便在本民族内部形成一种稳定行为习惯，为大家所共同遵循。各级行政机关在行政执法的时候一方面要充分考虑民族心理、民族习惯，另一方面要严格遵守各自治县已经制定的自治条例和单行条例。充分了解各自治条例和单行条例制定的背景。对于还没有上升为民族自治法规的风俗习惯，要进行充分的研究，不能蛮干，更不能打着依法行政大口号肆意侵犯各少数民族的民族尊严。要严格做到立党为公，执政为民，严格做到利为民所谋，权为民所用，做到文明执法。

行政执法过程中要遵守民族自治地方自治条例和单行条例。民族自治地方具有法律效力的自治条例和单行条例，没有行政机关的严格遵守，自治条例和单行条例将失去法的效力。一个国家不管颁行的法律是多么的完善，但是如果不能真正去实施，那么这样的国家永远不可能成为法治国家。1999 年修宪时把依法治国建设社会主义法治国家写入宪法，我国现在要实施依法治国，而依法治国的一个重要条件就是国家颁布的法律能够真正地调整社会生活，可以作为人们行为的依据。民族自治地方的自治条例和单行条例在我国具有法的效力，是我国法的重要表现形式之一。但由于民族自治法只在民族自治地方颁行，对自治的施行进行监督的机关相对较少，而且由于缺乏对民族习惯的了解，缺乏对立法背景的掌握，监督机关很难监督行政机关是否严格遵守民族地方自治法规。为此，我们必须在民族自治法规颁行以后由专门的机关对执法机关是否严格按照法律和民族地方自治法规依法行政进行监督。由于民族自治地方的民族自治法规的立法者是民族自治地方的权力机关，因此将对行政机关是否依法行政的监督权赋予民族自治地方的各级人大是最好的选择。

（二）依法执法、严格执法

行政机关行使行政执法权，必须严格按照国家法律规定权限执法，不得越权执法，更不得滥用执法权侵害人民利益。行政机关的行政执法事关人民生活的方方面面，事关普洱国家绿色经济试验示范区的建设的成败。行政机关必须要严格根据自己的职权，履行管理职责、服务职责、监督职责、惩罚职责，为普洱市各行各业发展提供全面周到的服务。尤其是为民众和企业提供服务的各类国家机关必须从自己的职责出发，保障各行业得到全面的服务，实现自己的发展。行政执法机关在执法过程中要注意自己权力的界限，切不可超越自己的权限，损害公民和企业的自由，更不能滥用手中的执法权侵害公民和各类企业的利益。

行政机关在行使行政执法权过程中，必须严格遵守法定程序，行使执法权，保证公民的知情权、申辩权、复议权。权力不仅要得到实现而且要以看得见的方式实现，行政机关的行政执法既是在行使国家权力，更是在保护公民权利，对于公民权利的保护必须按照法定的程序进行。

在涉及公民权利的各种决定时，该征求意见的一定要充分征求意见，让公民有机会充分发表自己的意见建议，对于公民各种的处罚一定要给公民以申诉权、复议权，同时严格按照法律规定的程序做出，保证公民能得到相应的救济，同时通过法定程序，增加公民对行政执法的认可度。

行政机关的行政执法必须坚持法律面前一律平等。凡是中华人民共和国公民，不分老幼、贫富、男女、民族，在法律面前一律平等，平等地履行义务和享有权利。我们的行政执法工作要按照公平公正的要求，对所有人平等地适用，平等地保护，让民众在行政机关的执法工作中感受法律的公平和正义。对于普洱来说，我们既不能歧视少数民族，同时也不能因为普洱少数民族较多就歧视汉族。

四 保证司法独立公正，护航绿色发展

司法的独立和公正是社会公正的最后一道防线，普洱要建设国家绿色经济试验示范区，独立公正的司法是基本保证。我们从司法人员选任等方面着手打造公正的司法环境，为各行各业的发展提供公正的司法保障。

（一）培养司法人员独立的司法人格

司法独立最终要归结到司法人员的独立，而司法人员的独立首先要有独立的司法人格。所谓独立的司法人格就是法官、检察官拥有公正司法的理念，崇尚法律的精神和独立的意识。但是，长期以来在我们的现实中把法院与检察院混同为行政机关，并由此导致了对法官、检察官管理的行政化，在这样的影响下我国的法官分为首席大法官、大法官、高级法官和法官四等十二级。这种体制混淆了审判权与行政权的界限，干扰了司法的独立性，在这种分级的影响下导致了原来只是监督与被监督关系的上下级法院之间有了一种领导与被领导的关系，下级法院的法官为了减少案件被上诉而改判，往往采取案前请示的做法，违反了法官独立的原则。另外，在目前的现实情况下，由于这种行政化的存在使得原本是为了服务于审判的法院内部行政部门的设立，变成了官僚似的行政管理模式，一般审判员审理案子要向庭长请示，庭长审理案子要向院长

请示的模式，同时在这种观念的影响下，一般的重大案子都必须首先提交审委会、检委会讨论，然后才能定案的情况。在这样一种形式下，法官、检察官根本不可能自主独立地依据法律行使司法权，而没有亲自参加案件审理的庭长、院长、审委会、检委会则可以决定案件的最终处理结果，严重地制约了司法独立的实现。现实中法官、检察官的选任和公务员选任采取同样的标准和程序也导致了法官、检察官遴选过程的行政化，这种行政化使司法人员难以独立行使司法权。

另外，司法人员要想独立地行使司法权，要拥有公正的司法理念、崇尚法律的精神、自我独立司法意识，没有经过法律知识系统学习，没有对法律精神的真正的理解是不可能达到的，然而，由于长期以来我国对司法人员的要求侧重思想政治素质而忽略了其从事法律工作的专业素质，这样一来许多没有经过系统法律知识学习或者根本就不具备法律知识的人很容易就进入了法院、检察院，有的时候法院、检察院甚至成了一些未经培训的人就业的最好去处。鉴于我国当前法官队伍的低素质状况，我国从 2002 年开始实行司法考试制度，从 2002 年开始要想进入法院、检察院担任法官、检察官一职的首先必须具有大学本科以上的学历，其次还必须通过国家统一组织的司法考试，而且司法考试的通过率这些年来一直保持在 7%—8% 之间，这种考试对于提高 2002 年以后进入法院、检察院的工作人员的素质起到了很大的作用，但是这种规定并不适用于原来已经是法官、检察官的工作人员，因此在短时期内无法改变我国司法人员低素质的状况。

再者，由于我国是儒学的发源地，儒家学说的影响已经渗透到了中国人的骨髓里面，亲亲、尊尊的熟人社会里面司法人员很难排除社会的干扰独立地进行司法活动，尤其是我国目前的情况是检察官、法官大多数一辈子就居住、生活在一个地方，人非圣贤，孰能无情。更何况是居住在中国这样一个极其重视亲情的社会，不可避免地会造成司法人员与社会有太多的交往，从而形成司法人员与社会关系亲密化的现象。这种现象使得人们在纠纷产生以后，当事人首先想到的不是法官会依法裁判，而是想到如何利用各种社会关系来影响法官裁判，以致出现了"案子送进门，两边都找人"的现象。

存在问题就得想办法去解决，怎样培养司法人员独立的司法人格，进而实现司法独立，笔者认为可以从以下几个方面进行。

1. 加强法官的职业培训是重中之重

人格是个人在社会生活中养成的。而对于人格的形成最重要的因素莫过于教育，要塑造我国司法人员独立的司法人格必须加强法官、检察官的教育和职业培训。我们在提高检察院、法院的准入标准，实行司法考试制度以后，我们还需要通过其他方式来提高司法队伍的整体素质，目前最便捷的方式就是从执业律师中选出一些优秀律师直接充实到法官、检察官队伍中来。另外，我们也可以从高校的法学教师队伍和法学研究机构中聘请一些具有副教授以上职称的人直接加入司法队伍中来，同时对于以前已经是法官、检察官的司法工作人员应该经过统一的考核，对于有多年办案经验，熟悉案件审理，能够胜任的法官、检察官我们继续让他们办理案件，对于进入司法机关工作不久，经过培训后确实不能胜任审判、起诉工作的司法人员应该让他们辅助能办案的人员办理案件，而不能再让他们主办案件。

2. 实行定期的法官、检察官交流制度

为了避免法官与检察官的社会关系过于密切而影响司法人员独立法人格的形成，我们可以采取法官、检察官的定期交流，使法官、检察官在一定的地方工作有一定的期限，在工作满一定的期限后就调到另外一个地方工作，使法官、检察官尽量与社会保持一定的距离，以保持其独立地行使司法权，保持其独立的司法人格。

（二）建立、健全司法人员的保障制度

任何一个社会主体，要想让它保持一种中立、不受社会干扰的独立性，首先必须对其提供一定的物质保障，一个连吃饭都成问题的人是不会去考虑维护社会正义的，法官、检察官由于其作为社会是非黑白的裁判者，我们不但要保证他们能吃饱，能活下来，而且我们要让他们有尊严地体面地活着，所以我们应该为其提供优越于一般工作人员的经济保障。同时作为维护社会正义的守护神，为了免除其后顾之忧我们还应该为其进行职务保障，根据我国目前的情况来看我国法官、检察官的工资与地方公务员的工资基本上持平，工资水平一致，却要求具有更高的素质，这不但不利于吸收优秀人才加盟到司法队伍中来，同时也为司法人员受经济利益的驱使，枉法裁判埋下了伏笔，而世界上其他国家为了保持司法人员独立的司法人格往往给予法官优厚的待遇。世界上除美国、日本、新加坡外，大多数国家法官的收入相当于公务员工资序列中较高或适中水平。至于职务保障当今社会的通行做法是任职终身制，如日本法院法第四十八条规定："法官除因公开的弹劾或根据国民审查的法律的场合以及根据法律的另行规定被裁判因身心障碍不得执行职务外，不得违反其意志予以免职，减少其报酬。"美国宪法第三条规定："最高法院与下级法院的法官忠于职守者，得终身任职，在规定的期间内应得酬金，该项酬金在任期内不得减少。"优厚的酬金和终身任职使得法官能够不为物欲所动，不为金钱所惑成为保持其独立性的必要条件和基本保障。而我国的《法官法》、《检察官法》虽然也对司法人员的职务保障做了原则性的规定，但由于没有具体的保障措施使其规定流于形式化，起不到真正的保障作用。然而，按照我国的宪法规定，地方各级人民法院、人民检察院均由同级人民代表大会选举产生，由它负责，受它监督，同时根据党管干部的原则，地方各级人民法院的院长、副院长、庭长、副庭长、审判委员会委员、审判员和地方各级人民检察院检察长、副检察长、检委会委员均由同级党委会讨论后决定，然后由同级人民代表大会或它的常委会任命；根据政府统管财权的原则，地方各级人民检察院、人民法院的人员开支均由同级人民政府进行预算，很显然在人权、财权均受制于同级党委和政府的情况下，地方各级司法机关要想依法独立行使司法权而免受党委和行政的干涉是不可能的。司法人员处于要么坚持原则而被撤职、免职或调离，要么听之任之而保住乌纱帽的两难境地。司法机关也面临着要么抵制干涉而被削减经费，要么接受指示而增加经费的尴尬局面。

如何消除地方保护主义的根源，建立良好的司法保障体系呢？笔者认为首先我们必须把司法人员的任免权收归省委决定，然后由省一级人大及其常委会通过，而不能由省级以下的党委决定；同时司法系统的财政预算应该由省财政统一支付而不是由地方政府支付；每年的诉讼费则在统一上缴中央财政后作为司法机关次年的追加经费，用于司法人员的培训和技术装备等。另外，根据我国的具体国情应当适当提高司法人员的工资，同时逐渐实行法官任职的终身制。

（三）改善党对司法工作的领导

在我国实行的是党领导下的议行合一的人民代表大会制度，因此我国的司法独立、司法改革，都必须在服从党的领导这个大前提下进行，否则就偏离了社会主义方向，违背了宪法原则，但是如何做到既坚持党的领导，又能让司法机关独立行使审判权，从而维护社会正义呢？首先我们必须明确党对司法工作的领导方式，根据宪法和法律我们可以看出党对司法工作的领导主要是路线、方针、政策的领导和思想、组织的领导，而绝不是党司不分，党委或政法委以言代法，包办替代，直接插手办理案件，行使检察机关和审判机关的法定职权。党通过立法程序将自己的意志转化为国家意志，而遵守和服从党的意志的宪法和法律也就是服从党的领导，而党员党组织也必须严格地遵守和执行宪法和法律，否则就是违反党的领导，破坏党的领导。当然党除了可以自己对司法工作的意志及时通过立法程序变为法律条文让司法机关遵守外，还可以通过在司法机关中的党员将党在一定时期思想、方针、政策贯彻到司法机关的日常工作中去，保证司法机关工作人员正确的政治方向，也就是说党对司法机关工作的领导不是具体的业务领导而是一种政治领导，具体案件的办理只能由司法机关工作人员独立地进行。

经过多年的建设，有中国特色的法律体系已初步建立，人们的法律意识也日益提高，以前普遍存在的党委审批案件的现象已不存在了，但少数案件，特别是一些严重涉及地方利益的案件仍时常存在，发生党委以及政法委过问、协调乃至决定案件处理结果的情形，有时甚至并非一级党委而是党委个别人出面干预案件，这既影响了司法机关依法独立行使审判权和检察权，也不符合党对司法工作的领导方式，存在这些问题的原因一方面是由于一些党的领导人对如何行使党的领导权没有一个正确的理解，另外一方面是由于我们宪法和法律并没有对越权干预司法机关工作的党组织及其领导人规定一定的惩罚措施。尤其是现行的司法机关受地方党委领导的体制必然导致司法机关不得不服从地方党委的领导成为地方保护主义的工具，为此我们必须提高党的领导干部对领导方式的认识，使他们认识到对具体案件的干涉不仅不是党领导的正确方式，同时也削弱了党的领导。另外我们应该在宪法和法律中规定对司法机关独立行使司法权进行干预的党组织及其领导人的责任，同时我们要改变地方司法机关受地方党委领导的机制，使司法机关置于党中央和省级党委的领导之下。

（四）完善人大的监督机制

我国实行的是党委领导下的议行合一的人民代表大会制度，按照这种制度，人民检察院和人民法院都是由人民代表大会产生的司法机关，都要向人大负责报告工作，接受人大的监督。这是我国的根本政治制度，不但不能改，而且还要加强。中国的司法独立只能是人大监督下的司法独立，而不能实行不受人大监督的司法独立。

人大对司法机关的监督只能加强不能削弱。在我们的现实中各级人大对司法机关的监督主要通过任免司法官员，听取、审议司法机关报告以及对司法机关执行情况进行专项检查和查询来实现，这些措施对于督促司法机关依法办事起到了积极作用，但近年来一些地方采取的个案监督则引起了很大的争议。有的人认为这种个案监督加强了对司法机关依法行使司法权的力度，但更多的则认为这种个案监督违反了宪法和法律中关于司法机关独立行使审判权、检察权的规定。另外，司法机关独立行使司法权，其所遵循的程序和适用的法律都是全国人民代表大会代表全国人民制定的，而地方各级人民代表大会实行个案监督势必会由于其构成人员的非专业性影响全国人民代表大会的权威，再者由于地方各级人民代表大会的组成人员的非专业性导致其不可能对法律有透彻深刻的理解，在这种情况下如果人大指定司法机关改变原法律决定，则会因其未直接审理案件，对案件信息掌握不透彻而导致错误决定，即使有的案件实体结论正确，社会公众也会因看不到程序的公正而对实体结果产生疑义。因此地方各级人大不宜介入案件的直接办理，而应该采取执法检查，听取审议司法工作报告，依法罢免徇私枉法的司法官员等形式督促和支持司法机关依法独立行使职权，公正执行法律。

结合国家的司法改革，创造条件保证司法机关能够独立自主地依照法律判案，让每一个案子的判决都成为公正的判决，成为正义实现的过程，最终为普洱绿色经济试验示范区建设提供支持。

第十六章

体制机制建设与绿色发展

　　绿色发展作为一种全新的发展模式，涉及环境、资源、人才、资金、技术、文化、制度、体制等要素的组合、整合问题。其中，体制机制是普洱绿色发展的重要保障。绿色发展体制机制建设就是要建立系统完整的、具有激励约束力的、符合绿色发展要求的制度体系。普洱市在推进绿色发展中，要根据中共中央、国务院印发的《生态文明体制改革总体方案》的要求，结合普洱实际，加强体制机制建设，为绿色发展提供强有力的制度保障。

一　推行市场化机制

　　推行市场化机制，就是要发挥市场机制体内的供求、价格、竞争、风险等要素之间的互相联系及作用，促进绿色发展。

　　《中共中央国务院关于加快推进生态文明建设的意见》对生态文明建设中推行市场化机制提出了明确的建设思路与要求，即"加快推行合同能源管理、节能低碳产品和有机产品认证、能效标识管理等机制。推进节能发电调度，优先调度可再生能源发电资源，按机组能耗和污染物排放水平依次调用化石类能源发电资源。建立节能量、碳排放权交易制度，深化交易试点，推动建立全国碳排放权交易市场。加快水权交易试点，培育和规范水权市场。全面推进矿业权市场建设。扩大排污权有偿使用和交易试点范围，发展排污权交易市场。积极推进环境污染第三方治理，引入社会力量投入环境污染治理"。

按照中央提出的在生态文明建设中推行市场化的重点和要求，结合普洱实际，普洱绿色发展中市场化机制建设要重点做好以下几方面的工作。

（一）全面推广合同能源管理

合同能源管理是节能服务公司与用能单位以契约形式约定节能项目的节能目标，节能服务公司为实现节能目标向用能单位提供必要的服务，用能单位以节能效益支付节能服务公司的投入及其合理利润的节能服务机制。其实质就是以减少的能源费用来支付节能项目全部成本的节能业务方式。这种市场化机制是20世纪70年代在西方发达国家开始发展起来的一种基于市场运作的全新的节能新机制。普洱应优先选择具有节能效果好、投资回收期短、能发挥节能服务公司优势的用能单位，通过多种形式全面推广合同能源管理。

（二）加快实施碳排放权交易

所谓碳排放权，是指能源消费过程中排放的温室气体总量，包括可供的碳排放权和所需的碳排放权两类。碳排放权交易的概念源于1968年，美国经济学家戴尔斯首先提出的"排放权交易"概念，即建立合法的污染物排放的权利，将其通过排放许可证的形式表现出来，令环境资源可以像商品一样买卖。

碳排放权交易先后在美国、德国、澳大利亚、英国等实行。2011年10月国家发展改革委员会印发《关于开展碳排放权交易试点工作的通知》，批准北京、上海、天津、重庆、湖北、广东和深圳七省市开展碳交易试点工作。在绿色发展中，做好节能减排、发展低碳经济是一个重要的任务。因此。在普洱绿色发展中，要积极探索碳排放权交易制度，开展碳汇交易试点工作。

（三）加快实施水权交易

水权交易就是使水权成为一项具有市场价值的流动性资源，透过市场机制，诱使用水效率低的水权人考虑用水的机会成本而节约用水，并把部分水权转让给用水边际效益大的用水人，使新增或潜在用水人有机会取得所需水资源，从而达到提升社会用水总效率的目的。

（四）加快实施排污权有偿使用和交易

排污权有偿使用和排污权交易指在"总量控制"前提下，政府将排污权有偿出让给排污者，并允许排污权在二级市场上进行交易。排污权有偿使用和排污权交易将使企业在利益驱动下，珍惜有限的排污权，减少污染物排放，同时使企业成本真实反映环境保护的要求，从而达到防治污染的目的。

（五）推进环境污染第三方治理

环境污染第三方治理是排污者通过缴纳或按合同约定支付费用，委托环境服务公司进行污染治理的新模式。坚持排污者付费的原则，对自身无力治理污染的企业强制推行第三方治理模式，实现企业发展与环境污染治理的共赢。重视引进培育能够提供专业化环境服务的环保企业，推进环境污染第三方治理的发展。

（六）重视有机产品的认证

重视种植园和产品的有机认证工作，对发展绿色有机产业，打造绿色有机品牌，全面提升产品的品质和市场认可度，增强企业的市场竞争力有着重要意义。近几年，普洱引进欧盟、美国、日本有机认证和 UTZ 认证、雨林联盟认证、4C 认证等国际认证体系，鼓励支持茶叶、咖啡、生物药业企业和种植大户开展认证工作。目前，全市 6.67 万亩茶园获得有机认证，11.5 万亩茶园进入了有机认证转换期；全市 30 万亩咖啡园获得 4C 认证，33 家企业的 4.2 万亩咖啡园通过了美国、欧盟、中国有机认证或进入了转换期，2 万余亩咖啡园获得了雨林联盟认证和 4C 认证。[①] 这有力地提升了茶产业、咖啡产业的市场竞争力，也有利于推动普洱的绿色发展。这对于进一步做好有机产品的认证工作提供了成功的经验。今后在种植园和产品的有机认证工作方面，一是要对有机认证工作进行培训，让企业懂得有机认证的具体标准、要求及认证的流程；二是做好指导工作，指导企业严格按照有机认证的标准，加大种植园的

---

① 《茶、咖啡、生物药业三大产业亮点频现》《普洱日报》2015 年 10 月 12 日第 3 版。

建设，生产有机产品；三是做好申报认证的协调工作。

（七）建立废弃物的排放收费制度

全面开征生活垃圾处理费，让所有公民共同承担生活垃圾的处理成本。探索建立餐厨废弃物、建筑废弃物排放收费制度，制定收费标准，严格收费制度。

二 健全生态补偿机制

生态补偿机制是指在综合考虑生态保护成本、发展机会成本和生态服务价值的基础上，采取财政转移支付或市场交易等方式，对生态保护者给予合理补偿，是明确界定生态保护者与受益者权利义务，调整生态环境保护和建设相关各方之间利益关系的制度安排。

党的十六届五中全会首次提出，"谁开发谁保护、谁受益谁补偿的原则，加快建立生态补偿机制"。2005 年 12 月，《国务院关于落实科学发展观加强环境保护的决定》提出"要完善生态补偿政策，尽快建立生态补偿机制。中央和地方财政转移支付应考虑生态补偿因素，国家和地方可分别开展生态补偿试点"。党的十七大报告提出"实行有利于科学发展的财税制度，建立健全资源有偿使用制度和生态环境补偿机制"。党的十八大报告指出："深化资源型产品价格和税费改革，建立反映市场供求和资源稀缺程度、体现生态价值和代际补偿的资源有偿使用制度和生态补偿制度。"《中共中央国务院关于加快推进生态文明建设的意见》提出："加快形成生态损害者赔偿、受益者付费、保护者得到合理补偿的运行机制。"

2009 年，《中共云南省委、云南省人民政府关于加强生态文明建设的决定》提出，"建立健全资源有偿使用机制和生态补偿机制，加快资源型产品价格改革，逐步建立反映资源稀缺程度的价格体系"。2013 年，《云南省政府关于争当全国生态文明建设排头兵的决定》再次强调，"建立生态补偿机制，完善重要生态功能区、限制开发区、禁止开发区生态补偿机制"，提出要"积极争取国家专项资金、政策、项目支持，将云南列为国家生态补偿重点省份，加大对云南的生态补偿力度"。

普洱要依据国家、云南省大力提倡生态补偿的政策与要求，加快生态补偿机制建设，积极落实生态补偿政策：一是要把握国家支持普洱建设"国家绿色经济试验示范区"机遇，积极争取将普洱列为国家级、省级生态补偿重点市，加大对普洱的生态补偿力度。二是省、市政府将生态补偿列入财政预算，逐步提高补偿标准。三是建立市域之间、县域之间跨领域生态补偿机制，以资金补助、人才培训、共建园区等方式实施横向补偿。四是坚持生态补偿保证金制度。对将要开采或正在开采的矿山、林木，应以土地复垦、林木新植、环境治理恢复为重点建立生态补偿保证金制度，企业需在交纳相应的保证金后才能取得开采许可，若企业未按规定履行生态补偿义务，政府可运用保证金进行生态恢复治理。五是要探索建立公正的生态环境损害评估制度，制定科学合理的补偿标准。

三 健全政绩考核机制

长期以来，反映经济发展水平的 GDP 数量指标不断被强化，成为考核各级领导干部政绩的核心指标。这就使得个别地方领导干部为追求政绩不惜以破坏生态、透支资源的方式来发展地方经济，引发资源过度消耗、环境严重破坏。健全政绩考核机制，就是要改革现行的偏重以 GDP 为核心的干部政绩考核体系，探索建立一套适合推进绿色发展的政绩考核体系。党的十八大报告提出："要把资源消耗、环境损害、生态效益纳入经济社会发展评价体系，建立体现生态文明要求的目标体系、考核办法、奖惩机制。"《中共中央国务院关于加快推进生态文明建设的意见》明确提出："建立体现生态文明要求的目标体系、考核办法、奖惩机制。把资源消耗、环境损害、生态效益等指标纳入经济社会发展指标体系，大幅增加考核权重，强化指标约束，不唯经济增长论英雄。"按照上述要求，健全政绩考核机制涉及三个方面的内容，即建立符合生态文明要求的指标体系、政绩考核办法、奖惩机制。

（一）　建立和完善绿色发展指数指标体系

长期以来，人们往往把 GDP 数量指标作为经济社会发展的指标。但是，单纯的 GDP 统计有着不容忽视的缺陷，主要是不能反映经济增长背后的环境污染和生态成本，不容易准确地反映经济增长的质量和结构，不容易反映人们实际享有的社会福利水平，也不能准确地衡量社会分配和社会公正。因此，在国家提出建设生态文明、实施绿色发展战略以来，一些研究机构研究制定绿色发展监测评价指标体系。一些省、市也根据各自的实际制定了自己的绿色发展评价指标体系。在这些评价指标体系中，目前影响较大的是由北京师范大学科学发展观与经济可持续发展研究基地、西南财经大学绿色经济与可持续发展研究基地、国家统计局中国经济景气监测中心著的《2010 中国绿色发展指数报告——省际比较》一书中提出的"绿色发展指数指标体系"。这一绿色发展指数指标体系突出了绿色与发展相结合、政府绿色管理的引导作用、绿色生产的重要性等目标要求。这一绿色发展指数指标体系由经济增长绿化度、资源环境承载力和政府政策支持度 3 个一级指标构成。其中，经济增长绿化度包括绿色增长效率指标、第一产业指标、第二产业指标、第三产业指标 4 个二级指标；资源环境承载力包括资源与生态保护指标、环境与气候变化指标 2 个二级指标；政府政策支持度包括绿色投资指标、基础设施和城市管理指标、环境治理指标 3 个二级指标。在二级指标下又确定更具体更可操作的 55 个三级指标。[①] 这个绿色发展指数指标体系对测度中国绿色发展的现状，观察各地区绿色发展进程具有重要的指导意义，是各地制定绿色发展指数指标体系的基本依据。普洱应以这个绿色发展指数指标体系为依据，参照其他省、市绿色发展的指标体系，结合普洱的实际，制定一套普洱绿色发展的指数指标体系，作为观察、评价绿色发展进程及成效的基本依据，也为干部政绩考核提供了重要参考。

（二）　完善政绩考核办法

领导班子和领导干部的政绩考核办法要强化约束性指标考核，加大

---

① 北京师范大学科学发展观与经济可持续发展研究基地、西南财经大学绿色经济与可持续发展研究基地、国家统计局中国经济景气监测中心：《2010 中国绿色发展指数报告——省际比较》，北京师范大学出版社 2010 年版，第 14 页。

资源消耗、环境保护、消化产能过剩、安全生产等指标的权重，改变过去注重 GDP 增长考核干部政绩的做法，以绿色发展指数指标体系为依据，建立起绿色发展、生态文明建设需要的政绩考核办法。一是政绩考核办法要体现差别化的考核。依据不同的区域主体功能定位，确定不同的考核标准。"对限制开发区域、禁止开发区域和生态脆弱的国家扶贫开发工作重点县，取消地区生产总值考核；对农产品主产区和重点生态功能区，分别实行农业优先和生态保护优先的绩效评价；对禁止开发的重点生态功能区，重点评价其自然文化资源的原真性、完整性。"[①] 二是政绩考核办法要体现发展思路、发展规划的连续性的考核。考核坚持和完善前任正确发展思路、一张好蓝图抓到底的情况，考核积极化解历史遗留问题的情况，把是否存在"新官不理旧账"、"吃子孙饭"等问题作为考核评价领导班子和领导干部履职尽责的重要内容。三是政绩考核办法要体现积极成果与消极成果考核的双重性。考核既看发展成果，又看发展成本与代价；既注重考核显绩，更注重考核打基础、利长远的潜绩；既考核尽力而为，又考核量力而行，识别和制止"形象工程"、"政绩工程"，防止和纠正以高投入、高排放、高污染换取经济增长速度，防止和纠正不作为、乱作为等问题。普洱要依据这些要求健全政绩考核制度，树立正确的考核导向，使考核由单纯比经济总量、比发展速度，转变为比发展质量、发展方式、发展后劲，引导各级领导班子和领导干部牢固树立"功成不必在我"的发展观念，做出经得起实践、人民、历史检验的政绩。

（三）建立奖惩机制

坚持政绩考核制度，健全和完善考核办法，就是要通过考核奖优罚劣，树立正确的政策导向作用。要依照考核办法，对严守资源消耗上限、环境质量底线、生态保护红线，坚持绿色标准，不断调整产业结构、增长方式，走生产发展、生活富裕、生态良好的文明发展道路，实现经济效益、社会效益、生态效益不断提高的县区、单位和个人给予表彰奖励。对突破耕地、生态保护红线，不顾资源和生态环境盲目决策造

[①] 《中共中央国务院关于加快推进生态文明建设的意见》。

成严重后果的，严肃追究有关人员的领导责任；对领导干部实行自然资源资产和环境责任离任审计，对违背科学发展要求、造成资源环境生态严重破坏的实行终身追责。

四　健全完善资源环境监管机制

对资源环境要遵循开发利用与保护增值并重的原则，健全和完善监管机制。第一，健全自然资源资产产权制度和用途管制制度。自然资源资产产权制度是生态文明制度体系中的基础性制度，是从法律上对自然生态空间的使用划定权力边界，目的在于明确自然资源的"主人"，使其享有使用资源的应有权利，获得使用这些资源的利益，同时承担起保护资源的具体责任，保证权利、义务与责任的有机统一。因此要切实做好对水流、森林、草原、荒地、滩涂等自然生态空间进行统一确权登记，明确国土空间的自然资源资产所有者、监管者及其责任。自然资源用途管制是对一定国土空间里的自然资源按照自然属性、使用用途和环境功能采取相应方式的管理。因此，必须明确各类国土空间开发、利用、保护边界，实现能源、水资源、矿产资源按质量分级、梯级利用。第二，坚持最严格的耕地保护和节约用地制度。严格执行土地利用总体规划和年度计划管控，有效落实耕地的管理和保护；加强土地用途转用许可管理，严格控制非农建设用耕地规模；大力推进土地开发整理，确保耕地总量动态平衡。第三，完善矿产资源规划制度，强化矿产开发准入管理，实现矿产资源有产使用。第四，坚持水资源论证和取水许可制度，严格按照用水总量、用水效率、水功能区限制纳污三条红线加强水资源管理。第五，严格执行环境准入制度。新建项目必须符合国家规定的准入条件、清洁生产标准和污染物排放标准，达不到要求一律禁止上马；在建项目未达环保要求的一律不准投产；已建项目经过限期整治和停产整顿仍未达标的，一律关闭。第六，完善所有污染物排放的环境保护管理制度。完善污染排放许可制度，禁止无证排污和超标、超总量排污；实行企事业单位污染排放总量控制制度，对环境容量超载区域实行限制性措施；淘汰严重污染环境的工艺、设备和产品。

五 建立政府主导、企业主动、公众参与的合力机制

普洱实施生态立市绿色发展战略既要实现经济的快速增长，又要实现自然资源持续利用、生态环境持续改善，促进经济、社会与自然的和谐发展。这是一项全面的、持续的、长期的系统工程，需要协调各方面的利益，调动各方面的积极性、主动性、创造性，形成政府主导、企业主动、全社会积极参与的绿色发展机制。

政府主导、企业主动、公众参与是推动绿色发展的三支重要力量，尤其是政府主导是最为重要的。在我国，政府在经济社会中的主导作用是非常大的。政府主导主要体现在：一是要做好顶层设计，以绿色发展政策和绿色规划引领绿色发展。二是要加大绿色投资的力度，改善绿色经济发展环境。三是要加快基础设施建设，提高绿色发展的支撑能力。四是鼓励科技创新，为绿色发展提供科技支撑。五是要培养、引进、集聚人才，为绿色发展提供人才支撑。六是要通过用地、信贷、税费等政策，鼓励、引导企业发展绿色产业和致力环境保护。七是要推进信息公开机制、听证评价机制、环境公益诉讼机制、群众舆论机制和生态文化教育普及机制等建设，为公众参与提供平台和保障。

企业是生产的基地。企业的绿色发展是整个绿色发展的重要内容。企业要在政策的引导下，根据市场需求和生态资源环境，自主选择适合本企业的发展目标的生态化水平高的项目进行创新投入，实现经济效益和生态效益的统一。

推动绿色发展、建设生态文明，不仅仅是政府、企业的事情，也是每个公民的事情，需要动员人民群众和社会各界积极投入到推动绿色发展、建设生态文明行动中来，在全社会形成关心、支持、参与推动绿色发展、建设生态文明的良好氛围。公众要增强节约意识、环保意识、生态意识、忧患意识和责任意识，自觉养成节约资源和保护环境的生活方式，以更加积极主动地参与到推动普洱绿色发展、建设生态文明的行动中。

参考文献

1. 包智明、任国英：《内蒙古生态移民研究》，中央民族大学出版社 2011 年版。

2. 北京师范大学科学发展观与经济可持续发展研究基地：《2010 中国绿色发展指数报告——省际比较》，北京师范大学出版社 2010 年版。

3. 北京师范大学科学发展观与经济可持续发展研究基地、西南财经大学绿色经济与经济可持续发展研究基地、国家统计局中国经济景气监测中心：《2011 中国绿色发展指数报告——区域比较》，北京师范大学出版社 2011 年版。

4. 陈诗一：《节能减排、结构调整与工业发展方式转变研究》，北京大学出版社 2011 年版。

5. 陈银娥、高红贵等：《绿色经济的制度创新》，中国财政经济出版社 2011 年版。

6. 程伟礼、马庆：《中国一号问题：当代中国生态文明问题研究》，学林出版社 2012 年版。

7. 杜莉：《低碳经济时代的碳金融机制与制度研究》，中国社会科学出版社 2014 年版。

8. 傅治平：《生态文明建设导论》，国家行政学院出版社 2008 年版。

9. 郭家骥：《云南民族地区发展报告》，云南大学出版社 2009 年版。

10. 胡箏：《生态文化：生态实践与生态理性交汇处的文化批判》，中国社会科学出版社 2006 年版。

11. 金腊华:《生态环境保护概论》,暨南大学出版社 2009 年版。

12. 金林泉、周全绍等:《和谐家园》,学林出版社 2009 年版。

13. 孔德兰:《基于发展方式转变的中小企业金融支持体系研究》,中国金融出版社 2012 年版。

14. 李晓西、胡必亮:《中国:绿色经济与可持续发展》,人民出版社 2012 年版。

15. 李星星、冯敏:《长江上游四川横断山生态移民研究》,民族出版社 2007 年版。

16. 李兆华、张斌:《工业化转型地区生态文明建设探讨——以黄冈市沿江经济带为例》,科学出版社 2011 年版。

17. 刘思华:《生态文明与绿色低碳经济发展总论》,中国财政经济出版社 2011 年版。

18. 刘文斌:《贯彻落实科学发展观的地方实践》,光明日报出版社 2011 年版。

19. 刘湘溶:《我国生态文明发展战略研究》(上、下册),人民出版社 2013 年版。

20. 吕宁:《中国城市休闲和休闲城市发展研究》,旅游教育出版社 2010 年版。

21. 罗康隆、黄贻修:《发展与代价》,民族出版社 2011 年版。

22. 裴长洪主编:《中国金融服务理论前沿(6)》,社会科学文献出版社 2011 年版。

23. 普洱市环境保护局:《普洱市环境保护"十二五"规划(2011—2015)》。

24. 普洱市环境保护局:《普洱市环境质量状况公告》(2010—2014)。

25. 普洱市环境保护局:《云南省普洱市农村环境污染防治规划(2011—2020 年)》。

26.《普洱市建设国家绿色经济试验示范区发展规划》。

27.《普洱市建设国家绿色经济试验示范区发展规划总体实施方案》。

28. 普洱市人民政府办公室:《绿色经济》(2013—2015)。

29. 普洱市人民政府办公室、普洱市地方志编纂委员会：《普洱年鉴》（2009—2014 年），云南人民出版社 2009—2014 年版。

30. 普洱市人民政府：《普洱市水生态文明建设规划（2014—2020）》。

31. 普洱市生物多样性保护联席会议办公室：《云南省生物多样性保护战略与行动计划普洱市实施方案（2013—2020）》。

32. 普洱市统计局、国家统计局普洱调查大队：《普洱统计年鉴》（2009—2014 年）。

33. 钱易、唐孝炎：《环境保护与可持续发展》（第二版），高等教育出版社 2012 年版。

34. 全哲洙：《怎么转——转型的力量》，中华工商联合出版社 2012 年版。

35. 孙冬：《低碳能源发展的金融支持和实现方式》，河北大学出版社 2013 年版。

36. 王初明、杨英姿：《社会主义生态文明建设的理论与实践》，人民出版社 2011 年版。

37. 夏季亭、帅相志、张茂聪：《人才支撑体系建设研究》，山东人民出版社 2013 年版。

38. 许崇正、杨鲜兰：《生态文明与人的发展》，中国财政经济出版社 2011 年版。

39. 薛达元：《中国民族地区生态保护与传统文化》，科学出版社 2014 年版。

40. 严耕：《中国省域生态文明建设评价报告》，社会科学文献出版社 2012 年版。

41. 于一凡：《城市居住形态学》，东南大学出版社 2010 年版。

42. 余谋昌：《生态文明论》，中央编译出版社 2010 年版。

43. 余谋昌：《环境哲学：生态文明的理论基础》，中国环境科学出版社 2010 年版。

44. 张清宇、秦玉才、田伟利：《西部地区生态文明指标体系研究》，浙江大学出版社 2011 年版。

45. 张文台：《生态文明十论》，中国环境科学出版社 2012 年版。

46. 中共普洱市委政策研究室、中共普洱市委政策研究中心主办：《研究与参考（2010—2015 年）》。

47. 中共普洱市委主办，普洱社会科学界联合会承办：《普洱论坛（2010—2015 年）》。

48. 中国 21 世纪议程管理中心：《生态补偿原理与应用》，社会科学文献出版社 2009 年版。

49. 中国科学院现代化研究中心：《中国社会现代化的新选择》，科学出版社 2010 年版。

后　记

　　本书是普洱市社会科学界联合会重大课题"普洱绿色发展研究"的最终成果，也是普洱学院"云南边疆治理研究创新团队"重点研究内容"云南边疆地区生态安全屏障保护与绿色发展"、云南省院省校教育合作项目（SYSX201603）、云南省哲学社会科学规划重点项目（ZDZZD201602）、云南省财政厅项目（云财教〔2013〕212号）和普洱市科技计划项目（2014kjxm01）的初步成果，出版得到学校的资助。普洱最大的特色是绿色，最大的优势是生态。普洱市以"生态立市、绿色发展"为主题，以建设国家绿色经济试验示范区为平台，不断加强生态建设和环境保护，强化绿色发展的基础支撑，建立健全绿色发展的体制机制，提升绿色循环低碳发展的能力，绿色经济发展取得显著成效，已成功创建了"国家循环经济示范城市"、"国家可再生能源建筑应用示范城市"、"国家园林城市"、"国家森林城市"；多次荣获"中国十佳绿色城市"、"中国十大特色休闲城市"等称号，成为人类宜居的美好家园。普洱已成功地走出了一条既契合当今世界和中国发展的大势，又符合普洱实际的具有地方特色的绿色发展之路，在欠发达地区的绿色发展中具有代表性。因此，从学术的视角对普洱的绿色发展研究，总结其经验，展望其未来发展，理应是学界应做的一件事情。我们作为当地高校的教师，自然也应担起这一研究的任务，为我们脚下这片热土的绿色发展尽自己的绵薄之力。这就是我们选题的初衷，也是写作的动力。

　　本书是课题组成员共同研究的结果。全书由白应华拟定提纲，课题组成员分章撰写，最后由白应华统稿。具体研究及撰稿分工如下：

　　白应华承担绪论、第一、二、三、十、十四、十六章的撰写。

罗承松承担第四、五、七、八、九、十一、十二章的撰写。

罗中东承担第六、十三章的撰写。

高龙承担第十五章的撰写。

由于我们的理论水平、学术水平不高，对普洱绿色发展的实践调查研究不够，课题完成后并没有完全达到最初设定的目标，加以由于课题组成员分章撰写，致使重复、遗漏甚至错误之处很多，恳请得到专家、同仁的批评指正。

在本书撰写过程中，得到了普洱市委、市政府有关部门的大力支持和帮助，尤其是得到了普洱市社会科学界联合会、市绿色经济办公室和普洱学院等单位领导的大力支持。中国社会科学出版社重大项目出版中心主任王茵博士对本书出版给予了大力支持和帮助，马明先生为本书的出版付出了辛勤的劳动。值本书出版之际，一并致以诚挚的谢意！

白应华

2016 年 7 月